Brehl · Vernichtung der Herero
Diskurse der Gewalt in der deutschen Kolonialliteratur

Schriftenreihe
»Genozid und Gedächtnis«

hrsg. vom Institut für Diaspora- und Genozidforschung
an der Ruhr-Universität Bochum

bisher erschienen:

Gewalt. Strukturen, Formen, Repräsentationen, hrsg. von Mihran Dabag, Antje Kapust, Bernhard Waldenfels

Reden von Gewalt, hrsg. von Kristin Platt

Feindschaft, hrsg. von Medardus Brehl und Kristin Platt

Maurice Blanchot: *Die Schrift des Desasters*

Kolonialismus, Kolonialdiskurs und Genozid, hrsg. von Mihran Dabag, Horst Gründer und Uwe-K. Ketelsen

Die Machbarkeit der Welt. Wie der Mensch sich selbst als Subjekt der Geschichte entdeckt, hrsg. von Mihran Dabag und Kristin Platt

Wissenschaft im Einsatz, hrsg. von Käte Meyer-Drawe und Kristin Platt

Medardus Brehl

Vernichtung der Herero

Diskurse der Gewalt in der deutschen Kolonialliteratur

Wilhelm Fink Verlag

Gedruckt mit Unterstützung der Fritz Thyssen Stiftung

Bibliografische Information der Deutschen Bibliothek

Die Deutsche Bibliothek verzeichnet diese Publikation in der Deutschen Nationalbibliografie; detaillierte bibliografische Daten sind im Internet über http://dnb.d-nb.de abrufbar.

Alle Rechte, auch die des auszugsweisen Nachdrucks, der fotomechanischen Wiedergabe und der Übersetzung, vorbehalten. Dies betrifft auch die Vervielfältigung und Übertragung einzelner Textabschnitte, Zeichnungen oder Bilder durch alle Verfahren wie Speicherung und Übertragung auf Papier, Transparente, Filme, Bänder, Platten und andere Medien, soweit es nicht §§ 53 und 54 URG ausdrücklich gestatten.

© 2007 Wilhelm Fink Verlag, München
Wilhelm Fink GmbH & Co. Verlags-KG
Jühenplatz 1, D-33098 Paderborn

Internet: www.fink.de

Einbandgestaltung: Frank Wiederhold, Bochum
Herstellung: Ferdinand Schöningh GmbH & Co KG, Paderborn

ISBN 978-3-7705-4460-8

Inhalt

1.	EINLEITUNG	9
1.1	Gegenstand, Fragestellung, Problemaufriß	9
1.2	Kolonialdiskurs und kolonialer Völkermord: Stand der Forschung	19
2.	THEORETISCHE RAHMUNGEN – BEGRIFFSBESTIMMUNGEN – METHODIK	43
2.1	Textualität und Historizität	45
2.2	Aporien der Ideologiekritik	47
2.3	Literatur und sozio-kulturelles Wissen	52
2.4	Kolonialliteratur und Kolonialdiskurs	59
2.5	Konsequenzen für die Textarbeit	72
3.	DEUTSCHER KOLONIALISMUS: DISKURSE, PROGRAMMATIK, POLITIK	75
3.1	Kolonialmacht ohne Kolonien	75
3.2	Die Kolonialdiskussion im Kaiserreich und die Gründung kolonialistischer Interessenverbände	80
3.3	Die Verwirklichung des kolonialen Programms	85
3.4	Die Kolonie »Deutsch-Südwestafrika« bis zum »Hererokrieg«	88
3.5	Der Kolonialkrieg 1904-1907 und der Völkermord an den Herero	96
4.	DER »HERERO-AUFSTAND« ALS DISKURSEREIGNIS	101
4.1	Kolonialkriege, Vernichtungspolitik und die Öffentlichkeit des Kaiserreichs (1904-1918)	102

4.2	Die Kolonialliteratur bis 1945	135
4.3	Die Rezeption des Völkermords in der Literatur nach 1945	138

5. VERNICHTUNG ALS ARBEIT AN GESCHICHTE, KULTUR UND IDENTITÄT — 143

5.1 Der Prozeß der Geschichte — 143

5.2 Exklusive Existenzen — 165

    5.2.1 Koloniale Entwürfe von (kollektiver) Identität — 168

    5.2.2 Verwirklichung von Identität als Erzählmuster — 178

        Lederstrumpf in Deutsch-Südwest: Das Individuum im Existenzkampf — 179

        Peter Moors Fahrt in die Volksgemeinschaft: Das Kollektiv im Existenzkampf — 185

5.3 Rassenmischung als Indiskretion — 190

5.4 »Vom Oranje zum Kunene / Vom Sambesi bis zum Meer« – Nationaler und kolonialer Diskurs in der Koloniallyrik — 200

5.5 Feinde der Kultur — 203

5.6 Feindvernichtung — 209

6. ENGFÜHRUNG — 219

ABBILDUNGEN UND BILDLEGENDEN — 224

LITERATURVERZEICHNIS — 229

Quellentexte — 229
Sekundärliteratur — 239

Vorwort

Die vorliegende Studie entstand im Rahmen eines von der Fritz Thyssen Stiftung geförderten Forschungsprojektes des Instituts für Diaspora- und Genozidforschung an der Ruhr-Universität Bochum zum Themenfeld »Sprachliche Strategien der Exklusion in politischer Gewalt: Der Herero-Nama-Aufstand 1904/07 in der zeitgenössischen deutschen Literatur«. Im Wintersemester 2005/06 wurde die Studie von der Philologischen Fakultät der Ruhr-Universität Bochum als Dissertationsschrift angenommen.

Danken möchte ich den Leitern des Forschungsprojektes Professor Dr. Mihran Dabag, Professor Dr. Horst Gründer und Professor Dr. Uwe-K. Ketelsen für eine Vielzahl von Hinweisen, Anregungen und Diskussionen. Ein besonderer Dank gilt Kristin Platt, die nicht nur maßgeblich an der Konzeption des Forschungsprojektes beteiligt war und die Forschungsarbeiten aufmerksam begleitet hat, sondern in zahlreichen intensiven Gesprächen entscheidend dazu beigetragen hat, die wissenstheoretischen und methodischen Grundlagen der Untersuchung zu schärfen. Diese sehr besondere Zusammenarbeit bedeutet mir unendlich viel.

Dank gebührt der Stiftung für Bildung und Wissenschaft im Stifterverband für die Deutsche Wissenschaft, die diese Arbeit in ihrer Anfangsphase mit einem Stipendium gefördert hat, und der Fritz Thyssen Stiftung, die nicht allein das Forschungsprojekt großzügig förderte, sondern auch die Drucklegung dieses Buches.

1. Einleitung

1.1 Gegenstand, Fragestellung, Problemaufriß

Im Jahre 1909 veröffentlichte die Josef Köselsche Verlagsbuchhandlung als 237. Heft ihrer Reihe *Katholische Dilettanten-Bühne* das Skript einer »Burleske in zwei Auftritten« mit dem Titel: *Kasperl als Herero*.[1] Johann Lang, der Autor des Stücks, bemerkt in seiner Beschreibung des Plots: »Wenn flott und drastisch gespielt wird, muß der witzige Einfall urdrollig wirken«.[2]

Allerdings stellt der Leser des Skripts bald fest, daß es in der Burleske mitnichten um die Herero, eine autochthone Bevölkerungsgruppe in der damaligen Kolonie Deutsch-Südwestafrika geht, auch nicht um den Krieg, den das Deutsche Reich in den Jahren 1904 bis 1907 in eben dieser Kolonie führte, und keineswegs um die von den deutschen Truppen gegenüber den Herero verfolgte Vernichtungsstrategie. Zur Kenntnis nehmen muß der Leser gleichfalls, daß der Begriff »Herero« – abgesehen von seiner Herbeizitierung im Titel des Stücks – überhaupt keine Erwähnung findet und die Szenerie des Stücks nichts mit der Kolonie Südwestafrika gemein hat. Statt dessen spielt das Stück in einer deutschen Wirtsstube. Die Story wird entwickelt um einen überaus durstigen Kasperl, dessen Geldmittel nicht zur Deckung seines Bierbedarfs ausreichen, woraufhin er einen Plan entwickelt, um die Kosten für seinen Bierkonsum decken zu können: Unter Einsatz von Schuhcreme verwandelt sich Kasperl in einen dunkelhäutigen »Menschenfresser«, zwängt sich in eine Voliere und läßt sich im Wirtshaus gegen Bezahlung von staunenden Passanten betrachten.

---

1 Lang, Johann: Kasperl als Herero. Burleske in zwei Auftritten. Nach einer älteren Idee, Kempten und München 1909.
2 Ebd., S. 1.

Kein Kolonialkrieg also, keine Herero – sondern eine Persiflage auf die um 1900 überaus populären Völkerschauen.[3] Dabei stellt sich allerdings die Frage, warum der Autor sein Stück, das – wie er selbst auf dem Buchdeckel angibt – »nach einer älteren Idee bearbeitet« sei, mit einem Titel versehen hat, der im Erscheinungsjahr 1909 zweifellos unmittelbar die zeitgenössisch in der Öffentlichkeit des Kaiserreichs viel diskutierten Ereignisse in der Kolonie Südwestafrika assoziieren lassen mußte. Hier lassen sich zumindest zwei Antworten geben: Zum einen schreibt Lang seine Burleske auf diese Weise allein über die Verwendung des Begriffs »Herero« in einen seinerzeit höchst virulenten Diskurs ein. Zum anderen läßt diese Strategie darauf schließen, daß jener Begriff nach 1904 zu einer Art Kollektivsymbol für das »ganz Andere«, das »Fremde«, »Unzivilisierte« und »Wilde« avanciert war.

Dies führt nun zu einer Anschlußfrage: Welche diskursiven Mechanismen konstituierten jenes Bedeutungsensemble, auf das Lang über die schlichte und hinsichtlich der Story seines Stücks zunächst keineswegs zwingend evidente Zitation des Begriffs »Herero« rekurrieren konnte? Eben das Wissen über jenen »ganz Anderen«, »Unzivilisierten« – gegen den nun »das Eigene«, die »Zivilisation« zu verteidigen war, und dies schließlich auch mit letzter, radikaler Konsequenz, nämlich durch eine Politik der Vernichtung?

Im Zentrum dieser Studie steht die Untersuchung der sprachlichen Strategien, mit denen die Vernichtung der Herero in der ehemaligen Kolonie Deutsch-Südwestafrika in der Öffentlichkeit des Deutschen Kaiserreiches legitimiert wurde. Ein besonderer Fokus wird dabei auf die umfangreiche koloniale Literatur nach 1904 gerichtet, die diesen frühen Völkermord thematisierte, der nach 1945 für lange Zeit in Vergessenheit geraten war. Bereits die hier auffallende Diskrepanz zwischen einer zeitgenössisch umfassenden Diskussion und einem anschließenden weitgehenden Vergessen führt in das Zentrum der Problematik des Gegenstandes dieser

---

3 Vgl. zu kolonialen Völkerschauen: Honold, Alexander: Der Exot und sein Publikum. Völkerschau in der Kolonialzeit, in: Rassenmischehen–Mischlinge–Rassentrennung. Zur Politik der Rasse im deutschen Kolonialreich, hrsg. von Frank Becker, Stuttgart 2004, S. 357-375; Mergenthaler, Volker: Völkerschau–Kannibalismus–Fremdenlegion. Zur Ästhetik der Transgression (1897-1936), Tübingen 2005.

Untersuchung. Denn die Frage, warum dieses Ereignis – ein Volk wird in eine wasserarme Steppe abgedrängt, die wenigen Wasserstellen werden militärisch abgeriegelt, 50-60.000 Menschen sterben – für lange Zeit weder im kollektiven Wissen noch in der Wissenschaft Deutschlands einen angemessenen Ort gefunden hat, ist möglicherweise nicht nur für den kolonialen Zusammenhang von Bedeutung, sondern läßt Schlüsse auf die Prozesse der Konstruktion und Distribution von Wissensbeständen zu.

Zunächst ist zu berücksichtigen, daß sich die Ermordung der Herero nicht im geographischen Zentrum dessen ereignete, was im deutschen und europäischen Geschichtsinteresse stand und steht, sondern in der Peripherie. Ferner verfügten die in den Jahren 1904/05 zahlenmäßig radikal dezimierten Herero – von den schätzungsweise 60.000 bis 80.000 Herero, die im Januar 1904 innerhalb des deutschen Schutzgebietes gelebt hatten, lebten im Jahr 1911 noch 15.130[4] – nicht über eine Schriftkultur. Sie standen bis zum Jahr 1990 unter weißer Fremdbestimmung: bis 1915 unter der deutschen, anschließend unter der der Südafrikanischen Union (ab 1961 Südafrikanische Republik), die eine strikte Apartheidspolitik verfolgte. Fast neunzig Jahre lang blieb die Geschichte des »Völkermordes an den Herero« als Teil der Geschichte der Herero *ungeschrieben*. Erst in jüngster Zeit sind Versuche unternommen worden, diese Lücke im wissenschaftlichen Diskurs und im kollektiven Wissen zu schließen – allerdings wiederum von Europäern und europastämmigen Afrikanern.[5]

Was dagegen geschrieben wurde war die Geschichte des »Herero-Aufstandes«,[6] des »heroischen« Kampfes der deutschen Schutztruppen, Seebataillone, Farmer und Ansiedler sowie des »Unterganges des Hererovolkes«.[7] In den Jahren nach 1904 erschien in Deutschland eine Flut von Texten unterschiedlicher Genres und Textsor-

---

4 Bridgman, Jon: The Revolt of the Hereros, Berkeley CA u.a. 1981, S. 164f.
5 Vgl. hierzu insbesondere Gewald, Jan-Bart: Herero Heroes. A Socio-Political History of the Herero of Namibia 1890-1923, Ohio 1999; Krüger, Gesine: Kriegsbewältigung und Geschichtsbewußtsein. Realität, Deutung und Verarbeitung des deutschen Kolonialkriegs in Namibia 1904 bis 1907, Göttingen 1999.
6 Vgl.: Die Kämpfe der deutschen Truppen in Südwestafrika. 2 Bde., hrsg. vom Großen Generalstabe Kriegsgeschichtliche Abteilung 1, Berlin 1906/-1907, hier Bd. 1, S. 1-128.
7 Ebd., S. 129-208.

ten, die den »Herero-Aufstand« thematisierten: offizielle Verlautbarungen und populärhistoriographische Darstellungen, Memoiren und Tagebücher von Ansiedlern und Feldzugsteilnehmern, Editionen von Feldpostbriefen, Romane und Kinderbücher. Die heute weitgehend vergessenen Texte waren seinerzeit keineswegs randständig, sondern überaus populär und weit verbreitet, zum Teil sogar über den deutschsprachigen Raum hinaus.[8]

Die Geschichte des »Herero-Aufstandes« wurde also von Beginn an von Vertretern der »Tätergesellschaft«[9] für Mitglieder derselben erzählt und geschrieben. Hier bewahrheitet sich möglicherweise auf tragische Weise der Satz, den Carl Schmitt 1919 zynisch in seiner Satire *Die Buribunken* formuliert hatte: »Das Rad der Entwicklung geht schweigend über den Schweigenden hinweg, es ist von ihm nicht mehr die Rede, er kann sich infolgedessen nicht mehr zur Geltung bringen.«[10]

Geschichte ist hier die Geschichte des Siegers. Er hat das Monopol, die Quellen zu ordnen, Begriffe und Kategorien zu schaffen, das Geschehene zu erklären; er kann seine Version der Geschichte *schreiben* und damit auch *fest-schreiben*. Der Stimme des Opfers hingegen ist kein Gewicht zugemessen,[11] seine Erzählung wird, so sie im Falle der Herero überhaupt in den deutschen Diskurs einfließen kann,[12] womöglich gehört, doch unmittelbar an der festge-

8 Vgl. hierzu ausführlich weiter unten das Kapitel *Der »Herero-Aufstand« als Diskursereignis*.
9 Zum Begriff der »Tätergesellschaft« vgl. ausführlich: Dabag, Mihran: The Realm of Perspectives. Some Reflections on an Interdisciplinary Approach to Genocide Studies, in: International Journal of Contemporary Sociology 39, 2, 2005, S. 177-197, hier S. 181ff.
10 Schmitt, Carl: Die Buribunken, in: Summa. Eine Vierteljahresschrift 2, 4, 1918, S. 89-106, hier S. 102.
11 Vgl. hierzu die Arbeiten von Kristin Platt, insbesondere: Historische und traumatische Situation. Zur wissenschaftlichen Beschäftigung mit Extremtraumatisierungen durch kollektive Gewalt und Genozid, in: Gewalt. Strukturen, Formen, Repräsentationen, hrsg. von Mihran Dabag, Antje Kapust und Bernhard Waldenfels, München 2000, S. 260-278, sowie: Witnessing the Catastrophe, in: Genocide. Approaches, Case Studies, and Responses, hrsg. von Graham C. Kinloch und Raj P. Mohan, New York NY 2005, S. 253-282.
12 Herero-Texte sind in deutscher oder englischer Sprache nur vereinzelt publiziert worden: Herero-Texte. Erzählt von Pastor Andreas Kukuri, übers. und hrsg. von Ernst Dammann, Berlin 1983; Was Herero erzählten

schriebenen Geschichte der »Tätergesellschaft« gemessen und »korrigiert«. Als Beispiel mag die Erzählung von Andreas Kukuri, einem Überlebenden des Völkermordes, über die Ereignisse des Jahres 1904 dienen.[13] Andreas Kukuri erzählt über die Flucht der Herero in die Omaheke-Steppe: »Wir flohen und eilten in gerader Richtung nach Osten davon. Und das Land hatte viel Sand, aber grüne Bäume und Wasser waren nicht da. Und wir Leute bewegten uns vergeblich mitten im Veld, das kein Wasser hat, bis die Lebewesen, d.h. Rinder und Menschen alle vor Durst starben.«[14]

Ernst Dammann, Übersetzer und Herausgeber der Texte, kommentiert die Erzählung: »In dem vorstehenden Bericht ist nicht jede Aussage restlos klar. Selbstverständlich sind nicht alle, die nach der Schlacht am Waterberg flohen, verdurstet.«[15] Die Erzählung des Opfers wird per Kommentar an der in Deutschland konventionalisierten Rede über den »Herero-Aufstand« gemessen und auf eine minderrangige Stufe verwiesen: Sie ist weder klar noch objektiv. Die konventionalisierte Rede bleibt unerschütterlich, ihr wird »selbstverständlich« Gültigkeit zugesprochen. Dieses Verfahren ist charakteristisch. Der Anschluß an die konventionalisierte Rede wirkt normalisierend, die Erzählung des Überlebenden dient keiner Prüfung oder gar Umgewichtung der festgeschriebenen Geschichte. So schildert Kukuri den Beginn der kriegerischen Auseinandersetzungen mit dem Satz: »In dem Jahr als die Herero und die Deutschen kämpften, begann der Krieg hier in Okahandja.«[16] Dammanns Kommentar setzt den Satz wie folgt fort: »Mit der Ermordung von zahlreichen Deutschen am 11.1.1904«[17] – und schreibt den Herero somit die Position des Aggressors zu, während den deutschen Kolonisten implizit eine defensive Position zugewiesen wird.

und sangen. Texte, Übersetzung, Kommentar, hrsg. von Ernst Dammann, Berlin 1987 (=Afrika und Übersee, Beiheft 32); Warriors, Leaders, Sages, and Outcasts in the Namibian Past. Narratives Collected from Herero Sources for the Michael Scott Oral Records Project (MSORP) 1985/86, hrsg. von Annemarie Heywood, Brigitte Lau und Raimund Ohly, Windhoek 1992.
13 Herero-Texte. Erzählt von Pastor Andreas Kukuri, a. a. O., S. 50ff.
14 Ebd., S. 51.
15 Ebd., S. 53.
16 Ebd., S. 51.
17 Ebd., S. 52.

Dieses Muster läßt sich in vielen populären Darstellungen des »Herero-Kriegs« nach 1945 nachweisen. So liest man etwa in einer Zeittafel zur Geschichte Namibias, die in Dieter Kreutzkamps zuerst 1994 erschienenem, 1999 in zweiter Auflage nachgedruckten Bildband mit dem Titel *Namibia. Straßen in die Einsamkeit*[18] zu finden ist, für das Jahr 1904 den Eintrag: »Am 12. Januar erheben sich die Herero gegen die Kolonialherren. Innerhalb weniger Tage werden mehr als 120 Deutsche getötet und zahlreiche Farmen niedergebrannt. 11. August: Die Schutztruppe umfaßt 7.500 Mann. Ihr stehen 35.000 Herero [...] gegenüber. Die Schlacht am Waterberg beginnt. Tags darauf sind die Herero geschlagen. Sie ziehen sich in Richtung des heutigen Botswana zurück. Die wenigen Wasserstellen dort reichen jedoch nicht für die Flüchtlinge aus. Tausende verdursten.«[19]

Für das Jahr 1905 findet man, ohne das zuvor vom Krieg mit den Nama die Rede gewesen wäre, den kurzen, aus jedem Kontext gelösten Satz: »Hendrik Witbooi fällt im Kampf« und für das Jahr 1907 stellt der Erzähler zufrieden fest: »Ruhe ist jetzt in Deutsch-Südwestafrika eingekehrt. Am 31. März erklärt der Kaiser den Krieg für beendet. Im selben Jahr werden die ersten Karakulschafe importiert. Die *Etoscha-Pfanne* wird Naturschutzgebiet.«[20] Die kurze Passage aus der Zeittafel suggeriert eine Erfolgsgeschichte deutscher kolonisierender Arbeit, die durch einen Aufstand von »Eingeborenen« empfindlich gestört wird, jedoch schließlich nach ihrer Unterwerfung und Vernichtung, an der die Kolonisten eigentlich keinen Anteil, zumindest keine Schuld zu tragen scheinen, fortgesetzt werden kann und zu einem glücklichen Abschluß führt.

Man mag solche Darstellungen schlicht als eine verharmlosende Apologie des Kolonialismus lesen. Es stellt sich jedoch die Frage, warum eine solche Deutung der Ereignisse auch in den 1990er Jahren als allgemein anschlußfähig empfunden wird. Dabei ist auffällig, daß Kreutzkamp implizit an zwei zentrale und virulente, mit exkludierenden Positionierungen verbundene Argumentationsmuster der kolonialen Rede des Deutschen Kaiserreichs anschließt,

---

18 Kreutzkamp, Dieter: Namibia. Straßen in die Einsamkeit: Die schönsten Routen zwischen Kalahari und Diamantenwüste, München ²1999 (zuerst 1994).
19 Ebd., S. 17.
20 Ebd.

denen im Kontext der öffentlichen Legitimierung des Völkermords
an den Herero größte Bedeutung zukam: Zum einen an die Vorstellung eines welthistorischen Gesetzes kultureller Höherentwik-
klung, aus dem ein Auftrag zur Kultivierung der Wildnis deduziert wird; und zum anderen an das Muster einer substantiellen
Bedrohung der Existenz der Weißen durch die Eingeborenen, das
mit der Vorstellung von einer gleichzeitigen Bedrohung der Identität der weißen Siedler einhergeht.

Diese exkludierenden Muster und legitimatorischen Strategien,
wie sie auch in der umfangreichen zeitgenössischen Literatur über
den »Hererokrieg« wirksam waren, sind im Hinblick auf kollektive
Gewalt im kolonialen Kontext bisher weitgehend unberücksichtigt
geblieben. Dabei hatten seit Mitte der 1980er Jahre insbesondere
die Studien von Tzvetan Todorov[21] und Stephen Greenblatt[22] eine
disziplinenübergreifende Diskussion angeregt hinsichtlich der Bedeutung, die kulturell überlieferten Vorstellungsmustern und positionierenden Definitionen von »Eigenem« und »Fremden« im kolonialen Kontext für die Entstehung kollektiver Gewalt zukommt.
In Analysen zum deutschen Kolonialdiskurs im allgemeinen und
zur zeitgenössischen kollektiven Rede über die Vernichtung der
Herero im besonderen haben diese Anregungen bisher jedoch kaum
Resonanz gefunden. Allein in imagologisch programmierten Untersuchungen zur Kolonialliteratur und zur kolonialen Publizistik
ist die diskursive Produktion eines Bildes der »Schwarzafrikaner«
erörtert worden,[23] wobei allerdings die Frage nach exkludierenden
und positionierenden Funktionen dieser Bildproduktion sowie

---

21 Todorov, Tzvetan: Die Eroberung Amerikas. Das Problem des Fremden, Frankfurt am Main ⁶1993 (zuerst 1985; frz.: Paris 1982).
22 Greenblatt, Stephen: Wunderbare Besitztümer. Die Erfindung des Frem-den: Reisende und Entdecker, Berlin 1994 (zuerst Oxford 1991).
23 Vgl. mit jeweils unterschiedlicher Schwerpunktsetzung und Fokussierung verschiedener Diskurszusammenhänge u.a. Sadji, Amadou Booker: Das Bild des Negro-Afrikaners in der Deutschen Kolonialliteratur (1884-1945). Ein Beitrag zur literarischen Imagologie Schwarzafrikas, Berlin 1985; Mar-tin, Peter: Schwarze Teufel, Edle Mohren. Afrikaner in Geschichte und Bewußtsein der Deutschen, Hamburg 2001 (zuerst 1993); Schubert, Mi-chael: Der schwarze Fremde. Das Bild des Schwarzafrikaners in der par-lamentarischen und publizistischen Kolonialdiskussion in Deutschland von den 1870er bis in die 1930er Jahre, Stuttgart 2003.

ihre Bedeutung für kolonialpolitische Praktiken weitgehend ausgeblendet blieb.

So erschien die Vernichtung der Herero in der allgemeinen Geschichtsschreibung, aber auch in Arbeiten, die sich dezidiert mit dem deutschen Kolonialismus beschäftigen, lange Zeit als ein eher peripheres Ereignis in einer peripheren Region, das nicht in den Entwicklungen der deutschen Geschichte unter mentalitäts-, ideen- oder diskursgeschichtlichen Gesichtspunkten verortet wurde. Ein Grund für dieses überraschende Defizit liegt – neben der in der deutschen Geschichtswissenschaft bis heute immer noch weit verbreiteten Skepsis gegenüber konstruktivistischen und diskurstheoretischen Ansätzen[24] – sicherlich in der lange Zeit gültigen, beispielsweise in der klassischen Differenzierung von Untersuchungen zum deutschen Imperialismus einerseits und zur Geschichte der deutschen Kolonien andererseits deutlich werdenden Tendenz der deutschen Geschichtsschreibung, die in den Kolonien ausgeübte Politik selbst weitgehend von Diskussionen und politischen Entwürfen des Kaiserreichs abzulösen. Der Kolonialkrieg der Jahre 1904 bis 1907 und die Strategien der Schutztruppe müßten, so heißt es, aus der spezifischen Situation der Kolonie selbst verstanden werden, ebenso wie die Maßnahmen, die von den Entscheidungsträgern »vor Ort« ergriffen wurden. All dies könne eben nicht aus Diskussionen

---

24 Vgl. zu diesem »Problem« der deutschen Geschichtswissenschaft die Erörterungen von Brieler, Ulrich: Blind Date. Michel Foucault in der deutschen Geschichtswissenschaft, in: Michel Foucault – Zwischenbilanz einer Rezeption. Frankfurter Foucault-Konferenz 2001, hrsg. von Axel Honneth und Martin Saar, Frankfurt am Main 2003, S. 311-334. Eine differenzierte und überaus instruktive Analyse der Möglichkeiten und Schwierigkeiten einer Adaption der Diskurstheorie Foucaults in geschichtswissenschaftlichen Zusammenhängen legte jüngst der Historiker Philipp Sarasin vor und stellte fest, daß die »Reserviertheit« der Geschichtswissenschaften gegenüber »diskursanalytischen Ansätzen [...] zumindest auch Ausdruck des grundsätzlich schwierigen Verhältnisses der Geschichtsschreibung zu analytischen Methoden« sei. Vgl.: Sarasin, Philipp: Geschichtswissenschaft und Diskursanalyse, Frankfurt am Main 2003, hier S. 28. Zu den Möglichkeiten einer Nutzbarmachung der Foucaultschen Diskursanalyse in der Geschichtswissenschaft vgl. auch: Maset, Michael: Diskurs, Macht und Gesellschaft. Foucaults Analysetechniken und die historische Forschung, Frankfurt am Main/ New York NY 2002 sowie ferner den Band: Geschichte schreiben mit Foucault, hrsg. von Jürgen Martschukat, Frankfurt am Main/- New York NY 2002.

im »Zentrum« des Reiches, nicht aus politischen Diskursen, die im Reich virulent waren, erklärt werden. Allenfalls könne der deutsche Kolonialismus im Kontext der Geschichte der europäischen Expansion verortet werden. Diese Perspektive impliziert – bewußt oder unbewußt – ein weitgehend diskretes Verhältnis von politischen Ideen und Entwürfen wie auch in kollektiver Rede zirkulierenden Diskursen im Deutschen Reich einerseits und politisch-militärischer Praxis in der »Peripherie« andererseits. Die Kolonialpolitik und Kolonialgeschichte wird somit von den Kontinuitäten und Kontinuierungen Deutscher Geschichte abgekoppelt.[25] In Untersuchungen zur Geschichte der ehemaligen Kolonie Deutsch-Südwestafrika und zur Geschichte des Kolonialkriegs 1904-1907 wurde also folgelogisch jene Flut zeitgenössischer Publikationen über den »Herero-Krieg« – seien es Feldzugsberichte, Tagebücher, (populär)-historiographische Darstellungen, Romane oder Kinder- und Jugendbücher –, in denen ja ein in der »Peripherie« stattfindendes Ereignis für das »Zentrum« re-konstruiert wird, so sie denn überhaupt Berücksichtigung finden, zumeist ausschließlich als apologetische, den Kriegsalltag und die »Realität« der Ereignisse verklärende »Propaganda« gedeutet.

Ein solches Verfahren, das die Thematisierung kollektiver Gewalt in zeitgenössischen Medien – und dies gilt im übrigen nicht allein für den spezifischen Fall des Kolonialdiskurses – mit dem Argument ihres apologetischen Charakters aus der Analyse ausklammert, führt zu einer irreführenden Abgrenzung exkludierender und legitimatorischer Konstruktionen von den in einer Gesellschaft allgemein anschlußfähigen Diskursen.

Betrachtet man kollektive Gewalt und Genozid jedoch als Prozesse, die nur in einem gesamtgesellschaftlichen Kontext verständlich gemacht werden können, wie dies die jüngere interdisziplinäre Genozidforschung verdeutlicht hat,[26] so stellt sich insbesondere

---

25 Erst in jüngerer Zeit ist unter Nutzbarmachung diskursanalytischer Verfahren versucht worden, sich dem Zusammenhang und dem Wechselverhältnis zwischen kolonialdiskursiver und kolonialpolitischer Praxis sowie kolonialer Gewalt systematisch anzunähern. Vgl. hierzu die Aufsätze des Bandes: Kolonialismus. Kolonialdiskurs und Genozid, hrsg. von Mihran Dabag, Horst Gründer und Uwe K. Ketelsen, München 2004.
26 Dabag, Mihran: Genozidforschung. Leitfragen, Kontroversen, Überlieferung, in: Zeitschrift für Genozidforschung 1, 1, 1999, S. 6-35, hier S. 9f.;

auch die Frage nach ihrer Vorgeschichte, nach den vorbereitenden Diskursen, nach den Mechanismen der Exklusion der Opfergruppe und den Strategien einer gesellschaftlich anschlußfähigen Legitimation der Gewaltpolitik. Denn im Kontext moderner politischer Gewalt kommt Prozessen einer sich auf sprachlich-medial vermittelte Verfahren stützenden Exklusion der Opfergruppe aus dem »Universum allgemeiner Verbindlichkeiten«,[27] das heißt ihre Ausschließung aus der Gültigkeit der Normen, der ethischen und moralischen Verantwortung einer Gesellschaft, entscheidende Bedeutung zu.[28] Dabei rekurrieren solche Definitions- und Exklusionsstrategien auf generational überlieferte, aktualisierbare diskursive Muster, die als geschichtliches, kulturelles oder weltanschauliches Wissen[29] Gültigkeit beanspruchen.[30]

   sowie: Platt, Kristin: Genozid und Moderne: Strukturen kollektiver Gewalt im 20. Jahrhundert. Einleitung, in: Genozid und Moderne. Strukturen kollektiver Gewalt im 20. Jahrhundert, hrsg. von Mihran Dabag und Kristin Platt, Opladen 1998, S. 5-37.
27 Fein, Helen: Genozid als Staatsverbrechen. Beispiele aus Rwanda und Bosnien, in: Zeitschrift für Genozidforschung 1, 1, 1999, S. 36-45, hier S. 39.
28 Darauf haben nicht zuletzt Arbeiten zur Vorurteils- und Antisemitismusforschung aufmerksam gemacht. Vgl.: Rokeach, Milton: The open and closed mind. Investigations into the nature of belief and personality systems, New York NY 1960; Social Representations, hrsg. von Robert M. Farr und Serge Moscovici, Cambridge 1984; Volkov, Shulamit: Antisemitismus als kultureller Code, in: dies.: Jüdisches Leben und Antisemitismus im 19. und 20. Jahrhundert. Zehn Essays, München 1990, S. 13-36.
29 Vgl. zur soziologischen Fundierung des hier verwendeten Begriffs »gesellschaftliches Wissen« die grundlegende Arbeit von Berger, Peter L. / Luckmann, Thomas: Die gesellschaftliche Konstruktion der Wirklichkeit. Eine Theorie der Wissenssoziologie, Frankfurt am Main 1969 (zuerst New York NY 1966). Siehe ferner auch: Stark, Werner: Die Wissenssoziologie. Ein Beitrag zum tieferen Verständnis des Geisteslebens, Stuttgart 1960. Vgl. in diesem Zusammenhang aber insbesondere auch: Foucault, Michel: Archäologie des Wissens, Frankfurt am Main ⁶1994 (zuerst 1981, franz.: Paris 1969), sowie die von Walter L. Bühl in Anschluß an Foucault formulierten Überlegungen zu einer neuen Grundlegung der Wissenssoziologie: Bühl, Walter: Die Ordnung des Wissens, Berlin 1984.
30 Platt, Kristin: Unter dem Zeichen des Skorpions. Feindmuster, Kriegsmuster und das Profil des Fremden, in: Feindschaft, hrsg. von Medardus Brehl und Kristin Platt, München 2003, S. 13-52; dies.: Fichte als Pfadfinder. Der geschichtsgestaltende Krieg im historisch entscheidenden Moment, in: Die Machbarkeit der Welt. Wie der Mensch sich als Subjekt der Geschichte entdeckt, hrsg. von dems. und Kristin Platt, München 2006, S. 93-141; Da-

Im Rahmen dieser Studie sollen solche in allgemeinen gesellschaftlichen Diskursen wirksame Muster der Exklusion einer Bevölkerungsgruppe und die Gewalt legitimierende Funktion dieser Muster anhand zeitgenössischer Publikationen über den »Kolonialkrieg« der Jahre 1904-1907 in Deutsch-Südwestafrika und die Vernichtung der Herero untersucht werden. Die Analysen verstehen sich daher auch als literaturwissenschaftlicher Beitrag zur Erforschung von kollektiver Gewalt und Völkermord. Sie folgen einem zentralen Interesse der interdisziplinären Genozidforschung: der De-Konstruktion von Wissensstrukturen, vor denen Genozid gedacht werden und als legitim erscheinen kann.[31]

Die Bedeutung der Literatur – um 1900 zweifellos das zentrale Leitmedium – für die Produktion eines gesellschaftlich anschlußfähigen, mit dem zeitgenössischen sozio-kulturellen Wissen jener Zeit kompatiblen Bildes über die Kolonialkriege der Jahre 1904 bis 1907 und die Vernichtung der Herero ist kaum zu unterschätzen. Um so erstaunlicher ist es, daß – wie es bei einem Blick auf den Stand der Forschung zur Vernichtung der Herero deutlich wird – diese Zusammenhänge bis heute keiner eingehenden Untersuchung unterzogen worden sind.

1.2 Kolonialdiskurs und kolonialer Völkermord: Stand der Forschung

Im Rahmen der Fragestellung der vorliegenden Studie sind sicherlich die bereits oben kurz angesprochenen Forschungen zur Geschichte des deutschen Kolonialismus, zum Zeitalter des europäischen Imperialismus und zur Geschichte der europäischen Expansion von Bedeutung. Wichtiger erscheinen allerdings Untersuchungen zur Kolonie Deutsch-Südwestafrika und zum Kolonialkrieg der

---

bag, Mihran: The Decisive Generation. Self-Authorization and Delegations in Deciding a Genocide, in: Genocide. Approaches, Case Studies, and Responses, hrsg. von Graham C. Kinloch und Raj P. Mohan, New York NY 2005, S. 113-139; ders.: Gestaltung durch Vernichtung. Politische Vision und generationale Selbstermächtigung in den Bewegungen der Nationalsozialisten und der Jungtürken, in: Die Machbarkeit der Welt, a. a. O.
31 Platt, Kristin / Brehl, Medardus: Einleitung, in: Feindschaft, hrsg. von dens., München 2003, S. 7-11, hier S. 10.

Jahre 1904-1907[32] sowie grundlegende kultur- und wissensgeschichtliche Analysen zum Problem des interkulturellen Kontaktes und Fremd-Verstehens im Rahmen des Kolonialismus[33] und insbesondere Arbeiten zum Problem des »Kolonialdiskurses«. Selbstverständlich sind dabei auch literaturwissenschaftliche Studien zur deutschen Kolonialliteratur einzubeziehen.

Die Kolonialgeschichte – in der Regel wird heute häufiger von der »Geschichte der europäischen Expansion« oder neuerdings von »Vergleichender Überseegeschichte« gesprochen – stellt im Rahmen der deutschen Geschichtswissenschaft immer noch ein Randgebiet dar. Auffällig ist bei einer allgemeinen Betrachtung der Forschungen zur Konialgeschichte, daß neuere theoretische oder epistemologische Ansätze der Geschichtswissenschaft – etwa Mentalitäts-, Diskurs- oder Neue Kulturgeschichte – hier bisher erst zögerlich fruchtbar gemacht worden sind. Bestimmend blieben dagegen lange Zeit Perspektiven, die in Anschluß an die Untersuchungen von David K. Fieldhouse[34] aus den 1960er Jahren, die Geschichte der Kolonien in eine allgemeine Geschichte der europäischen Expansion einbetten und den Expansionismus wie auch Kolonialismus als ein Epochenphänomen lesen.[35] Außerdem ist die Kolonial-

---

32 Die Datierung der Kolonialkriege differiert in den historischen Untersuchungen. Der Beginn wird einheitlich mit dem Januar 1904 gesetzt. Das Ende des Krieges wird zumeist mit der formellen Beendigung des »Kriegszustandes« am 31. März 1907 bezeichnet. In neueren Untersuchungen wird das Ende des Kolonialkriegs bisweilen erst mit der Auflösung der für die gefangenen Herero und Nama eingerichteten Konzentrationslager am 27. Januar 1908 angesetzt, vgl.: Zimmerer, Jürgen: Krieg, KZ und Völkermord in Südwestafrika. Der erste deutsche Genozid, in: Völkermord in Deutsch-Südwestafrika. Der Kolonialkrieg (1904-1908) in Namibia und seine Folgen, hrsg. von Jürgen Zimmerer und Joachim Zeller, Berlin 2003, S. 45-63, hier S. 58. In dieser Studie, die zeitgenössische Codierungen und Deutungen fokussiert, werden die Kolonialkriege mit der auch zeitgenössisch gültigen zeitlichen Eingrenzung 1904-1907 gesetzt.

33 Eine systematische, wenn auch knappe Annäherung an das Phänomen »Kolonialismus« bietet: Osterhammel, Jürgen: Kolonialismus. Geschichte – Formen – Folgen, München ⁴2003 (zuerst 1995).

34 Fieldhouse, Donald K.: Die Kolonialreiche seit dem 18. Jahrhundert, Frankfurt am Main 1965 (=Fischer Weltgeschichte Bd. 29).

35 Vergleiche hinsichtlich dieser Perspektive im Kontext deutschsprachiger Forschungsdiskussionen insbesondere die Arbeiten von Reinhard, Wolfgang: Geschichte der europäischen Expansion. 4 Bde., Stuttgart 1986-1990; Kleine

geschichte lange Zeit unter dem Paradigma der Imperialismusforschung thematisiert worden.[36] Während in dieser Perspektive vornehmlich ökonomische und machtpolitische Interessen und Visionen der europäischen Großmächte thematisiert werden, spielt das Geschehen in den einzelnen Kolonien hier eine deutlich untergeordnete Rolle.

An Untersuchungen, die sich der Geschichte der deutschen Kolonien widmen,[37] fällt auf, daß selten explizit »Kolonialideologien« untersucht werden, oder anders formuliert: daß die Kolonialpolitik selten an zeitgenössische theoretische Konzepte des Kolonialismus zurückgebunden und/oder diese Konzepte hinsichtlich ihrer Konvergenz mit anderen gesellschaftlich relevanten und virulenten Diskursen geprüft werden. Dabei haben Einzelstudien, in denen die Betrachtung des deutschen Kolonialismus mit Einzelaspekten der Ideen- und Strukturgeschichte Deutschlands verbunden worden sind, gezeigt, daß eine Verschränkung rassebiologischer mit medizinischen und gesellschaftshygienischen Vorstellungen eine Folie herrschaftslegitimierender Diskurse bereitstellte.[38] Während also

---

Geschichte des Kolonialismus, Stuttgart 1996. Vgl. auch Gründer, Horst: Eine Geschichte der europäischen Expansion. Von Entdeckern und Eroberern zum Kolonialismus, Stuttgart 2003.

36 Hallgarten, Georg W. F.: Imperialismus vor 1914. 2 Bde., München (2. durchgearb. und stark erw. Aufl.) 1963 (zuerst 1951); Imperialismus, hrsg. von Hans-Ulrich Wehler, Königstein/Ts. ³1976 (zuerst 1970); Mommsen, Wolfgang J.: Das Zeitalter des Imperialismus. (Fischer Weltgeschichte Bd. 28). Frankfurt am Main ²¹1998 (zuerst 1969); ders.: Imperialismus. Seine geistigen, politischen und wirtschaftlichen Grundlagen, Hamburg 1977; ders.: Der europäische Imperialismus. Aufsätze und Abhandlungen, Göttingen 1979. Ein Resümee der Imperialismusforschung der 1970er Jahre zieht Mommsen, Wolfgang J.: Imperialismustheorien. Ein Überblick über die neueren Imperialismusinterpretationen, Göttingen ³1987 (zuerst 1977). Speziell zum deutschen Imperialismus vgl.: Fröhlich, Michael: Imperialismus. Deutsche Kolonial- und Weltpolitik 1880-1914, München 1994; Kundrus, Birthe: Moderne Imperialisten. Das Kaiserreich im Spiegel seiner Kolonien, Köln/Weimar/Wien 2003.

37 Gründer, Horst: Geschichte der Deutschen Kolonien. Paderborn ⁵2004 (zuerst 1985).

38 Grosse, Pascal: Kolonialismus, Eugenik und bürgerliche Gesellschaft in Deutschland 1850-1918, Frankfurt am Main/New York NY 2000; vgl. in diesem Kontext auch folgenden Sammelband, dessen Aufsätze die Bedeutung des Rasseaspekts im deutschen Kolonialismus fokussieren: Rassenmischehen – Mischlinge – Rassentrennung, a. a. O.

inzwischen die Bedeutung einzelner wissenschaftlicher Diskurse für die rassenpolitischen Aspekte des Kolonialismus aufgearbeitet worden ist, wurde die Frage nach den möglichen Konvergenzen kolonialer Programmatik und zeitgenössisch allgemein akzeptierter Wissensbestände und damit auch die nach der gesellschaftlichen Anschlußfähigkeit des kolonialen Projektes noch nicht eingehend thematisiert. Insgesamt erscheinen das koloniale Programm und die koloniale Praxis somit als Komplexe, die zwar an spezifische Diskursformationen im Deutschen Reich hätten anschließen und über diese legitimiert werden können, jedoch nicht unmittelbar mit den Belangen des Reiches in Verbindung gebracht worden seien. Folglich wird der Kolonialismus als ein eher randständiger Aspekt der deutschen Geschichte eingeordnet. Bis heute ist allerdings die Frage nach der Breite der gesellschaftlichen Akzeptanz des kolonialen Projektes wie auch seiner Konsequenzen sowohl für die Kolonisierenden als auch für die Kolonisierten nicht detailliert untersucht worden.

Diese Beobachtung gilt im besonderen Maße für die wissenschaftliche Beschäftigung mit den Kolonialkriegen der Jahre 1904-1907 und dem Völkermord an den Herero in der Kolonie Deutsch-Südwestafrika. Die Beschäftigung mit diesem Ereignis setzte überraschend spät – aber nahezu zeitgleich in der Bundesrepublik und in der DDR – erst in der zweiten Hälfte der 1960er Jahre ein und ist bis heute weitestgehend auf die Kolonialgeschichtsschreibung beschränkt geblieben, während auch hier eine Verortung in Kontinuitäten und Kontinuierungen der deutschen Geschichte – etwa aus rezeptions-, mentalitäts- oder diskursgeschichtlicher Perspektive – weiterhin aussteht. Horst Drechslers 1966 erschienene Studie *Südwestafrika unter deutscher Kolonialherrschaft*[39] untersucht die

---

39 Drechsler, Horst: Südwestafrika unter deutscher Kolonialherrschaft. Der Kampf der Herero und Nama gegen den deutschen Imperialismus (1884-1915), Berlin (Ost) 1966. Im Jahr 1984 erschien eine gekürzte Fassung der Untersuchung unter dem Titel: Aufstände in Südwestafrika. Der Kampf der Herero und Nama 1904 bis 1907 gegen die deutsche Kolonialherrschaft, Berlin (Ost) 1984. In den 1990er Jahren hat Drechsler seine Arbeiten über die deutsche Kolonialpolitik in Südwestafrika durch eine Studie zur Siedlungs- und Wirtschaftspolitik in der Kolonie ergänzt: ders.: Südwestafrika unter deutscher Kolonialherrschaft. Die großen Land- und Minengesellschaften (1885-1914), Stuttgart 1996.

»großen Aufstände (1904-1907)« der Herero und Nama als Befreiungskampf gegen den deutschen Imperialismus und gegen eine aggressive Besiedlungspolitik. Im Jahr 1968 legte Helmut Bley eine strukturgeschichtliche Untersuchung zur *Kolonialherrschaft und Sozialstruktur in Deutsch-Südwestafrika* vor, in der der Kolonialkrieg und die deutsche Vernichtungspolitik vor der Folie der Sozialstruktur einer Siedlerkolonie verortet werden.[40] Einen Sammelband, der zugleich den aktuellen Stand der historischen Forschung zu den Kolonialkriegen der Jahre 1904-1907 aufarbeitet, haben Jürgen Zimmerer und Joachim Zeller herausgegeben.[41] Ergänzend zu diesen Standardwerken erschienen detaillierte Darstellungen zum Kriegsverlauf.[42]

Wichtige Probleme, die im Kontext des Kolonialkriegs und der Vernichtung der Herero und Nama diskutiert wurden, sind einerseits die Frage nach der Kategorisierung der Geschehnisse als »Genozid« und andererseits die damit verbundene Frage nach einer Einordnung dieser Ereignisse in die Kontinuitäten deutscher Geschichte. In der marxistisch programmierten Geschichtsschreibung finden sich die Begriffe Völkermord beziehungsweise Genozid zur Charakterisierung der Methoden des »deutschen Imperialismus«.[43] Der burkinische Historiker Joseph Ki-Zerbo spricht vom »Aufstand der Hereros und der Hottentotten in Deutsch-Südwestafrika«,[44] während in der (west-)europäischen Geschichtsschrei-

40 Bley, Helmut: Kolonialherrschaft und Sozialstruktur in Deutsch-Südwestafrika 1894-1914, Hamburg 1968.
41 Völkermord in Deutsch-Südwestafrika. Der Kolonialkrieg (1904-1908) in Namibia und seine Folgen, a. a. O.
42 Bridgman, Jon M.: The Revolt of the Hereros, Berkeley CA u.a. 1981. Zu erwähnen ist in diesem Zusammenhang auch eine populärwissenschaftliche Darstellung: Nuhn, Walter: Sturm über Südwest. Der Herero-Aufstand von 1904 – Ein düsteres Kapitel der deutschen kolonialen Vergangenheit Namibias, Bonn [4]1997 (zuerst Koblenz 1989).
43 Drechsler: Aufstände in Südwestafrika, a. a. O., S. 6; ders.: Südwestafrika unter deutscher Kolonialherrschaft. Der Kampf der Herero und Nama gegen den deutschen Imperialismus (1884-1915), a. a. O., S. 150-198; ders.: The Hereros of South-West Africa, in: The History and Sociology of Genocide. Analyses and Case Studies, hrsg. von Frank Chalk und Kurt Jonassohn, New Haven CT/London 1990, S. 230-248, hier S. 241ff.
44 Ki-Zerbo, Joseph: Die Geschichte Schwarzafrikas, Frankfurt am Main 1981, S. 464. Es ist erstaunlich, daß Ki-Zerbo die dem Kolonialdiskurs entlehnte, pejorative Bezeichnung »Hottentotten« verwendet, ohne die Herkunft des

bung lange die bereits 1904 geprägte Bezeichnung »Herero-Aufstand« geläufig geblieben ist. Die Einwände, die vornehmlich in kolonialrevisionistischen und kolonialapologetischen Darstellungen gegen die Verwendung des Begriffs »Völkermord« vorgebracht werden,[45] sind von der seriösen historischen Forschung eindeutig widerlegt worden. Sie brauchen hier nicht referiert und diskutiert zu werden, da unter anderem Gesine Krüger diese Perspektiven eingehend diskutiert und überzeugend widerlegt hat.[46]

Interessanter sind hier die Diskussionen über die Einordnung dieses frühen Völkermords in die Kontinuitäten deutscher Geschichte. Horst Drechsler hatte aus marxistischer Perspektive die von ihm explizit als »Völkermord« bezeichnete Vernichtungspolitik gegen die »Eingeborenen« Deutsch-Südwestafrikas zwar als Charakteristikum des »deutschen Imperialismus«[47] gedeutet, einen Ausblick auf den Nationalsozialismus oder gar eine explizite Einordnung in Kontinuitäten deutscher Geschichte zunächst jedoch nicht explizit vorgenommen. Henning Melber dagegen ordnete im Anschluß an die zuerst von Hannah Arendt in *Elemente und Ursprünge totaler Herrschaft*[48] entwickelten Überlegungen zu den Zusammenhängen zwischen Kolonialismus, Antisemitismus, Totalitarismus und Genozid den Völkermord an den Herero und Nama in Kontinuitäts-

---

Begriffes zu problematisieren oder sich (etwa durch Anführungszeichen) von diesem Begriff zu distanzieren.

45 Die Kritik an der Verwendung des Genozidbegriffs ist vornehmlich in folgenden Arbeiten formuliert worden: Sudhold, Gert: Die deutsche Eingeborenenpolitik in Südwestafrika. Von den Anfängen bis 1904, Hildesheim/New York NY 1975; Lau, Brigitte: Uncertain Certainities. The Herero-German War of 1904, in: dies.: History and Historiography. 4 Essays in Reprint, hrsg. von Annemarie Heywood, Windhoek 1995 (zuerst 1989); Poewe, Karla: The Namibian Herero. A History of their Psychological Disintegration and Survival, Lewiston NY 1985; Spraul, Gunter: Der »Völkermord« an den Herero. Untersuchungen zu einer neuen Kontinuitätsthese, in: Geschichte in Wissenschaft und Unterricht 38, 12, 1988, S. 713-739.
46 Krüger: Kriegsbewältigung und Geschichtsbewußtsein, a. a. O., S. 62-68.
47 Drechsler: Aufstände in Südwestafrika, a. a. O., S. 6; ders.: Südwestafrika unter deutscher Kolonialherrschaft. Der Kampf der Herero und Nama gegen den deutschen Imperialismus (1884-1915), a. a. O., S. 150-198; ders.: The Hereros of South-West Africa, a. a. O., hier S. 241ff.
48 Arendt, Hannah: Elemente und Ursprünge totaler Herrschaft, München ⁴1995 (zuerst New York NY 1951), S. 207-470.

linien totaler Herrschaft in Deutschland ein.[49] In jüngerer Zeit hat Isabell Hull die koloniale Kriegsführung des Deutschen Reiches und die gegen die Herero und Nama verfolgte Vernichtungstrategie explizit im Kontext des Militarismus und der militärischen Traditionen Deutschlands verortet.[50] Solche Einordungen nicht allein des Völkermords an den Herero, sondern kolonialer Gewalt überhaupt sind in neuerer Zeit von Horst Gründer, Sven Lindqvist und Alison Palmer problematisiert worden. Dabei weisen Gründer[51] aus einer ereignisgeschichtlichen Perspektive und Alison Palmer aus der Perspektive einer vergleichenden historischen Genozidforschung eine Interpretation des Kolonialismus als permanenten Völkermord zurück. Besonders in Palmers Argumentation ist dieses Ergebnis überraschend, da sie dezidiert den Zusammenhang von Siedlungskolonialismus und der Vernichtung autochthoner Bevöl-

---

49 Melber, Henning: Kontinuitäten totaler Herrschaft: Völkermord und Apartheid in »Deutsch-Südwestafrika«, in: Jahrbuch für Antisemitismusforschung. Bd. 1., Frankfurt am Main/New York NY 1992, S. 91-116. Melber hat seine These mehrfach wiederholt und auch anhand von Dokumentationen zu belegen versucht: ders: Der Weißheit letzter Schluß. Rassismus und kolonialer Blick, Frankfurt am Main 1992; In Treue fest Südwest. Eine ideologiekritische Dokumentation von der Eroberung Namibias über die deutsche Fremdherrschaft bis zur Kolonialapologie der Gegenwart, hrsg. von Henning Melber, Bonn 1984. Zuletzt hat Melber seine These nochmals in einem gemeinsam mit Reinhart Kößler verfaßten Artikel bekräftigt: Kößler, Reinhart / Melber, Henning: Völkermord und Gedenken. Der Genozid an den Herero und Nama in Deutsch-Südwestafrika 1904-1908, in: Völkermord und Kriegsverbrechen in der ersten Hälfte des 20. Jahrhunderts, hrsg. im Auftrag des Fritz Bauer Instituts von Irmtrud Wojak und Susanne Meinl, Frankfurt am Main/New York NY 2004 (=Jahrbuch 2004 zur Geschichte und Wirkung des Holocaust), S. 37-76, hier insbes. S. 55ff. Vgl. im Kontext einer Verortung des Kolonialismus in den Kontinuitäten deutscher Geschichte auch: Schmitt-Egner, Peter: Kolonialismus und Faschismus. Eine Studie zur historischen und begrifflichen Genesis faschistischer Bewußtseinsformen am deutschen Beispiel, Gießen 1975.
50 Hull, Isabel V.: Absolute Destruction. Military culture and the practices of war in Imperial Germany, Ithaca NY/London: Cornell University Press 2005.
51 Gründer, Horst: Genozid oder Zwangsmodernisierung? Der moderne Kolonialismus in universalgeschichtlicher Perspektive, in: Genozid und Moderne. Strukturen kollektiver Gewalt im 20. Jahrhundert, hrsg. von Mihran Dabag und Kristin Platt, Opladen 1998, S. 135-151.

kerungsgruppen anhand der Beispiele Australien[52] und Deutsch-Südwestafrika nachweist. Da allerdings die Verlaufsstrukturen der beiden Vernichtungsprozesse einander diametral entgegenstünden – während der Genozid in Deutsch-Südwestafrika staatlich organisiert und sanktioniert gewesen sei, hätten die Siedler in Australien die autochthone Bevölkerung ohne staatliche Unterstützung verdrängt und vernichtet – lehnt sie schließlich das Konzept eines »Colonial Genocide« als untaugliche Analysekategorie ab, und dies obwohl dieses Konzept ihrer Untersuchung immerhin als Titel scheinbar programmatisch (und zwar ohne Fragezeichen) vorangestellt ist.[53] Entgegen den Positionen, wie sie etwa von Gründer oder Palmer markiert werden, sieht der Anglist Sven Lindqvist, der weniger Ereignisstrukturen als vielmehr ideologische Parameter und diskursive Formationen fokussiert, die gemeinsamen Wurzeln von Kolonialismus und Völkermord in den mentalen und ideologischen Strukturen der Europäer und deutet koloniale Vernichtungspolitik als eine zwangsläufige Folge kolonial-expansiver Programmatiken.[54]

Um eine systematische Annäherung an den Zusammenhang von kolonialdiskursiven Konstruktionen mit Gewalt und Völkermord sowie um eine Erörterung der gewaltgenerierenden Potentiale kolonialer Diskurse bemüht sich der von Mihran Dabag und anderen herausgegebene Band *Kolonialismus. Kolonialdiskurs und Genozid*.[55] Dabei wird im Rekurs auf Ansätze der Diskurstheorie zum einen versucht, spezifische Analyseparameter (wie die Schnittstellen von National- und Kolonialpolitik,[56] das koloniale Raum-

---

52 Den Zusammenhang von Siedungskolonialismus und dem Völkermord an der indigenen Bevölkerung Australiens perspektivieren auch die Aufsätze des Bandes: Genocide and Settler Society. Frontier Violence and Stolen Indigenous Children in Australian History, hrsg. von A. Dirk Moses, New York NY/-Oxford 2004.
53 Palmer, Alison: Colonial Genocide, Hindmarsh SA/London 2000.
54 Lindqvist, Sven: Durch das Herz der Finsternis. Ein Afrikareisender auf den Spuren des europäischen Völkermords, Frankfurt am Main/New York NY 1999.
55 Kolonialismus. Kolonialdiskurs und Genozid, hrsg. von Mihran Dabag, Horst Gründer und Uwe-K. Ketelsen, München 2004.
56 Dabag, Mihran: National-koloniale Konstruktionen in politischen Entwürfen des Deutschen Reichs um 1900, in: Kolonialismus. Kolonialdiskurs und Genozid, a. a. O., S. 19-66.

konzept,⁵⁷ das narrative Konzept »Kolonie«⁵⁸ oder das »Gewaltdispositiv« des Kolonialismus⁵⁹) für die Untersuchung von Kolonialismus und kolonialer Gewalt bereitzustellen, zum anderen diese Parameter in Einzeluntersuchungen zu prüfen.

Wichtige Aspekte regt in diesem Zusammenhang zudem die Untersuchung zur deutschen »Eingeborenenpolitik« nach dem Herero-Krieg an, die Jürgen Zimmerer vorgelegt hat.⁶⁰ Zimmerer zeigt, daß mit dem Hererokrieg eine Radikalisierung in der deutschen Kolonialpolitik in Südwestafrika festzustellen ist, die auf die Etablierung einer rassischen Privilegiengesellschaft abgezielt habe. Diese Tendenzen deutet er als eine strukturelle Vorwegnahme der Besatzungspolitik des nationalsozialistischen Deutschlands in Osteuropa. Birthe Kundrus dagegen hat diese These zurückgewiesen und versucht, eine grundsätzliche strukturelle Differenz zwischen kolonialem Rassismus und kolonialer Praxis einerseits und der nationalsozialistischen Rassenideologie und Rassenpolitik andererseits nachzuzeichnen.⁶¹ Gerade auch in diesem Kontext könnte ein diskursanalytischer Zugriff auf Argumentationslinien, mit denen rassenpolitische Maßnahmen legitimiert werden, überaus aufschlußreich sein und zu einer Prüfung von Kontinuitäten und Kontinuierungen identitätspolitischer Entwürfe und rassenpolitischer Praxis in der deutschen Geschichte beitragen.

---

57 Honold, Alexander: Raum ohne Volk. Zur Imaginationsgeschichte der kolonialen Geographie, in: Kolonialismus. Kolonialdiskurs und Genozid, a. a. O., S. 95-110.

58 Ketelsen, Uwe-K.: Der koloniale Diskurs und die Öffnung des europäischen Ostens im deutschen Roman, in: Kolonialismus. Kolonialdiskurs und Genozid, a. a. O., S. 67-94.

59 Mann, Michel: Das Gewaltdispositiv des modernen Kolonialismus, in: Kolonialismus. Kolonialdiskurs und Genozid, a. a. O., S. 111-135.

60 Zimmerer, Jürgen: Deutsche Herrschaft über Afrikaner. Staatlicher Machtanspruch und Wirklichkeit im kolonialen Namibia, Münster 2001. Vgl. auch: Der koloniale Musterstaat? Rassentrennung, Arbeitszwang und totale Kontrolle in Deutsch-Südwestafrika, in: Völkermord in Deutsch-Südwestafrika. Der Kolonialkrieg (1904-1908) in Namibia und seine Folgen, a. a. O., S. 26-44.

61 Kundrus, Birthe: Von Windhoek nach Nürnberg? Koloniale »Mischehenverbote« und die nationalsozialistische Rassengesetzgebung, in: Phantasiereiche. Zur Kulturgeschichte des deutschen Kolonialismus, hrsg. von ders, Frankfurt am Main/New York NY 2003, S. 110-131.

Erörterungen des Kolonialkriegs im Kontext einer Geschichte der Herero sind erst vereinzelt versucht worden, so von Jan Bart Gewald in seiner sozialhistorischen Untersuchung zur Geschichte der Herero zwischen 1890 und 1923.[62] Gesine Krüger beschäftigt sich in ihrer Studie *Kriegsbewältigung und Geschichtsbewußtsein* insbesondere mit Deutungen und Verarbeitungen des Kolonialkriegs in Deutschland und in der Hererogemeinschaft. Allerdings analysiert Krüger zur Erörterung von Kriegsdeutungen in Deutschland keine veröffentlichten Materialien, sondern unveröffentlichte Tagebuchaufzeichnungen von Feldzugsteilnehmern, und versucht zu zeigen, daß der »idealtypische Gesamtkrieger«, der in der veröffentlichten Kolonialliteratur sowie von der »kolonialapalogetische[n] wie kritische[n] Literaturwissenschaft« konstruiert werde, »sich so nicht in den Tagebüchern wiederfindet«.[63] Problematisch erscheint an dieser Perspektive, daß veröffentlichte, zudem literarische Darstellungen an Ego-Dokumenten aus Nachlässen gemessen und diesen hinsichtlich ihres möglichen »Realitätsgehaltes« nachgeordnet werden. Während es sich bei der veröffentlichten Kolonialliteratur – so Krüger – um insbesondere legitimatorische und propagandistische, der Realität des Kolonialkrieges und seiner Folgen nicht entsprechende Darstellungen handelt, könne anhand unveröffentlichter Tagebücher ein ganz anderes Bild rekonstruiert werden, welches dann der Realität der Ereignisse in der Kolonie näherkomme. Zu prüfen wäre allerdings, welche Funktion und Bedeutung die Publikationen über den »Hererokrieg« – zunächst ganz unabhängig von ihrer historisch korrekten oder inkorrekten Darstellung des Geschehens – für die Konstruktion eines zeitgenössisch allgemein geteilten, anschlußfähigen Bildes über den Kolonialkrieg hatten. In Frage stünde in dieser Perspektive also weniger ein historisch überprüfbarer Wahrheitsgehalt jener Texte als vielmehr ihr Wahrscheinlichkeitspotential. Dabei wäre zu untersuchen, wie eine Wahrscheinlichkeit des Dargestellten erreicht wird, an welches Wissen über die Kolonien, an welche vorgängigen Muster der Positionierung von »Eigen« und »Fremd« angeschlossen wurde, welche Strategien von Ausschließung und Einschließung in der Rede in legitimatorische

---

62 Gewald: Herero Heroes, a. a. O.
63 Krüger: Kriegsbewältigung und Geschichtsbewußtsein, a. a. O., S. 80.

Muster überführt werden. Nicht zuletzt wäre zu erfragen, welche Darstellungsformen, welche Erzählstrategien und Erzählkonventionen genutzt und welche rhetorischen Mittel dabei eingesetzt wurden. Gerade in diesem Kontext zeigt sich bis heute ein deutliches Desiderat: Denn eine Beantwortung dieser Fragen würde nicht allein Aufschluß über die konkrete zeitgenössische Deutung der Kolonialkriege und der Vernichtungspolitik eröffnen können, sondern darüber hinaus Licht auf die Funktionsweisen und Konstitutionsbedingungen des Kolonialdiskurses werfen. Zudem würde eine solche Untersuchung allgemeine Rückschlüsse auf die Bedingungen einer gesellschaftlich anschlußfähigen Legitimation einer Vernichtungspolitik ermöglichen und somit die bisher ebenfalls in Untersuchungen des Völkermords an den Herero nahezu unberücksichtigt gebliebenen Ansätze der jüngeren, interdisziplinären Genozidforschung[64] nutzbar machen können.

Aber nicht allein diese Aspekte sind in Untersuchungen zu den deutschen Kolonialkriegen und ihrer Darstellung in der Öffentlichkeit des deutschen Kaiserreichs bis heute weitgehend ausgeblendet worden. Hinsichtlich der Frage nach den Motivationen für militärstrategische Maßnahmen, aber auch hinsichtlich der öffentlichen Legitimation dieser Maßnahmen ist auch die Frage nach dem Problem der Voraussetzungen und Implikationen eines interkulturellen Kontaktes und Verstehens sowie das seinerzeit gültige kollektive Wissen unberücksichtigt geblieben. Dies ist umso erstaunlicher, als der Komplex europäisch-überseeischer Begegnung seit den 1970er Jahren Gegenstand historischer und literarhistorischer Untersuchungen gewesen ist. Zu verweisen wäre in diesem Kontext insbesondere auf die Arbeiten des Schweizer Historikers Urs Bitterli,[65] dessen geistes- und kulturgeschichtlich ausgerichtete

---

64 Vgl. zum Theoriedesign der interdisziplinären Genozidforschung insbesondere: Platt, Kristin: Genozid und Moderne: Strukturen kollektiver Gewalt im 20. Jahrhundert, a. a. O.; Dabag, Mihran: Genozidforschung. Leitfragen, Kontroversen, Überlieferung, a. a. O.; ders.: Modern Societies and Collective Violence. The Framework of interdisciplinary Genocide Studies, in: Genocide. Approaches, Case Studies and Responses, hrsg. von Graham C. Kinloch und Raj P. Mohan, New York NY 2005, S. 37-62.

65 Bitterli, Urs: Die Entdeckung des Schwarzen Afrikaners. Versuch einer Geistesgeschichte der europäisch-afrikanischen Beziehungen an der Guineaküste im 17. und 18. Jahrhundert, Zürich/Freiburg i. Br. 1970.

Studien speziell die Frühphase des Kolonialismus (vor 1800) im amerikanischen Raum fokussieren.[66]

In diesem Untersuchungszusammenhang sind gerade auch interdisziplinäre Studien zu den wechselseitigen Konstitutionsbedingungen von Fremdheits-, Geschlechts-, Rasse- und Identitätskonstruktionen von Interesse, so die Arbeiten von Fatima El-Tayeb[67] aus geschichtswissenschaftlicher sowie von Sabine Schülting[68] und Rosa B. Schneider[69] aus literaturwissenschaftlicher Perspektive.

Auf Leitfragen der jüngeren ethnologischen Arbeiten aufbauend sind Studien entstanden, die einerseits die Bedeutung und den Einfluß von fest in Wissensstrukturen institutionalisierten Fremdheitsbildern auf die Möglichkeiten und Bedingungen des Fremdverstehens hinterfragen und die andererseits ihre Einbindung in koloniallegitimatorische Diskurse analysieren.[70] So bezieht Marshall Sahlins Überlegungen zu »Geschichtserwartungen« in seine Analyse einer durch a priori hohe Gültigkeitsansprüche von Fremdheitscodifizierungen bestimmten Begegnung zwischen verschiedenen Kulturen ein.[71] Er beschreibt die Begegnung einander fremder Kulturen als einen zwangsläufig zu Mißverständnissen führenden Prozeß, der von beiden Seiten gleichermaßen geprägt wird. Die Mißverständnisse, so Sahlins, beruhen auf unterschiedlichen Geschichtsverständnissen und Geschichtserwartungen.

In jüngerer Zeit wurden historiographische Arbeiten vorgelegt, die das Problem des »Fremden« und der »Fremdwahrnehmung« im Zusammenhang des Kolonialismus am Beispiel unterschiedlicher

---

66 Bitterli, Urs: Die »Wilden« und die »Zivilisierten«. Gründzüge einer Geistes- und Kulturgeschichte der europäisch-überseeischen Begegnung, München 1976; ders.: Alte Welt – Neue Welt. Formen des europäisch-überseeischen Kulturkontaktes vom 15. bis zum 18. Jahrhundert, München 1986.
67 El-Tayeb, Fatima: Schwarze Deutsche. Der Diskurs um »Rasse« und nationale Identität 1890-1933, Frankfurt am Main/New York NY 2001.
68 Schülting, Sabine: Wilde Frauen, Fremde Welten. Kolonisierungsgeschichten aus Amerika, Reinbek 1997.
69 Schneider, Rosa B.: »Um Scholle und Leben« – Zur Konstruktion von »Rasse« und Geschlecht in der deutschen kolonialen Afrikaliteratur um 1900, Frankfurt am Main 2003.
70 Gewecke, Frauke: Wie die neue Welt in die alte kam, München 1992.
71 Sahlins, Marshall: Der Tod des Kapitän Cook. Geschichte als Metapher und Mythos als Wirklichkeit in der Frühgeschichte des Königreiches Hawaii, Berlin 1986.

Textsorten (etwa wissenschaftlicher Texte oder der Reiseliteratur) zu verorten suchen. Zu verweisen ist in diesem Zusammenhang auf die Arbeiten von Cornelia Essner[72] und Jürgen Osterhammel.[73] Der Historiker Christoph Marx hat Arbeiten zu dieser Problematik anhand der Geschichte des deutsch-afrikanischen Kontakts in der Phase des modernen Kolonialismus (1850-1915) vorgelegt.[74]

Von größter Bedeutung sind in diesem Kontext literatur- und kulturwissenschaftliche Arbeiten aus dem Umfeld der Post-Colonial Studies.[75] Paradigmatisch ist hier die bereits 1978 erschienene Untersuchung *Orientalism*[76] von Edward W. Said. Am Beispiel der

72 Essner, Cornelia: Deutsche Afrikareisende im 19. Jahrhundert. Zur Sozialgeschichte des Reisens, Stuttgart 1985.
73 Osterhammel, Jürgen: Neue Welten in der europäischen Geschichtsschreibung (ca. 1500-1800), in: Geschichtsdiskurs. Bd. 2: Anfänge modernen historischen Denkens, hrsg. von Wolfgang Küttler, Jörn Rüsen und Ernst Schulin, Frankfurt am Main 1994, S. 202-215; ders.: Distanzerfahrung. Darstellungsweisen des Fremden im 18. Jahrhundert, in: Der europäische Beobachter außereuropäischer Kulturen. Zur Problematik der Wirklichkeitswahrnehmung, hrsg. von Hans-Joachim König, Wolfgang Reinhard und Reinhard Wendt, Berlin 1989 (=Zeitschrift für historische Forschung, Beieft 7), S. 9-42; ders.: Vorbemerkung: Westliches Wissen und die Geschichte nichteuropäischer Zivilisationen, in: Geschichtsdiskurs. Bd. 4: Krisenbewußtsein, Katastrophenerfahrungen und Innovationen 1880-1945, hrsg. von Wolfgang Küttler, Jörn Rüsen und Ernst Schulin, Frankfurt am Main 1997, S. 307-313.
74 Marx, Christoph: »Völker ohne Schrift«. Zur historischen Erfassung des vorkolonialen Schwarzafrika in der deutschen Forschung des 19. und frühen 20. Jahrhundert. Stuttgart 1988; ders.: Die »Geschichtslosigkeit Afrikas« und die Geschichte der deutschen Afrikaforschung im späten 19. Jahrhundert, in: Geschichtsdiskurs. Bd. 3: Die Epoche der Historisierung, hrsg. von Wolfgang Küttler, Jörn Rüsen und Ernst Schulin, Frankfurt am Main 1997, S. 272-281; ders.: Der Afrikareisende Georg Schweinfurth und der Kannibalismus. Überlegungen zur Bewältigung der Begegnung mit fremden Kulturen, in: Wiener Ethnologische Blätter 34 (1989), S. 69-97.
75 Zur Theorie der Postcolonial-Studies siehe als Überblick: McLeod, John: Beginning Postcolonialism, Manchester u.a. 2000. Zur (immer noch zögerlichen) Rezeption dieses Theorems in der deutschen Literaturwissenschaft siehe: (Post-)Kolonialismus und deutsche Literatur. Impulse der angloamerikanischen Literatur- und Kulturtheorie, hrsg. von Axel Dunker und Monika Albrecht, Bielefeld 2005.
76 Said, Edward W.: Orientalismus, Frankfurt am Main/Berlin/Wien 1981 (zuerst London 1978); vgl. auch: ders.: Kultur und Imperialismus. Einbildungskraft und Politik im Zeitalter der Macht, Frankfurt am Main 1994 (zuerst New York NY 1993).

westlichen Rede über den Orient beschreibt Said im Anschluß an theoretische Überlegungen von Michel Foucault und Antonio Gramsci europäische Diskurse über das »Fremde« als komplexe, eurozentristische, in sämtlichen Diskurs- und Wissensformationen präsente Deutungssysteme, wobei die Erfahrung des »Fremden« und seine Wahrnehmung vollständig durch jenes Deutungssystem präfiguriert, überlagert und schließlich substituiert werde. Durch eine pejorative Codierung des »Anderen« werde, so Said, die eigene Identität aufgewertet und ein imperialer Herrschaftsanspruch auf die »fremde« Welt formuliert. Die diskursiv erzeugte fremde Welt erscheine als bewußte oder unbewußte, gegen eine Korrektur durch abweichende Realitäten weitgehend resistente Projektion von großer Konsistenz, die letztlich der kolonialen Kontrolle diene.

Den Ansatz Saids um Aspekte der Dekonstruktion Derridas und der poststrukturalistischen Psychoanalyse Lacans erweiternd, hat sich der Literaturwissenschaftler Homi K. Bhabha einer Analyse des *Colonial Discourse* gewidmet,[77] den er – das wechselseitige Abhängigkeitsverhältnis zwischen Kolonisator und Kolonisiertem und die psycho-sozialen Implikationen dieses Wechselverhältnisses einbeziehend – als ein Instrument des *Othering* beschreibt. Fokussiert wird somit ein Prozeß des distanzierenden und depotenzierenden Fremd-Machens des Anderen. Diesem Prozeß, dem das Ziel zugrundeläge, die eigene Position und das eigene soziale Image aufzuwerten, seien einerseits grundsätzlich Strategien der Stereotypisierung und soziokulturellen Hierarchisierung eingeschrieben, andererseits die Sorge um das »Eigene«, das sich der Gefahr einer Beeinflussung durch das »Fremde« ausgesetzt und damit schließlich von Hybridierung bedroht sähe. Anders als Edward Said beschreibt Bhabha die Stereotypisierung der Kolonisierten als einen ambivalenten Mechanismus, der eher ein Bedürfnis nach Selbstverortung und Absicherung der Kolonisatoren deutlich werden lasse, als daß er ausschließlich ein Ausdruck von Herrschaftsanspruch und Autorität sei.

Die Ansätze von Said wie Bhabha, die für Untersuchungen des deutschen Kolonialdiskurses bisher kaum nutzbar gemacht wur-

---

77 Bhabha, Homi K.: Die Verortung der Kultur, Tübingen 2000 (zuerst London 1994).

den, zeichnen sich durch differenzierte Analysen aus, operieren jedoch beide mit einem letztlich intentionalen Diskursbegriff: Der orientalistische wie der koloniale Diskurs seien a priori als Strategien der Herrschaftslegitimation beziehungsweise der Selbstverortung zweckgerichtet und würden an der außerdiskursiven »Realität« ihres Gegenstandes vorbeireden. Auffällig ist dabei, daß diese Ansätze dem *Diskurs* zwar eine wirklichkeitskonstitutive Dimension zuschreiben, die diskursiv konstruierte Wirklichkeit jedoch – zumindest vom wissenschaftlichen Beobachter – mit einer letztlich außer-diskursiven Realität abgeglichen und kritisiert werden könne.

Hinsichtlich der Bedeutung, die kulturell überlieferten Vorstellungsmustern und Definitionen von »Eigenem« und »Fremdem« im kolonialen Kontext für die Entstehung kollektiver Gewalt zukommt, konnten insbesondere zwei Studien eine disziplinenübergreifende, intensive Diskussion anregen: Sowohl Tzvetan Todorovs *Die Eroberung Amerikas*[78] als auch Stephen Greenblatts *Wunderbare Besitztümer*[79] beschäftigen sich mit der Frühphase der Entdeckung und europäischen Kolonisierung Amerikas. Während Todorov in dem Willen und in der Fähigkeit der Europäer, die indigene amerikanische Bevölkerung zu verstehen, eine Grundlage für die Eroberung von Territorien und für die Vernichtung von Kulturen erkennt, geht Greenblatt in seiner Analyse der Schriften von Reisenden und Entdeckern davon aus, daß es ein Verständnis der amerikanischen Kulturen durch die Europäer überhaupt nicht gegeben habe. Stattdessen seien allein Projektionen und Re-Präsentationen europäischer Wahrnehmungsstereotypen wirksam geworden, denen »gebanntes Staunen« ebenso wie eine »vernichtungswütige Besitzgier« bereits eingeschrieben waren.

Im Rahmen der literaturwissenschaftlichen Germanistik hat insbesondere Peter J. Brenner das Problem der Wahrnehmung des »Fremden« ebenfalls anhand von Reisebeschreibungen und Reiseliteratur erörtert.[80] Dagegen haben Untersuchungen zum Kolonia-

---

78 Todorov: Die Eroberung Amerikas, a. a. O.
79 Greenblatt: Wunderbare Besitztümer a. a. O.
80 Brenner, Peter J.: Die Erfahrung der Fremde: Zur Entwicklung einer Wahrnehmungsform in der Geschichte des Reiseberichts, in: Der Reisebericht: Die Entwicklung einer Gattung in der deutschen Literatur, hrsg. von dems., Frankfurt am Main 1989, S. 14-49; sowie ders.: Der Reisebericht in der deut-

lismus als Thema der deutschen Literatur um 1900 – abgesehen von völkisch-national programmierten Arbeiten[81] und bibliographischen Publikationen[82] aus den 1930er Jahren oder durch eine Kolonialromantik bestimmten Darstellungen,[83] die allerdings für die

---

schen Literatur. Ein Forschungsüberblick als Vorstudie zu einer Gattungsgeschichte, Tübingen 1990.
81 Vgl. u.a.: Trümpelmann, Georg Paul Johannes: Das deutsche schöngeistige Schrifttum über Südwestafrika, in: Veröffentlichung der Wissenschaftlichen Gesellschaft für Süd-West-Afrika, 1931-32. Bd. 4, Windhoek 1933, S. 101-152 (Trümpelmanns Darstellung wurde in einer überarbeiteten, aber hinsichtlich ihrer Ergebnisse und Einschätzungen der Kolonialliteratur identischen Fassung 1951 noch einmal nachgedruckt: ders.: Südwestafrika im deutschen Schrifttum, in: Afrikanischer Heimatkalender 1951, S. 41-68); Marass, F.: Der Deutsche Kolonialroman, phil. Diss., Wien 1935; Patzlaff, G.: Die Kolonien und der Kolonialgedanke in der deutschen erzählenden Literatur der Vorkriegszeit, phil. Diss., Greifswald 1939; Todt, Herbert: Die deutsche Begegnung in Afrika im Spiegel des deutschen Nachkriegsschrifttum, phil. Diss., Frankfurt am Main 1939.
82 Kolonien im deutschen Schrifttum. Eine Übersicht über deutsches koloniales Schrifttum unter Berücksichtigung nur volksdeutscher Autoren, hrsg. vom Reichskolonialbund. Mit einem Vorwort und einer literarischen Einleitung von Paul Ritter, Berlin 1936; Deutsche Kolonien. Ein Bücherverzeichnis, im Auftrage der Reichsstelle für das Volksbüchereiwesen bearb. und hrsg. vom Institut für Leser- und Schriftumskunde, Leipzig 1937; Koloniales Schrifttum. Mitteilungen der Deutschen Kolonialbibliothek. 5 Bde., 1938-1942; Kolonial-Schrifttum, hrsg. vom Werbe- und Beratungsamt für das deutsche Schrifttum beim Reichsministerium für Volksaufklärung und Propaganda in Zusammenarbeit mit dem Kolonialpolitischen Amt der NSDAP, München 1940; Koloniales Schrifttum in Deutschland, hrsg. im Auftrag des Reichsleiters General Ritter von Epp, München 1941.
83 So beispielsweise Werner Tabels Artikelreihe über die deutschsprachige Südwestafrika-Literatur, die in den 1970er Jahren im *Afrikanischen Heimatkalender* erschienen ist: Tabel, Werner: Die belletristische Literatur über die Kolonial- und Mandatszeit Südwestafrikas, in: Afrikanischer Heimatkalender, 1974, S. 73-84; ders.: Erlebnisberichte von Soldaten und Siedlern aus der Kolonial- und Mandatszeit Südwestafrikas, in: Afrikanischer Heimatkalender 1975, S. 81-122; ders.: Erlebnisberichte von Forschern und Jägern aus der Kolonialzeit Südwestafrikas, in: Afrikanischer Heimatkalender, 1976, S. 85-120; ders.: Erlebnisberichte von Ärzten aus der Kolonial- und Mandatszeit Südwestafrikas, in: Afrikanischer Heimatkalender 1977, S. 35-62; ders.: Erlebnisberichte von Journalisten und Schriftstellern aus der Kolonial- und Mandatszeit Südwestafrikas, in: Afrikanischer Heimatkalender 1978, S. 27-54.

Erschließung des Materials durchaus hilfreich sind[84] – eher Seltenheitswert. Diese auffällige Abstinenz ist sicherlich nicht zuletzt mit der zweifellos eher mäßigen ästhetischen Qualität eines Großteils der sogenannten deutschen Kolonialliteratur zu erklären. Die germanistische Literaturwissenschaft hat überhaupt erst im Zuge der Konzeption einer Sozialgeschichte der Literatur in den 1970er und 80er Jahren begonnen, der Kolonialliteratur Aufmerksamkeit zu widmen, da in dieser Perspektive erstmals dezidiert auch vermeintlich triviale literarische Formen in den Fokus literaturwissenschaftlichen Interesses rückten. Dennoch sucht man Kapitel, die sich explizit mit der deutschen Kolonialliteratur beschäftigen in den beiden seit Beginn der 1980er Jahre projektierten, umfangreichen Sozialgeschichten der deutschen Literatur vergeblich.[85]

---

84 Für die Materialerschließung sind selbstverständlich auch ältere bio-bibliographische Publikationen zur Kolonialliteratur hilfreich, so: Repititorium der deutsch-kolonialen Literatur 1884-1890, im Auftrag der Deutschen Kolonial Gesellschaft bearbeitet von Maximilian Brose, Berlin 1891; Die deutsche Kolonialliteratur 1884-1895, im Auftrag der Deutschen Kolonialgesellschaft bearbeitet von Maximilian Brose, Berlin 1897; Die deutsche Kolonialliteratur im Jahre 1898-1914, hrsg. von der Deutschen Kolonialgesellschaft, bearbeitet von Maximilian Brose und Hubert Henoch, Berlin 1900-1916; Der Kolonialfreund. Kritischer Führer durch die volkstümliche deutsche Kolonial-Literatur, hrsg. von Emil Sembritzki unter Mitwirkung von Dr. E. Buchmann und Rudolf Wagner, Berlin 1912. Aufschlußreich hinsichtlich einer zeitgenössischen Einschätzung kolonialer Literatur jenseits genuin kolonialer Interessentengruppen ist Max Geißlers 1913 vielleicht etwas verfrüht erschienenes biographisches Handbuch zur Literatur des 20. Jahrhunderts: Geißler, Max: Führer durch die deutsche Literatur des 20. Jahrhunderts, Weimar 1913.

85 Hansers Sozialgeschichte der Literatur vom 16. Jahrhundert bis zur Gegenwart, begründet von Horst Grimminger, München 1980ff.; Deutsche Literatur. Eine Sozialgeschichte. 10 Bde., hrsg. von Horst Albert Glaser, Reinbek 1980ff. Während die Kolonialliteratur in *Hansers Sozialgeschichte* gänzlich ausgespart bleibt, wird sie im 9. Band von Glasers *Deutsche Literatur. Eine Sozialgeschichte* unter den Stichworten »Exotismus und Okkultimus« abgehandelt, wobei der Fokus allerdings auf nach 1918 veröffentlichten Texten liegt. Vgl.: Reif, Wolfgang: Exotismus und Okkultismus, in: Deutsche Literatur. Eine Sozialgeschichte. Bd. 9: Weimarer Republik – Drittes Reich. Avantgardismus, Parteilichkeit, Exil 1918-1945, von Alexander von Bormann und Horst Albert Glaser, Reinbek 1983, S. 155-179. Ein kursorischer Überblick über die Geschichte der deutschen Kolonialliteratur findet sich in: Keil, Florian: Die postkoloniale deutsche Literatur in Namibia (1920-2000), Stuttgart (Diss.) 2003, S. 145-236 (Online Ressource: http://depo-

Einzelstudien zur deutschen Kolonialliteratur entstanden in den frühen 1980er Jahren und sind bezüglich ihrer methodischen Konzeption der klassischen Literaturgeschichtsschreibung, der Sozialgeschichte der Literatur beziehungsweise Gattungs- und Wirkungsgeschichte zuzuschreiben.[86] In seiner Dissertation aus dem Jahr 1981 formulierte Kouassi Kuoamé dabei bereits das bis heute weitgehend gültige Paradigma eines ideologischen Gehalts und einer ausschließlich propagandistischen Funktion deutscher Kolonialliteratur.[87] Joachim Warmbold[88] bemühte sich in einer 1982 erschienenen Studie darum, gattungsspezifische Charakteristika für die Kolonialliteratur zu entwickeln. Allerdings formulierte er schließlich eher unspezifische Ergebnisse, so etwa, daß die Gattung der Kolonialliteratur durch ihre Propagandafunktion, Trivialität und Massenwirkung zu beschreiben sei. Mit einem literatursoziologischen Programm untersucht Sibylle Benninghoff-Lühl[89] deutsche Kolonialromane nach themenspezifischen und rezeptionsspezifischen Gesichtspunkten (koloniale Abenteuerromane, Feldzugsberichte, Siedlungsromane, Jugendbücher sowie literarische Kolonialismuskritik), wobei sie auch soziokulturelle Verortungen der Autoren vornimmt und ihre Einbindung in institutionelle Produktionszusammenhänge offenlegt. Die deutlich ideologiekritisch pro-

sit.ddb.de/cgi-bin/dokserv?idn=968953298&dok_var=d1&dok_ext=pdf&filename=968953298.pdf).

86 Eine differenzierte Auseinandersetzung mit den literaturwissenschaftlichen Annäherungen an den Komplex »Kolonialliteratur« siehe weiter unten in dem Abschnitt *Kolonialdiskurs und Kolonialliteratur*.

87 Kouamé, Kouassi: La Propagande Colonialiste dans la Littérature Allemande (de la conférence de Berlin 1884/85 à la deuxième guerre mondiale). Contribution à la critique de l'idéologie impérialiste, phil. Diss., Saarbrükken 1981.

88 Warmbold, Joachim: Deutsche Kolonial-Literatur. Aspekte ihrer Eigenart und Wirkung, dargestellt am Beispiel Afrikas, Lübeck (Eigendruck) 1982, ders.: »Ein Stückchen neudeutsche Erd.« Deutsche Kolonial-Literatur. Aspekte ihrer Geschichte, Eigenart und Wirkung, dargestellt am Beispiel Afrikas, Frankfurt am Main 1982 (Nachdruck in englischer Sprache unter dem Titel: Germanica in Africa. Germany's Colonial Literature, New York NY 1988).

89 Benninghoff-Lühl, Sibylle: Deutsche Kolonialromane 1884-1914 in ihrem Entstehungs- und Wirkungszusammenhang, Bremen 1983; dies.: »Ach Afrika! Wär' ich zu Hause!« Gedanken zum deutschen Kolonialroman der Jahrhundertwende, in: Afrika und der deutsche Kolonialismus, hrsg. von Renate Nestvogel und Rainer Tetzlaff, Berlin 1987, S. 83-100.

grammierten Arbeiten von Kouamé, Warmbold und Bennighoff-Lühl fokussieren insbesondere koloniale Prosa. Ergänzend legte Esaïe Djomo eine Untersuchung pangermanischer Aspekte in der deutschen Koloniallyrik vor.[90] Gemeinsam ist diesen Untersuchungen, daß die deutsche Kolonialliteratur dabei vornehmlich (um nicht zu sagen: ausschließlich) als Funktionselement einer Propagierung der Positionen kolonialer Interessenverbände gelesen wird.

Grundlegende Untersuchungen zum Werk einzelner deutscher Kolonialautoren sind bis heute kaum erschienen. Allein dem Werk Hans Grimms, dem wohl bis heute bekanntesten deutschen Kolonialschriftsteller, sind Untersuchungen zu Einzelaspekten – insbesondere seines Romans *Volk ohne Raum* – gewidmet worden.[91]

Insgesamt läßt sich feststellen, daß die Analysen deutscher Kolonialliteratur allgemein durch eine geringe theoretisch-methodische Reflexion gekennzeichnet sind und neuere theoretisch-methodologische Ansätze – wie beispielsweise die Diskursanalyse, der New Historicism, die Systemtheorie, Überlegungen zum Verhältnis von Literatur und gesellschaftlich gültigem Wissen oder die Post-Colonial Studies – bisher nicht nutzbar gemacht worden sind.

Einen besonderen Forschungsbereich, in dem ein festes theoretisch-methodologisches Instrumentarium auf die deutsche Kolonialliteratur appliziert wird, stellt dagegen seit den frühen 1970er Jahren die literarische Imagologie der »Schwarzafrikaner« dar. Umfassende Arbeiten in diesem Bereich wurden von Martin Steins, Uta Sadji und dem senegalesischen Germanisten Amadou Booker Sadji vorgelegt. Martin Steins' komparatistische Arbeit zur Imagologie des »Schwarzafrikaners« in der europäischen Literatur stellt

---

90 Djomo, Isaïe: »Des Deutschen Feld, es ist die Welt!«. Pangermanismus in der Literatur des Kaiserreichs, dargestellt am Beispiel der deutsche Koloniallyrik. Ein Beitrag zur Literatur im historischen Kontext, St. Ingbert 1992.

91 Eiselen, Gudrun: Südafrikanische Lebensform in Hans Grimms Dichtung, Diss., Tübingen 1951; Noyes, John: Colonial Space. Spatiality, Subjectivity, and Society in the Colonial discourse of German South-West Africa, 1884-1916, Chur u.a. 1990; Ketelsen, Uwe-K.: Klaustrophobie im Kloster Lippoldsberg. Hans Grimms Roman »Volk ohne Raum«: Ein Bilderbuch rechter Ideologie in Deutschland, in: ders.: Literatur und Drittes Reich, Vierow bei Greifswald ²1994, S. 199-215; Wolter, Heike: »Volk ohne Raum« – Lebensraumvorstellungen in geographischen, literarischen und politischen Diskursen der Weimarer Republik, Münster 2003.

vornehmlich französische Kolonialromane und Texte der Négritude der 1920er Jahre in den Mittelpunkt seiner Betrachtung, um Wandlungen des Afrikaner-Bildes im europäischen Geistesleben nachzuzeichnen.[92] Uta Sadji rekonstruierte anhand von Reiseliteratur detailliert das um 1800 in Deutschland gültige Bild des Afrikaners.[93] Für die Zusammenhänge der deutschen Kulturgeschichte hat Peter Martin eine Darstellung des Afrikaners in Geschichte und Bewußtsein der Deutschen vorgelegt, wobei er Codierung und Umcodierung des Afrikanerbildes vom Mittelalter bis zur Wende zum 19. Jahrhundert beschrieben hat.[94]

Unter Verwendung eines erweiterten Literaturbegriffs und unter Einbeziehung von Soldaten-, Missions-, Ärzte- sowie Ansiedlerliteratur – fokussiert Amadou Booker Sadji in seiner ausführlichen Arbeit das Bild des Schwarzafrikaners in der deutschen Kolonialliteratur in der Phase zwischen dem Beginn des modernen Deutschen Kolonialismus 1884 und dem Jahr 1945.[95] In Sadjis Untersuchung wird ein vielschichtiges Geflecht von einander überlagernden und durchdringenden Imagologemen im Kontext unterschiedlicher Textsorten und Diskurszusammenhänge sichtbar. Das in der deutschen Kolonialliteratur präsente Bild des Afrikaners, so Sadjis letztlich allerdings unbefriedigendes Resümee, sei weitaus komplexer und differenzierter, als es in der Forschungsliteratur bisher dargestellt worden sei: Das Bild des »Negro-Afrikaners« sei keineswegs konsequent pejorativ konnotiert gewesen, sondern offenbare »sowohl negative als auch nicht-sekundäre positive Aspekte, darüber hinaus realistische beziehungsweise objektive, idealistische und exotisch-romantische.«[96]

Speziell zur Imagologie der »Eingeborenen« Deutsch-Südwestafrikas wurden Untersuchungen von dem Historiker und Eth-

---

92 Steins, Martin: Das Bild des Schwarzafrikaners in der europäischen Kolonialliteratur 1870-1918. Ein Beitrag zur literarischen Imagologie, Frankfurt am Main 1972.
93 Sadji, Uta: Der Negermythos am Ende des 18. Jahrhunderts in Deutschland. Eine Analyse der Rezeption von Reiseliteratur über Schwarzafrika, Frankfurt am Main u. a. 1979.
94 Martin: Schwarze Teufel, Edle Mohren, a. a. O.
95 Sadji: Das Bild des Negro-Afrikaners in der Deutschen Kolonialliteratur (1884-1945), a. a. O.
96 Ebd., S. 312.

nologen Peter Scheulen und dem Historiker Michael Schubert vorgelegt. Peter Scheulen fokussiert diesen Aspekt für den Zeitraum zwischen 1884 und 1918 anhand ausgewählter Kolonialzeitschriften,[97] während Michael Schubert in einer überaus detaillierten Arbeit das Bild des »Schwarzafrikaners« untersucht, wie es sich in Reichstagsdiskussionen, die anhand der stenographischen Berichte analysiert werden, und in der kolonialen Presse darstellt.[98]

Insgesamt erarbeiten die imagologischen Forschungen zwar Bilder und Stereotypen des Schwarzafrikaners, wie sie sich in unterschiedlichen Texten repräsentiert finden, verzichten dabei aber weitgehend auf die Analyse ihrer diskursiven Voraussetzungen, Konventionalität und gesellschaftlichen Anschlußfähigkeit. Die Frage, inwieweit diese Bilder in allgemeine Wissenskontexte eingebunden sind beziehungsweise auf solche Wissenskontexte rekurrieren und somit in die Prozesse der Konstruktion von (kolonialer) Wirklichkeit funktional eingeschrieben sind, bleibt in diesen Untersuchungen also weitgehend ausgeblendet. Allein die Arbeit von Michael Schubert kann sich hier den Aporien des imagologischen Ansatzes entziehen, indem er das produzierte Bild des Schwarzafrikaners in die Tradition kulturmissionarischer und sozialdarwinistischer Rassismen und damit in weltanschauliche Strömungen einordnet.

Aus literaturwissenschaftlicher Perspektive hat die Romanistin Sabine Hofmann eine instruktive Untersuchung französischer Karibiktexte des 17. Jahrhunderts vorgelegt.[99] Mit einem eng an Foucaults Diskursarchäologie angelehnten Theoriedesign gelingt es Hofmann, zu zeigen, wie die Regeln der Produktion als wahr geltender Aussagen in kolonisatorischen Kontexten koloniale Wirklichkeit überhaupt erst generieren und schließlich koloniale Praxis disponieren beziehungsweise zu einem Wissen von der Legitimität

---

97 Scheulen, Peter: Die »Eingeborenen« Deutsch-Südwestafrikas. Ihr Bild in deutschen Kolonialzeitschriften 1884-1918, Köln 1998.
98 Schubert: Der schwarze Fremde. Das Bild des Schwarzafrikaners in der parlamentarischen und publizistischen Kolonialdiskussion in Deutschland, a. a. O.
99 Hofmann, Sabine: Die Konstruktion kolonialer Wirklichkeit. Eine diskurshistorische Untersuchung französischer Karibiktexte des 17. Jahrhunderts, Frankfurt am Main/New York NY 2001. Vgl. auch: dies.: Koloniale Diskurse in der Karibik. Strategien der Rechtfertigung, in: Kolonialismus. Kolonialdiskurs und Genozid, a. a. O., S. 150-166.

kolonialer Expansion beitragen. Vergleichbare Studien fehlen für die deutsche Kolonialliteratur bis heute gänzlich.

Während in den genannten literaturwissenschaftlichen Arbeiten der Begriff »Kolonialliteratur« ein verhältnismäßig fest umrissenes Textkorpus bezeichnet – nämlich eben solche Texte, die sich dezidiert agitatorisch für das koloniale Projekt engagieren und eine kolonialpropagandistische Funktion erfüllen –, eröffnen die Aufsätze des von Wolfgang Bader und János Riesz herausgegebenen Sammelbandes *Literatur und Kolonialismus* eine breite Perspektive auf die Rückwirkung der europäischen Expansion auf die europäische Literatur seit Beginn der Neuzeit.[100] In der Perspektive von Bader und Riesz erscheint die gesamte europäische Literatur seit der Entdeckung Amerikas im Jahr 1492 als »Kolonialliteratur«, da die europäischen Literaturen in den Rezeptionszusammenhängen kolonisierender Staaten produziert und gelesen wurden.

Die sich hier abzeichnende Öffnung einer Betrachtung des Verhältnisses von Kolonialismus und Literatur wurde in jüngerer Zeit für den Kontext der deutschen Literatur- und Kulturgeschichte vertieft, ohne dabei dem letztlich entgrenzenden Ansatz von Bader und Riesz vollständig zu folgen. So untersuchte Susanne Zantop Kolonialphantasien in der deutschen Literatur vor 1870.[101] Weiterführende Überlegungen zum Verhältnis von deutschem Kolonialismus und deutscher Kulturgeschichte bieten der von Alexander Honold und Oliver Simons edierte Band *Kolonialismus als Kultur*,[102] der von Honold gemeinsam mit Klaus R. Scherpe herausgegebene Band *Mit Deutschland um die Welt*,[103] in dem explizit auch Fragen der Wahrnehmung und Codierung des »Fremden« im Zeitalter des Kolonialismus thematisiert werden, sowie die von Birthe Kundrus herausgegebene Aufsatzsammlung *Phantasiereiche*.[104] Während die

---

100 Literatur und Kolonialismus I, hrsg. von Wolfgang Bader und János Riesz, Frankfurt am Main 1983. Weitere Bände sind nicht erschienen.
101 Zantop, Susanne: Kolonialphantasien im vorkolonialen Deutschland (1770-1870), Berlin 1999 (zuerst Durham NC 1997).
102 Kolonialismus als Kultur. Literatur, Medien, Wissenschaft in der deutschen Gründerzeit des Fremden, hrsg. von Alexander Honold und Oliver Simons, Tübingen/Basel 2002.
103 Mit Deutschland um die Welt. Eine Kulturgeschichte des Fremden in der Kolonialzeit, hrsg. von Alexander Honold und Klaus R. Scherpe, Stuttgart 2004.
104 Phantasiereiche. Zur Kulturgeschichte des deutschen Kolonialismus a. a. O.

ideologiekritischen Untersuchungen aus den 1980er Jahren die Vernetzung der Kolonialliteratur mit allgemeinen kulturellen Diskursen im Kaiserreich weitgehend unberücksichtigt ließen, wird – diese Perspektive gewissermaßen umkehrend – in den jüngeren, kulturhistorisch programmierten Untersuchungen dezidiert die Verzahnung und Rückwirkung des Kolonialismus als Kultur im Deutschland des 19. und frühen 20. Jahrhundert erörtert. In dieser Perspektive werden dann allerdings literarische Texte mit explizit kolonialer Thematik oder kolonialem Hintergrund ausgeklammert, während sich der Fokus verstärkt darauf richtet, Spuren des kolonialen Projektes in der Höhenkammliteratur zu dechiffrieren. Diese Beobachtung gilt zudem auch für jüngere Arbeiten über das »Fremde« in der (deutschen) Literatur, in denen genuine Kolonialliteratur nur ausnahmsweise zum Untersuchungsgegenstand wird.[105]

Die umfangreiche literarische Produktion über den Kolonialkrieg, die unmittelbar mit dem Jahr 1904 einsetzt und mindestens bis zum Ende des Zweiten Weltkriegs anhält,[106] ist zumeist nur als ein Einzelaspekt im Rahmen der bereits genannten Untersuchungen zur deutschen Kolonialliteratur erörtert worden. Die einzige Publikation, die sich dezidiert mit literarischen Codierungen der Kriege gegen die Herero und Nama auseinandersetzt, ist die jüngst veröffentlichte Magisterarbeit von Jörg Wassink.[107] Wassinks wiederum explizit ideologiekritisch programmierte Arbeit geht in der Perspektivierung des Gegenstandes Kolonialliteratur nicht über die Untersuchungen von Warmbold, Benninghoff-Lühl oder Koamé hinaus. Anhand von vier exemplarischen Publikationen (eines Romans, eines Jugendbuchs, eines Theaterstücks und einer Gedichtsammlung) versucht Wassink, die »Verzerrungen, Verschiebungen

---

105 »Die andere Stimme« – Das Fremde in der Kultur der Moderne, hrsg. von Alexander Honold und Manuel Köppen, Köln u.a. 1999; Das Fremde. Reiseerfahrungen, Schreibformen und kulturelles Wissen, hrsg. von Alexander Honold und Klaus R. Scherpe, Bern u.a. 1999 (=Zeitschrift für Germanistik. Neue Folge, Beiheft 2, 1999).

106 Vgl. hierzu ausführlich weiter unten das Kapitel *Der »Herero-Aufstand« als Diskursereignis*.

107 Wassink, Jörg: Auf den Spuren des deutschen Völkermords in Südwestafrika. Der Herero-Nama-Aufstand in der deutschen Kolonialliteratur. Eine literarhistorische Analyse, München 2004.

und Verfälschungen«[108] in den zeitgenössischen Darstellungen des Völkermords an den Herero zu entlarven. Spezifika der Darstellungen des Genozids in den verschiedenen Genres werden dabei allerdings – anders als es die Anlage seiner Arbeit suggeriert – nicht herausgearbeitet.

Eine Zusammenschau der Studien über die Kolonialkriege der Jahre 1904-1907 zeigt, daß weder in der historischen noch in der literaturwissenschaftlichen Forschung die Frage nach den Zusammenhängen der Vernichtungspolitik mit zeitgenössisch allgemein gültigen, im Kolonialdiskurs wirksamen und re-produzierten Wissensmustern untersucht worden ist. Die umfangreiche Publikationsflut über den Hererokrieg, die nach 1904 erschien, ist somit nicht erschöpfend untersucht worden. Historische Arbeiten haben diese Texte nahezu gänzlich vernachlässigt, während die wenigen literaturwissenschaftlichen Arbeiten, die sich dieser Texten angenommen haben, insbesondere darauf abzielten, nicht die jeweiligen Sinndeutungen zu prüfen, die dort angeboten werden, sondern – geradezu umgekehrt – den Nicht-Sinn der Texte und das falsche Bewußtsein ihrer Autoren zu entlarven. So läßt sich feststellen, daß Fragen nach den diskursiven Voraussetzungen und den Möglichkeiten einer gesellschaftlich anschlußfähigen Deutung, Erklärung und Legitimation des Geschehens in der Literatur und somit letztlich auch die Frage nach der literarischen Konstruktion eines sozio-kulturellen Wissens über den Krieg in Deutsch-Südwestafrika und den Völkermord an den Herero bis heute nicht zufriedenstellend untersucht worden sind.

Zur Schließung dieses Desiderats bietet sich ein diskursanalytischer Zugriff an, der das Verhältnis von Historizität und Textualität reflektiert und den Beitrag literarischer Texte zur Konstitution eines gesellschaftlich anschlußfähigen Bildes historischer Wirklichkeit vor dem Hintergrund spezifischer Wissenskontexte und ästhetisch-narrativer Konventionen prüft.

---

108 Ebd., S. 21.

2. Theoretische Rahmungen – Begriffsbestimmungen – Methodik

Eine wissenschaftliche Untersuchung, die gegenstandsorientiert und zugleich theoriegeleitet arbeiten will, ohne sich einer etablierten theoretisch-methodischen Schule im Sinne einer »reinen Lehre« anzuschließen, sondern Elemente verschiedener Ansätze integrativ verwendet, befindet sich gewissermaßen zwischen allen Stühlen. Eine solche Untersuchung wird aus der Perspektive einer »reinen Lehre« leicht zu kritisieren sein.

Der naheliegende Vorwurf des Eklektizismus (wie er etwa – ohne den Begriff »Eklektizismus« explizit zu verwenden – auf dem Höhepunkt der Theoriedebatten in den Literaturwissenschaften Mitte der 1980er Jahre von Helmut Hauptmeier und Siegfried J. Schmidt gegen eine solche Verfahrensweise erhoben wurde[1]) ist dabei wohl der am wenigsten schwerwiegende. Einem solchen Vorwurf läßt sich ebenso polemisch begegnen, wie er erhoben wird: Jeder theoretische Standpunkt hat (zumindest) einen blinden Fleck,[2] nämlich den, auf dem er steht. Wer dagegen polyperspekti-

---

1 Hauptmeier, Helmut / Schmidt, Siegfried J.: Einführung in die empirische Literaturwissenschaft, Braunschweig 1985, S. 1ff. Ähnlich: Gebhard Rusch: Auffassen, Begreifen und Verstehen. Neue Überlegungen zu einer konstruktivistischen Theorie des Verstehens, in: Kognition und Gesellschaft. Der Diskurs des Radikalen Konstruktivismus 2, hrsg. von Siegfried J. Schmidt, Frankfurt am Main 1992, S. 214-256, dort S. 255.

2 Ein solcher blinder Fleck der Konzeption einer Empirischen Literaturwissenschaft wie sie von Hauptmeier und Schmidt vertreten wird, ist beispielsweise der weitgehende Mangel eines Textbegriffes, was zur Konsequenz hat, daß der *Text* aus dem Gegenstandsbereich der dann – so die Konzeption – wohl Empirischen Literaturwissenschaft weitgehend ausgeblendet wird. Das Fehlen eines Textbegriffes hat weitere blinde Flecken zur Folge: Alle methodischen Ansätze, die eine Textanalyse (was kein Synonym des Wortes *Interpretation* ist!) nicht kategorisch ausschließen, sind aus der Perspektive der Konzeption als hermeneutisch zu bezeichnen. Für Gebhard Rusch sind solche Ansätze, seien sie nun »heilsgeschichtlich, textimmanent, geistesgeschichtlich, psychoanalytisch, materialistisch, strukturalistisch, sozialgeschichtlich« (Rusch:

visch arbeitet, beziehungsweise seinen analytischen Standpunkt des öfteren wechselt, vermag möglicherweise diese blinden Flekken zu erkennen und von einer anderen Position aus zu erhellen. Denn das Ziel wissenschaftlicher Arbeit kann letztlich nicht darin bestehen, ein theoretisches Modell anhand eines Gegenstandes zu verifizieren, der dann entweder beliebig gewählt werden oder aber als besonders beweisträchtig in Hinblick auf das theoretische Modell erscheinen könnte. Im Gegenteil: Das Ziel eines methodologisch reflektierten Zugriffs kann nur darin bestehen, einen Gegenstand von einer bestimmten Position aus und unter expliziten theoretischen und methodischen Prämissen zu beleuchten, um bestimmte, bisher nur wenig oder gar nicht problematisierte Aspekte offenzulegen.

Schwerwiegender als der Vorwurf des Eklektizismus erscheint dagegen die berechtigte Warnung vor möglichen terminologischen Unschärfen. Denn die Integration verschiedener theoretischer Ansätze birgt stets das Problem der Vermischung ihrer Terminologien, was insbesondere dort zu Schwierigkeiten und Mißverständnissen führen kann, wo gleichen Begriffen in der Verwendung verschiedener Schulen, an die angeschlossen wird, unterschiedliche Bedeutung zukommt.

Ein Beispiel ist hier etwa die unterschiedliche Füllung des für die nachfolgenden Analysen zentralen Terminus »Diskurs« in zwei theoretischen Modellen, denen im Kontext dieser Vorüberlegung großes Gewicht zukommt: der Diskurstheorie Michel Foucaults und der Kommunikationstheorie Vilém Flussers. Flusser versteht unter »Diskurs« eine bestimmte Kommunikationsform, die dem »Dialog« entgegenstehe.[3] Während, so Flusser, in der »dialogischen« Kom-

---

Auffassen, Begreifen und Verstehen, a. a. O., S. 254) gleichermaßen Spielarten hermeneutischer Interpretationskonzepte. Dasselbe gelte für die »diskursanalytischen Verfahren« und letztlich auch für die »radikalen Ansätze des Dekonstruktionismus« (ebd., S. 255). Vgl. zu dieser Problematik auch Ort, Claus-Michael: Texttheorie–Textempirie–Textanalyse. Zum Verhältnis von Hermeneutik, Empirischer Literaturwissenschaft und Literaturgeschichte, in: Empirische Literaturwissenschaft in der Diskussion, hrsg. von Achim Barsch, Gebhard Rusch und Reinhold Viehoff, Frankfurt am Main 1994, S. 104-122.

3 Vgl. hierzu ausführlich: Flusser, Vilém: Umbruch der Menschlichen Beziehungen, in: ders.: Kommunikologie. Schriften Bd. 4, hrsg. von Stefan Bollmann und Edith Flusser, Mannheim 1996, S. 7-231.

munikationsform bestehende Informationen ausgetauscht werden, um »aus diesem Tausch eine neue Information zu synthetisieren«,[4] werden in der »diskursiven« Kommunikationsform bestehende Informationen konserviert und verteilt.

Im Rahmen dieser Studie wird nicht der geschilderte kommunikationstheoretische Diskursbegriff Vilém Flussers zugrundegelegt, sondern an die Diskurstheorie Foucaults[5] und ihre Rezeption in den Literaturwissenschaften[6] angeschlossen. Insbesondere mit einem Fokus auf die diskursive Produktion und Re-Produktion gesellschaftlich gültigen kulturellen Wissens[7] wird im folgenden unter »Diskurs« beziehungsweise unter »Diskursen« konventionalisierte und institutionell sanktionierte kollektive Rede begriffen, die in verschiedenen sozialen Milieus und Kommunikationssituationen unterschiedlicher Regelhaftigkeit und Regelmäßigkeit unterliegen kann.

2.1 Textualität und Historizität

Gegenstand dieser Studie ist die kollektive Rede im deutschen Kaiserreich über die Kolonialkriege der Jahre 1904 bis 1907 und über die Vernichtung der autochthonen Bevölkerungsgruppen der Herero und Nama. Dabei steht, wie bereits erwähnt, die Frage im Fokus, wie die Geschehnisse in der Kolonie gedeutet und legitimiert wurden, auf welche Diskurse dabei zurückgegriffen wurde und wie sich die Folie eines gesellschaftlich breit geteilten kulturellen Wissens beschreiben läßt, vor dem die Geschehnisse gedeutet und in die sie integriert wurden. Ein zentrales theoretisches Pro-

---

4 Ebd., S. 16.
5 Foucault: Archäologie des Wissens, a. a. O.; ders.: Die Ordnung des Diskurses, Frankfurt am Main 1991 (zuerst München 1974; franz.: Paris 1972).
6 Vgl. hierzu Diskurstheorien und Literaturwissenschaft, hrsg. von Jürgen Fohrmann und Harro Müller, Frankfurt am Main 1988. Vgl. auch: Bogdal, Klaus-Michael: Historische Diskursanalyse der Literatur. Theorie, Arbeitsfelder, Analysen, Vermittlung, Opladen 1999.
7 Titzmann, Michael: Kulturelles Wissen–Diskurs–Denksystem. Zu einigen Grundbegriffen der Literaturgeschichtsschreibung, in: Zeitschrift für französische Sprache und Literatur 99, 1, 1989, S. 47-61, hier S. 48; ders.: Strukturale Textanalyse. Theorie und Praxis der Interpretation, München ³1995

blem einer solchen Untersuchung der Diskurse über die Kolonialkriege der Jahre 1904 bis 1907 und über den Genozid an den Herero stellt sich in der Bewertung des Verhältnisses von Diskursivität und Textualität zu Historizität.[8] Geschichtsschreibung ist nicht allein eine Re-Konstruktion von Vergangenheit, sondern ein Beitrag zu ihrer diskursiven Konstruktion und Festschreibung. Daß jedem Akt von Re-Konstruktion eine konstruktive Operation inhärent ist, letztere dem re-konstruktiven Verfahren gar zugrundeliegt, mag wie ein Gemeinplatz erscheinen. Allerdings wird dieser Aspekt in der praktischen historiographischen wie auch literarhistorischen Arbeit oftmals verschwiegen, vielleicht sogar vergessen. Ausgeblendet wird dabei zudem das Problem der sprachlich-diskursiven Verfaßtheit jeder Geschichte und die Frage nach der die Geschichte (mit-)formenden Funktion von Sprache und Diskursen.[9] Lucian Hölscher formulierte aus begriffsgeschichtlicher Perspektive das Problem der Geschichtswissenschaft mit der Textualität ihres Gegenstandes folgendermaßen: »Die sprachliche Qualität historischer Quellen erscheint in dieser Perspektive im Grunde als etwas Lästiges, sobald man die Sprache als Medium historischer Überlieferung in Erinnerung ruft. [...] Sprache, so die stillschwei-

---

(zuerst 1977), S. 263-330. Vgl. hierzu auch nochmals Bühl: Ordnungen des Wissens, a. a. O., hier insbes. S. 62-111.

8 Vgl. hierzu aus literaturwissenschaftlicher Perspektive u.a. Harth, Dietrich: Die Geschichte ist ein Text. Versuch über die Metamorphosen des historischen Diskurses, in: Formen der Geschichtsschreibung. Theorie der Geschichte: Beiträge zur Historik 4, hrsg. von Reinhart Koselleck, Heinrich Lutz und Jörn Rüsen, München 1982, S. 452-479; Baßler, Moritz: New Historicism – Literaturgeschichte als Poetik der Kultur, in: New Historicism. Literaturgeschichte als Poetik der Kultur, hrsg. von dems., Frankfurt am Main 1995, S. 7-28, hier insbes. S. 9-13; sowie aus geschichtswissenschaftlicher Perspektive u.a. Hölscher, Lucian: Neue Annalistik. Umrisse einer Theorie der Geschichte, Göttingen 2003; ders.: Neue Annalistik. Entwurf zu einer Theorie der Geschichte, in: Zukunft der Geschichte. Historisches Denken an der Schwelle zum 21. Jahrhundert, hrsg. von Stefan Jordan, Berlin 2000, S. 158-174; Sarasin: Geschichtswissenschaft und Diskursanalyse, a. a. O..

9 Auf die Bedeutung der Erzählformen für die Geschichtsschreibung und die von ihr »erzählte« Geschichte hat insbesondere Hayden White aufmerksam gemacht. Vgl. u.a.: White, Hayden: Die Bedeutung der Form. Erzählstrukturen in der Geschichtsschreibung, Frankfurt am Main 1990 (zuerst Baltimore/-London 1987).

gende Unterstellung, ist dann am wertvollsten für den Historiker, wenn man sie vergessen, vernachlässigen kann.«[10]

Einer Konzeptionalisierung der Beziehung zwischen Diskursen und ihrem »Gegenstand« kommt in diesem Kontext also ein besonderes Interesse zu. Mit einem Fokus auf die diskursive Produktion und Re-Produktion gesellschaftlich gültigen sozio-kulturellen Wissens verlangt zudem die Bewertung des historischen Quellenwertes genuin literarischer Diskurse nochmals besondere Aufmerksamkeit. Dabei steht hier zunächst die These im Vordergrund, daß Deutung und literarische Codierung der Kolonialkriege und des kolonialen Genozids einerseits durch Traditionen beziehungsweise Konventionen der Rede über die Kolonien und die koloniale Kriegführung, andererseits durch die Struktur der Medien (Sprache und Schrift) determiniert sind. Das heißt, daß die zeitgenössisch über die Kolonialkriege produzierten Texte Ansichten dieser Kriege projizieren, die nicht die Realität mimetisch abbilden, sondern, vor dem Hintergrund gültigen sozio-kulturellen Wissens und einer konventionalisierten Rede über die Kolonien, eine Wirklichkeit der Kolonialkriege konstruktiv erzeugen.

2.2 Aporien der Ideologiekritik

Die vorgestellte These scheint mit der Theorie kultureller Paradigmen zu konvergieren, die der englische Literarhistoriker Paul Fussell in seiner Studie über die Literatur des Ersten Weltkriegs entwickelt hat.[11] Unter kulturellen Paradigmen versteht Fussell – ausgehend von einem gestalttheoretischen Wahrnehmungsmodell[12] –

---

10 Hölscher, Lucian: Wie begrenzt ist die Sozialgeschichte? Diskutiert am Beispiel des Industrialisierungsdiskurses, in: Was ist Gesellschaftsgeschichte? Positionen, Themen, Analysen, hrsg. von Manfred Hettling, Claudia Huerkamp, Paul Nolte und Hans-Walter Schmuhl, München 1991, S. 312-322, hier S. 312f.
11 Vgl. Fussell, Paul: The Great War and Modern Memory, Oxford u.a. 1975; ders.: Der Einfluß kultureller Paradigmen auf die literarische Wiedergabe traumatischer Erfahrungen, in: Kriegserlebnis. Der Erste Weltkrieg in der literarischen Gestaltung und symbolischen Deutung der Nationen, hrsg. von Klaus Vondung, Göttingen 1980, S. 175-187.
12 Fussell: Der Einfluß kultureller Paradigmen, a. a. O., S. 176f.

»präexistente [...] Konventions- oder Erwartungssysteme«,[13] die regulieren, was von objektiven Geschehnissen in die Erfahrung eines wahrnehmenden Subjektes gelangt. Solche kulturellen Paradigmen unterscheiden sich nach Fussell in den »verschiedenen Nationalkulturen«.[14] Als kulturelles Paradigma zur Codierung von Katastrophenerfahrungen in den »germanischen Ländern« meint Fussell zum Beispiel das »Schauerliche« erkennen zu können und versucht folglich, Elemente des Schauerromans in Erich Maria Remarques *Im Westen nichts Neues* und Ernst Jüngers *In Stahlgewittern* nachzuweisen, während er für die britische Nationalkultur »Ironie oder Phlegma« beziehungsweise die »Comedy of Humors« als ein solches kulturelles Paradigma feststellen zu können glaubt.[15]

Die Theorie nationaler kultureller Paradigmen, die Fussell als mögliche Antwort auf die unbedingt als Ausgangsfrage zu stellende Erörterung des Verhältnisses von (Kriegs-)Realität und codierter (Kriegs-)Erfahrung entwirft, erscheint allerdings aus verschiedenen Gründen problematisch. Zum einen auf der begrifflichen Ebene, da die Rede von »Paradigmen« – auch bei gänzlich anderer Verwendung – den wissenschaftstheoretischen Begriff Paradigma im Sinne von Thomas Kuhn konnotiert.[16] Zum anderen scheint die Annahme nationaler »kultureller Konventions- oder Erwartungssysteme«[17] unterkomplex, weil sie die Genese dieser »Systeme« weitgehend ausblendet und die Komplexität tradierter und aktualisierter Wissensmuster sowie ihre vielschichtigen Interrelationen untereinander und mit Spezialdiskursen unberücksichtig läßt. Außerdem sind in dieser Perspektive unterschiedliche Codierungen der Erfahrung des gleichen Geschehens durch Subjekte, die derselben Nationalkultur im Sinne Fussells angehören, nicht zu erklären.[18]

---

13 Ebd., S. 175.
14 Ebd.
15 Ebd, S. 178f.
16 Kuhn, Thomas: Die Struktur wissenschaftlicher Revolutionen, Frankfurt am Main [12]1993 (zuerst Chicago IL 1962).
17 Fussell: Der Einfluß kultureller Paradigmen, a. a. O., S. 175.
18 So etwa die Kriegsgedichte von Alfred Lichterstein oder bestimmte Darstellungen des Ersten Weltkriegs in Briefen von August Stramm, die eher dem angelsächsischen Paradigma der »Comedy of Humors« (Paul Fussel) entsprechen würden. Vgl. hierzu ausführlich Brehl, Medardus: »Das Wort

Es ist allerdings Fussells Feststellung zuzustimmen, daß die eigentlichen Kontexte literarischer Codierungen historischer Erfahrungen nicht im realen Geschehen zu suchen sind, sondern in den sozio-kulturellen und diskursiven Rahmungen, die Wahrnehmung und Codierung dispositionieren. Zudem ist Fussells Überlegung insofern bedeutsam, als die Prüfung sprachlicher, insbesondere literarischer Codierungen eines Kriegsgeschehens aus den engen und verengenden Lesarten der Ideologiekritik gelöst wird, die lange Zeit an die Literatur des Ersten Weltkriegs angelegt worden waren und bis heute die Lektüren zur (deutschen) Kolonialliteratur bestimmen.[19]

So ist man beispielsweise leicht geneigt, zeitgenössische Publikationen über die Ermordung der südwestafrikanischen Herero – seien es Feldzugsberichte, Tagebücher, (populär-)historiographische Darstellungen oder literarische Codierungen –, die aus der Position gegenwärtiger Konstruktionen als »falsch«, »verzerrend«, »nicht den Tatsachen entsprechend« oder »apologetisch« erscheinen, als »Propaganda« zu bezeichnen. Einher gehen diese Einschätzungen im übrigen stets mit einer grundsätzlichen Distanzierung des Beobachters vom »ideologischen Gehalt« der Kolonialliteratur und der Feststellung, daß der wissenschaftliche Zugriff auf jene Textgruppe, die als »kolonial« zu beschreiben wäre, aufgrund ihrer ideologischen, rassistischen und menschenverachtenden Dimensionen keinesfalls »mit dem Anspruch auf Objektivität«[20] erfolgen beziehungsweise »neutral bleiben« könne, »sondern Position beziehen« müsse und den kolonialliterarischen Konstruktionen die »historischen Fakten der neueren Forschungsliteratur« entgegengestellt werden müßten, »wodurch die Verzerrungen, Verschiebungen und Verfälschungen innerhalb der deutschen Kolonialliteratur sichtbar« würden.[21]

---

    schon stockt mir vor Grauen«. Krieg, Gewalt und Sprache im Werk August Stramms, in: Gewalt. Strukturen, Formen, Repräsentationen, a. a. O., München 2000, S. 237-259; ders.: Krieg der Codes, in: Reden von Gewalt, hrsg. von Kristin Platt, München 2002, S. 196-226.
19 Vgl. dazu ausführlich weiter unten das Kapitel *Kolonialliteratur und Kolonialdiskurs*.
20 Warmbold: Deutsche Kolonial-Literatur, a. a. O., S. 5.
21 Vgl. Wassink: Auf den Spuren des deutschen Völkermords in Südwestafrika, a. a. O., S. 20f. Interessant ist in diesem Kontext allerdings die Frage, war-

Uwe-K. Ketelsen hat im Kontext der Beschäftigung mit der Literatur des Dritten Reichs zurecht darauf hingewiesen, daß in einer solchen Perspektive, die »ästhetische Struktur der Werke« weitgehend ausgeblendet werde, die Texte auf eine »ideologische Tiefenstruktur« reduziert und »als bloße Transformationen von in ihrer ›Tiefe‹ liegenden Doktrinen gelesen« werden.[22] Dieser Beobachtung entsprechend hat der Historiker Thomas Beck hinsichtlich der Konzeption einer Forschung zur europäischen Expansion und interkulturellen Begegnung die ideologiekritische Perpektive ebenfalls überzeugend kritisiert und festgestellt, daß die letztlich denunziatorische Frage nach den kolonialen Ideologemen »hermetische Zirkel« produziere, die einerseits in der recht trivialen Feststellung von Interessengruppen münde, andererseits im Entwurf von Gegenideologien.[23]

---

um bestimmten Wissenschaftlern eine solch explizite Distanzierung vom Ideengehalt der Kolonialliteratur und eine Beteuerung der politischen Korrektheit der eigenen Position überhaupt notwendig erscheint, da doch wohl kaum die Motivation für die Beschäftigung mit der Kolonialliteratur durch eine Sympathie mit beispielsweise ihren rassistischen Grundmustern unterstellt würde.

22 Ketelsen, Uwe-K.: Über »Literatur des Dritten Reichs« schreiben, in: ders.: Literatur und Drittes Reich, Vierow bei Greifswald ²1994, S. 11-27, hier S. 20.

23 Beck, Thomas: Die indianisch-europäischen Beziehungen. Das Problem der Integration – ein Essay, in: Europäisch-indianischer Kulturkontakt in Nordamerika, hrsg. von Jürgen Bellers und Horst Gründer, Münster u.a. 1999 (=Geschichte und Kulturen. Zeitschrift zur Geschichte und Entwicklung der Dritten Welt 8), S. 1-26, hier S. 10f.
Auf diesen Problemzusammenhang ideologiekritischer Lesarten hat nicht zuletzt auch Walter L. Bühl in seinem Versuch einer Neukonzeption der Wissenssoziologie hingewiesen. In expliziter Wendung gegen das Programm der Ideologiekritik formuliert er als Ziele einer Wissenssoziologie »nicht die Destruktion eines als ›falsch‹ oder ›unwahr‹ bewerteten Wissens, auch nicht die Offenlegung der sozialen Determination eines Wissens – der totale Ideologieverdacht ist allzu billig und außerdem schlägt er auf den Ideologiekritiker zurück; ein Wissen wird auch nicht dadurch falsch, das es sozial (oder grundlegender noch: verhaltensphysiologisch) determiniert ist; und es wird nicht richtig oder höherwertig, wenn eine solche Determiniation nicht auf den ersten Blick erkennbar ist –, sondern es ist die *Offenhaltung des Wissensprozesses*: die Erforschung der Strukturmuster im Wissensaufbau und in der Sozialoranisation, die eine *Weiterentwicklung des Wissens* ermöglichen.« Bühl: Ordnung des Wissens, a. a. O., S. 18.

Eine Lesart wie die oben skizzierte an die Literatur über die Kolonialkriege und den Völkermord an den Herero anzulegen, führt somit allenfalls zu einer ideologiekritischen Engführung, indem man das in den Texten scheinbar präsente »falsche Bewußtsein« aus der Retrospektive über ein »korrektes Wissen« entlarvt und zudem dieses »falsche Bewußtsein« auch noch an distinkte Interessengruppen rückbindet. Die Konsequenz einer solchen Lesart läßt sich mit einer nur scheinbar paradoxen Wendung umschreiben: Eine Reduktion der »Kolonialliteratur« ausschließlich auf ihren vermeintlich ideologischen Gehalt führt gleichermaßen zu ihrer Dämonisierung und zu ihrer Verharmlosung. Denn die Texte erscheinen als Agenten des kolonialen Projekts, als kommunikatives Böses und Blendwerk des Kolonialismus, während die Rezipienten der Texte leicht als getäuschte und irregeführte Opfer einer erst aus der Retrospektive überführten Ideologie erscheinen: Das »Böse« läßt sich somit eingrenzen auf das Interesse einer kleinen, festumrissenen Gruppe. Aussagen über das Verhältnis der verurteilten Konstruktionen zu einem zeitgenössischen Wissenshorizont und zu zeitgenössischen Konventionen der Rede über einen bestimmten Gegenstand lassen sich so kaum formulieren. Zudem bleibt in dieser Perspektive auch die Frage unbeantwortet, warum jenes »falsche Bewußtsein« zeitgenössisch anschlußfähig gewesen zu sein scheint.

Eine Operation mit dem Begriff der »Propaganda«, der für die deutsche Kolonialliteratur regelmäßig verwendet wird, führt nur scheinbar aus jener sich hier abzeichnenden Sackgasse hinaus. Denn Propaganda, dies hat Klaus Vondung in seiner Analyse der Literatur des August 1914 gezeigt, »ist von den verwurzelten Einstellungen und Vorurteilen der Menschen abhängig und kann diese allenfalls kanalisieren, zuspitzen und funktionalisieren.«[24] Während in einer ideologiekritischen Textanalyse also ein verzerrtes Verhältnis zwischen literarischer Codierung und ihrem Referential vermutet wird, könnte die Hinterfragung des Propagandabegriffs dazu beitragen, das Verhältnis von Codierungen zu einem zeitgenössischen Wissen zu prüfen, vor dem Wirklichkeit konstruiert

---

24 Vondung, Klaus: Propaganda oder Sinndeutung?, in: Kriegserlebnis. Der Erste Weltkrieg in der literarischen Gestaltung und symbolischen Deutung der Nationen, a. a. O., S. 11-37, hier S. 16.

und einem Geschehen Sinn zugeschrieben wird.²⁵ Dies würde bedeuten, daß es angezeigt wäre, bevor man den Begriff der Propaganda bemüht oder in diese Begrifflichkeit flüchtet, jene »verwurzelten Einstellungen der Menschen« zu untersuchen und Kategorien zu entwickeln, um sie analytisch zu verorten.

2.3 Literatur und sozio-kulturelles Wissen

Im folgenden wird also davon ausgegangen, daß die zeitgenössischen Darstellungen und Deutungen des »Herero-Kriegs« vor der Folie eines spezifischen sozio-kulturellen Wissens entstehen und in Abhängigkeit von gesellschaftlich anschlußfähigen Diskursen begriffen werden müssen. Mit dem Begriff des »sozio-kulturellen Wissens« möchte ich ausdrücklich an dessen bisherige Verwendung in den Literaturwissenschaften anschließen, ihn jedoch zugleich präzisieren und als Rahmen der Textanalyse erweitern. Im Rekurs auf Foucaults Diskurstheorie definiert Michael Titzmann »kulturelles Wissen« als die »Gesamtmenge der Propositionen, die die Mitglieder der Kultur für wahr halten bzw. die eine hinreichende Anzahl von Texten der Kultur als wahr setzt.«²⁶ Die Annahme eines völlig homogenen Wissensbestandes bei allen »Mitgliedern der Kultur« erscheint allerdings unwahrscheinlich, da, wie Pierre Bourdieu nachgewiesen hat, unterschiedlichen, miteinander konkurrierenden kulturellen Konventionen und ihren »feinen Unterschieden« innerhalb einer »Kultur« eine zentrale sozial-distinktive und sozial-differenzierende Bedeutung zukommt.²⁷ Daher wird im fol-

---

25 Die Implikationen der Wissenssoziologie für die Literaturwissenschaft, insbesondere hinsichtlich der Möglichkeit einer Überwindung der Aporien einer ideologiekritisch programmierten Literatursoziologie, hat bereits zu Beginn der 1940er Jahre der amerikanische Literaturwissenschaftler Alexander Kern im Rekurs auf Karl Mannheims Theorie einer »Soziologie des Wissens« skizziert: Kern, Alexander: Die Soziologie des Wissens in der Literaturwissenschaft, in: Moderne amerikanische Literaturtheorien, hrsg. von Joseph Strelka und Walter Hinderer, Frankfurt am Main 1970, S. 338-348 (zuerst in: The Sewanee Review, 1942, S. 505-515).
26 Titzmann: Kulturelles Wissen–Diskurs–Denksystem, a. a. O., S. 48; ders.: Strukturale Textanalyse, a. a. O., S. 263-330.
27 Bourdieu, Pierre: Die feinen Unterschiede. Kritik der gesellschaftlichen Urteilskraft, Frankfurt am Main ⁷1994 (zuerst 1982; franz.: Paris 1979). Vgl. in diesem Zusammenhang auch die grundlegenden Arbeiten von Jan Mu-

genden, die Grunddefinition Titzmanns um kultursoziologische Überlegungen erweiternd, der Begriff »sozio-kulturelles Wissen« verwendet.[28]

Während das Attribut »sozio-kulturell« oft nur allgemein und überaus unspezifisch auf Strukturerscheinungen verweist, kann gerade eine im Schnittfeld von Diskurstheorie, Kultursoziologie und Literaturgeschichte angesetzte Prüfung »sozio-kulturellen Wissens« wichtige Aspekte zu einer Analyse (inter-)generationaler Wissensbestände, ihrer Tradierung, Aktualisierung und Neukonstruktion beitragen. Das Attribut »sozio-kulturell« verweist in diesem Kontext auf die Schwierigkeit, soziale Normen, kulturelle Werte, Deutungsmuster und sprachlich-diskursive Konventionen in der Moderne voneinander zu trennen. Vielmehr muß davon ausgegangen werden, daß Weltauffassung, Sozialstruktur und kulturell-ästhetische Konventionen eine zunehmende Integration und Verschränkung in den Konstruktions- und Repräsentationszusammenhängen von Wirklichkeitsentwürfen erfahren. Die relevanten Kontexte der zeit-

---

karovsky, der – insbesondere in seinem grundlegenden Aufsatz *Ästhetische Funktion, Norm und ästhetischer Wert als soziale Fakten* [1936] – aus der Perspektive einer strukturalen Ästhetik, eine Theorie ästhetischer Diskurse als sozial-differenzierender Faktoren entwickelt: »Es bestehen also immer zur gleichen Zeit im gleichen Kollektiv eine ganze Reihe von ästhetischen Normensystemen. [...] So wie jeder von uns in der Lage ist, sich in verschiedenen Gebilden der gleichen Sprache auszudrücken, z.B. in mehreren sozialen Dialekten, so sind uns auch subjektiv einige ästhetische Normensysteme [...] verständlich, obgleich in der Regel nur eines von ihnen uns vollkommen adäquat ist und zum Bestand unseres persönlichen Geschmacks gehört.« (vgl.: Mukarovsky, Jan: Ästhetische Funktion, Norm und ästhetischer Wert als soziale Fakten, in: ders.: Kapitel aus der Ästhetik. Frankfurt am Main 1970, S. 7-112, hier S. 57f.). Dabei mißt Mukarovsky ästhetischen Diskursen eine differenzierende Funktion in Hinsicht auf eine vertikale (verschiedene gesellschaftliche Schichten wie Adel und Bürgertum) als auch horizontale (Alters- oder Berufsgruppen, Stadt- und Landbevölkerung u.ä.) Gliederung der Gesellschaft zu (vgl. ebd., S. 32f. und S. 57-68).

28 Zu einer vergleichbaren, jedoch systemtheoretisch programmierten Erweiterung von Titzmanns Ansatz vgl. Ort, Claus-Michael: Vom *Text* zum *Wissen*. Die literarische Konstruktion sozio-kulturellen Wissens als Gegenstand einer nicht-reduktiven Sozialgeschichte der Literatur, in: Vom Umgang mit Literatur und Literaturgeschichte. Positionen und Perspektiven nach der »Theoriedebatte«, hrsg. von Lutz Danneberg und Friedrich Vollhardt, Stuttgart 1992, S. 409-441.

genössischen Publikationen über die Ereignisse der Jahre 1904 bis 1907 sind weniger im realen Geschehen zu suchen, als im soziokulturellen Wissen, in den sozio-kulturellen und diskursiven Rahmungen, die Wahrnehmung und Re-Präsentation determinieren: Texte bilden nicht *Realität* ab, sondern tragen zur Konstruktion von *Wirklichkeit* bei.

Zumeist werden diese beiden Begriffe synonym verwendet. In einer synonymen Verwendung wäre *Wirklichkeit* als Übersetzung des aus dem lateinischen Wort *res*, über das mittellateinische *realis* hergeleiteten Begriffs *Realität* zu sehen. Der Bremer Philosoph und Neurobiologe Gerhard Roth nimmt eine hilfreiche Unterscheidung zwischen den beiden Begriffen vor, indem er mit dem Begriff Realität ausschließlich die vor der menschlichen Wahrnehmung liegende Welt bezeichnet.[29] Etwas aus dieser Realität wahrzunehmen bedeutet, es als *etwas* wahrzunehmen und es in einen Kontext einzuordnen. Jede Wahrnehmung der Welt wäre also bereits eine Interpretation der Realität. Die wahrgenommene und damit interpretierte Welt nennt Roth Wirklichkeit: Wirklichkeit ist also stets (nur) ein Konzept von Realität.[30]

Nun schließt sich die Frage an, warum es bei unendlich vielen Interpreten nicht auch unendlich viele Wirklichkeiten gibt.[31] Dabei ist darauf zu verweisen, daß die Interpretationen einzelner Subjekte, die ich im folgenden Wirklichkeitsentwürfe nennen möchte, in sozial und kulturell vorgeprägten Milieus stattfinden. Innerhalb solcher Milieus bestehen bereits konventionalisierte Wirklichkeitsmodelle, die als sozio-kulturelles Wissen Gültigkeit beanspruchen und denen handlungsorientierende Funktion zukommt. Die Herstellung von Wirklichkeit ist insofern als ein permanenter Prozeß

---

29 Roth, Gerhard: Das Gehirn und seine Wirklichkeit. Kognitive Neurobiologie und ihre philosophischen Konsequenzen, Frankfurt am Main 1997.
30 Ebd., S. 314-338.
31 Aus der Perspektive des Radikalen Konstruktivismus stellt sich diese Frage zunächst überhaupt nicht, da es diesem Ansatz zufolge so viele Wirklichkeiten gibt, wie es gewordene kognitive Systeme gibt. Vgl. beispielsweise Schmidt, Siegfried J.: Vom Text zum Literatursystem. Skizze einer konstruktivistischen (empirischen) Literaturwissenschaft, in: Einführung in den Konstruktivismus, hrsg. von Heinz Gumin und Heinrich Meier, München ²1995, S. 147-166, hier S. 147.

zu denken. Folglich sind Wahrnehmung und Wirklichkeitsentwurf eines Subjekts niemals vor-erfahrungs-, niemals vor-urteilsfrei.

Aleida Assmann formuliert zu dieser Problematik: »Wirklichkeit im Sinne des Resultats fortschreitender Auseinandersetzung zwischen Mensch und Mensch bzw. zwischen Mensch und Umwelt ist als ein kollektives Produkt zu verstehen, an dessen Gestaltung sämtliche Formen menschlicher Aktivität beteiligt sind: Dichtung ebenso wie Wissenschaft, Theorie wie Praxis, ideologische Normen wie sozialhistorische Erfahrungen. Folglich ist für den Einzelnen Wirklichkeit durch ein kollektives Kulturmodell strukturiert, das die Möglichkeit der Wahrnehmung in bedeutungsvoller Weise einschränkt. Ohne ein kollektives Bezugsfeld, das Kommunikation und Interaktion regelt, bliebe die Welt unzugänglich.«[32]

Den Kommunikationsmedien und ihrer Materialität[33] kommt in diesem Prozeß eine erheblich größere Rolle zu als die eines einfachen Informationsträgers: Das Medium strukturiert die Informationen. Die Struktur des Mediums wird Teil der Informationen, die es trägt.[34]

Wirklichkeit wird also innerhalb sozio-kultureller Milieus intersubjektiv erzeugt. Rahmende, beziehungsweise begrenzende Bedingungsfelder für Wirklichkeitsentwürfe sind einerseits ihre soziale und kulturelle Programmatik und andererseits ihre »Medialität«. Daher läßt sich folgern, daß auch die Rede über ein Geschehen letztlich immer an vorgängige Diskurse anschließt, das heißt den Regeln dieser Diskurse gemäß formuliert werden muß, um anschlußfähig zu sein, und allein vor der Folie gültigen soziokulturellen Wissens verständlich werden kann. Rede referiert also auch in diesem Kontext nicht unmittelbar auf eine jenseits der Diskurse liegende Realität, sondern stets auf eine bereits sprachlich-diskursiv vorstrukturierte und vermittelte Wirklichkeit.

---

32 Assmann, Aleida: Die Legitimität der Fiktion. Ein Beitrag zur Geschichte literarischer Kommunikation, München 1980, S. 7f.
33 Vgl. hierzu den Band: Materialität der Kommunikation, hrsg. von Hans Ulrich Gumbrecht und K. Ludwig Pfeiffer, Frankfurt am Main ²1995 (zuerst 1988).
34 Flusser, Vilém: Die kodifizierte Welt, in: Schriften. Bd. 1: Lob der Oberflächlichkeit. Für eine Phänomenologie der Medien, hrsg. von Stefan Bollmann und Edith Flusser, Mannheim 1993, S. 63-70.

In diesem Zusammenhang kommt also auch literarischen Texten eine wichtige Funktion für die Konstitution sozio-kulturellen Wissens über historische Ereignisse zu. Sie erhalten eine Bedeutung, die in Anschluß an Stephen Greenblatts Begriff der »sozialen Energie«[35] wie folgt beschrieben werden kann: Literarische Texte sind mit sozio-kultureller Energie aufgeladen, da sie bestimmte, innerhalb einer sozio-kulturellen Gemeinschaft als relevant empfundene Diskurse aufgreifen. Sie schließen an bestimmte, innerhalb sozialer und kultureller Milieus herrschende Diskurse an, formieren diese Diskurse und programmieren Wirklichkeit, indem sie Wahrnehmungsmodelle anbieten.[36] Auf diese Weise tragen sie einerseits zur Konstruktion gültigen Wissens bei und andererseits zur Selbstdefinition einer sozio-kulturellen Gemeinschaft und zu ihrer Distinktion von anderen Gemeinschaften.[37]

Literarische Texte stellen also (wie jeder andere Text auch) Wahrnehmungsmodelle für eine bestimmte Kommunikationsgemeinschaft aufgrund eines bestimmten sozio-kulturellen Programms bereit. Jörn Rüsen formulierte dies wie folgt: »Literatur ist eine durch besondere Freiheitsspielräume und Wahrheitsansprüche ausgezeichnete Orientierung der menschlichen Lebenspraxis«,[38] und Jan Mukarovsky meinte dazu in einem 1947 veröffentlichten Radiovortrag: »Aufgrund der eigenartigen Befähigung ihres verbalen Ausdrucks wirkt jedoch Poesie durch Vermittlung ihrer direkten Leserschaft auf das Wahrnehmen, Denken, Fühlen und das Handeln, mit einem Wort, auf das Verhältnis zur Wirklichkeit aller

---

35 Greenblatt, Stephen: Die Zirkulation sozialer Energie, in: ders.: Verhandlungen mit Shakespeare. Innenansichten der englischen Renaissance, Frankfurt am Main 1993, S. 9-33.
36 Vgl. Greenblatt: Die Zirkulation sozialer Energie, a. a. O. Vgl. hierzu auch Scheffer, Bernd: Interpretation und Lebensroman. Zu einer konstruktivistischen Literaturtheorie, Frankfurt am Main 1992, S. 63-110 und S. 178-266.
37 Bourdieu: Die feinen Unterschiede, a. a. O.
38 Rüsen, Jörn: Die Kraft der Erinnerung im Wandel der Kultur. Zur Innovations- und Erneuerungsfunktion der Geschichtsschreibung, in: Der Diskurs der Literatur- und Sprachhistorie. Wissenschaftsgeschichte als Innovationsvorgabe, hrsg. von Bernard Cerquiglini und Hans Ulrich Gumbrecht, Frankfurt am Main 1983, S. 29-46, hier S. 29.

Mitglieder der nationalen Gemeinschaft, auch wenn sie sich dessen nicht bewußt sind.«[39]

Eine zentrale Funktion literarischer Diskurse besteht also in der Konstitution von Sinn. Solche Sinnangebote werden innerhalb sozio-kultureller Gemeinschaften insbesondere dann notwendig, wenn neue, bisher unkommunizierte Einflüsse das Funktionieren des Programmes stören. Für die Integration solcher Einflüsse in den Wirklichkeitsentwurf einer Gemeinschaft ist ihre Diskursivierung von größter Bedeutung, um das Geschehen kommunizierbar zu machen und den zunächst störenden Einfluß vor dem Hintergrund gültigen Wissens mit Sinn zu füllen und zu normalisieren.[40]

Solche Sinnzuschreibungsprozesse finden auch und gerade in literarischen Texten statt. Als Beispiele kann die Unzahl poetischer Texte dienen, die zwischen 1914 und 1933 produziert worden sind und den Weltkrieg zum Thema haben[41] – oder aber auch jene Texte, die im Fokus dieser Studie stehen. Es handelt sich hierbei also um Texte, die versuchen, die »Aufstände« in den Kolonien, die anschließenden Kriege und schließlich die Maßnahmen zur Vernichtung der autochthonen Bevölkerungsgruppen kommunizierbar zu machen, in eine bestimmte Perspektive zu rücken und zu deuten: Ein Geschehen wird durch die Perspektivierung auf einen bestimmten Wirklichkeitsentwurf hin ein sinnhaftes Ereignis. Dadurch, daß es innerhalb der Kommunikationsgemeinschaft kommunizierbar gemacht wird, wird es Teil ihrer intersubjektiv hergestellten Wirklichkeit.[42]

---

39 Mukarovsky, Jan: Dichterisches Wort und Wirklichkeit, in: ders.: Kunst, Poetik, Semiotik, hrsg. von Kvetoslav Chvatík, Frankfurt am Main 1989, S. 268- 274, hier S. 274.
40 Vgl. zu diesem Komplex: Greenblatt: Wunderbare Besitztümer, a. a. O.
41 Vgl. hierzu etwa die immer noch instruktiven Aufsätze folgender Bände: Kriegserlebnis. Der Erste Weltkrieg in der literarischen Gestaltung und symbolischen Deutung der Nationen, a. a. O.; Ansichten vom Krieg. Vergleichende Studien zum Ersten Weltkrieg in Literatur und Gesellschaft, hrsg. von Bernd Hüppauf, Königstein/Ts. 1984. Vgl. auch: Brehl: Krieg der Codes, a. a. O..
42 Vgl. Roth: Das Gehirn und seine Wirklichkeit, a. a. O., S. 333-338. Siegfried J. Schmidt: Kognitive Autonomie und soziale Orientierung. Konstruktivistische Bemerkungen zum Zusammenhang von Kognition, Kommunikation, Medien und Kultur, Frankfurt am Main 1994, S. 48-163. Vgl. etwa auch: Rüsen: Die Kraft der Erinnerung im Wandel der Kultur, a. a. O., S. 30ff.

Bei dem beschriebenen Vorgang, ein Geschehen kommunizierbar zu machen, spielen wiederum zwei Punkte eine Rolle: Zum einen liegt der Standpunkt, von dem aus ein Sinnzuschreibungsprozeß stattfindet, nicht in einem leeren Raum, sondern in einem sozial und kulturell vorgeprägten Raum. Das heißt die Deutungen werden a priori im Kontext gültigen sozio-kulturellen Wissens formuliert, das als begrenzendes Bedingungsfeld für die Wahrnehmung und Deutung fungiert. Es stellt die Rahmung für die Rede über das Geschehen bereit. Zum anderen wird der Gegenstand der Wahrnehmung im Prozeß der Versprachlichung den Regeln des Diskurses,[43] bei der Verschriftlichung zusätzlich den linearen Strukturen des Mediums Schrift unterworfen.[44] Diskursivierung und Verschriftlichung eines Geschehens oder einer Erfahrung gehen stets mit einer machtvollen Einschreibung der Regularien der Rede in ihren Gegenstand einher: Indem der Wahrnehmende dem Wahrgenommenen die Strukturen des ihm eigenen Programmes und die des innerhalb seiner Kommunikationsgemeinschaft dominierenden Leitmediums einschreibt.

Wenn ein Geschehen dadurch, daß es von einem Standpunkt aus in eine bestimmte Perspektive gerückt wird, wenn somit ein Modell für seine Wahrnehmung angeboten wird, dann wird es zugleich konzeptualisiert. Diskursiv wird aus dem allgemeinen, sinnfreien Geschehen ein bestimmtes, bedeutendes Ereignis erzeugt.

Im Kontext einer De-Konstruktion solcher Deutungs-, Sinnzuschreibungs- und schließlich Legitimationsprozesse, wie sie in der kollektiven Rede über den Genozid an den Herero zu beobachten sind, stellt sich zunächst allerdings das Problem einer Konturierung der Gegenstandsbereiche »Kolonialliteratur« und »Kolonialdiskurs«.

---

43 Vgl. Foucault: Archäologie des Wissens, a. a. O., S. 61ff.
44 Vgl. hierzu Flusser, Vilém: Die Schrift. Hat Schreiben Zukunft?, Frankfurt am Main 1992 (zuerst Göttingen 1987) sowie ders.: Die kodifizierte Welt, a. a. O..

2.4 Kolonialliteratur und Kolonialdiskurs

Mit der Frage, was genau unter den Begriff »Kolonialliteratur« zu fassen sei, wie und nach welchen Kriterien er schlüssig konturiert werden kann, stellt sich ein zentrales Problem jeder literaturwissenschaftlichen Forschung über die deutschsprachige Kolonialliteratur. Dieses Problem bezieht sich dabei auf beide Teilbegriffe des Kompositums »Kolonialliteratur«: Was genau ist das »Koloniale« an einer bestimmten Textgruppe, und über welche Kriterien läßt sich innerhalb der Menge »kolonialer« Texte eine distinkte Gruppe feststellen, die im engeren Sinne als »literarisch« bezeichnet werden kann?

Dieses Grundproblem ist konstitutiv für die bisherigen Forschungen zur Kolonialliteratur – und es ist bisher kaum schlüssig gelöst worden. Den bisher umfassendsten Versuch einer Eingrenzung und Bestimmung des Begriffs hat Joachim Warmbold in seiner 1982 publizierten Dissertation unternommen. Warmbold grenzt den Begriff der »Deutschen Kolonial-Literatur« zunächst geographisch ein und beschränkt ihn auf den Bereich der belletristischen Literatur über Afrika, da »auf literarischer Ebene« die kolonialen Besitzungen Deutschlands in der Südsee »weit weniger Anlaß zu Auseinandersetzungen als ihre afrikanischen Gegenstücke geboten« hätten.[45] Dabei seien nicht allein solche Texte zur kolonialen Belletristik zu zählen, in denen die Handlung in den afrikanischen Kolonien situiert sei, sondern sämtliche Texte, in denen »eine Verarbeitung bestimmter kolonialer Ideen, die oft programmatischen Charakter tragen«,[46] festzustellen sei.

Für eine Klassifizierung stuft Warmbold diesen zweiten Aspekt als den wichtigeren ein, um schließlich festzustellen: »Ob ein literarisches Zeugnis als ›kolonial‹ eingestuft werden kann, hängt somit letztlich von seiner Eigenschaft als Träger kolonial-politischer Vorstellungen und Interessen ab.«[47] Damit fügt Warmbold den Definitionskriterien einen funktionalen Aspekt hinzu, der in nahezu sämtlichen späteren Untersuchungen zur deutschen »Kolonialliteratur« präsent ist: der Aspekt der Kolonialagitation bezie-

---

45 Warmbold: Deutsche Kolonial-Literatur, a. a. O., S. 8.
46 Ebd., S. 9.
47 Ebd.

hungsweise der Propaganda für das koloniale Projekt. Ausgehend von diesen Überlegungen gelangt Warmbold zum Schluß seiner Untersuchung zu einer Charakterisierung der deutschen Kolonialliteratur, in der er sich insbesondere bemüht, funktionale und ästhetische Kriterien zu verbinden. Charakteristisch für die deutsche Kolonialliteratur sei der Aspekt ihrer propagandistischen Funktion. Zudem handele es sich um eine von kolonialen Institutionen gesteuerte Massenliteratur, die unter ästhetischen Gesichtspunkten eindeutig als trivial zu kennzeichnen sei.

Anders als Warmbold umgeht Sibylle Benninghoff-Lühl in ihrer wenig später erschienenen Studie weitestgehend das Problem einer Eingrenzung. Ihre Untersuchung widmet sich dem »Kolonialroman«, ohne einen expliziten Versuch zu unternehmen, diesen zu definieren oder zu charakterisieren und zwar hinsichtlich beider mit dem Begriff »Kolonialroman« angesprochener Aspekte. Denn nicht allein das Koloniale des Kolonialromans wird – jenseits seiner kolonialagitatorischen und propagandistischen Funktion – nicht explizit definiert, auch das romanhafte wird nicht nach genrespezifischen Gesichtspunkten eingegrenzt – sondern, ganz im Gegenteil, sogar nach inhaltlichen Aspekten ausgeweitet, so daß schließlich nahezu jeder Prosatext, seinen kolonialagitatorischen Charakter einmal vorausgesetzt, zu einem Kolonialroman avancieren könnte: »Den Gattungsbegriff ›Roman‹ habe ich sehr weit gefaßt und auch auf Werke bezogen, die diese Bezeichnung vielleicht weniger verdient haben, mehr oder weniger autobiographische Lebensberichte z.B. und kürzere Texte, die eher den Charakter von Erzählungen tragen. Eine formale Abgrenzung empfand ich im Hinblick auf die inhaltlichen Fragestellungen zunächst als nebensächlich.«[48]

Eine Binnendifferenzierung ihres Beobachtungsgegenstandes trifft Bennighoff-Lühl schließlich über vier, in sich wiederum – weil teils die Thematik der Texte, teils ihre Adressatengruppe fokussierend – disparate Kriterien: Abenteuerromane, Feldzugsberichte, Siedlungsromane und schließlich Jugendbücher. Zu einer Konturierung eines Forschungsgegenstandes »Kolonialliteratur« tragen solch tastende und letztlich eher entdifferenzierende Annäherungen wohl zunächst relativ wenig bei.

---

48 Benninghoff-Lühl: Deutsche Kolonialromane, a. a. O., S. 11.

Eine auffallende Einigkeit besteht in der Forschung jedoch insbesondere über die grundsätzliche Trivialität der »Kolonialliteratur«. Diese Trivialität habe, so bedauert wiederum Sybille Bennighoff-Lühl, auch zur Ausgrenzung des »Kolonialromans« aus der Exotismusforschung geführt: Während die »Kolonialliteratur« als »plakativ-volkstümlich« eingeschätzt worden sei, »ließ sich die exotistische Literatur durch ihren manchmal esoterischen Stil als feinfühlige Schreibkunst ausmachen und auf eine qualitativ höhere Stufe stellen.«[49]

Allerdings stimmt Bennighoff-Lühl der Einschätzung einer extrem »schwülstig-pathetischen« Trivialität der von ihr untersuchten »Kolonialromane« zu und bestätigt so implizit die von ihr zunächst kritisierten Differenzierungen der Exotismusforschung.[50] Als Definitivum deutscher »Kolonialliteratur« bleiben ihr, und dies ist prototypisch für die literarhistorischen Zugriffe auf koloniale Texte, schließlich die kolonialagitative Funktion und die Einbindung der Textproduzenten in verschiedene institutionelle Einrichtungen der Kolonialvereine.

Eine ähnliche, auf den ersten Blick womöglich sogar noch unspezifischer erscheinende Definition schlug Kouassi Kouamé in seiner Analyse der Kolonialpropaganda in der deutschen Literatur zwischen 1918 und 1945 vor.[51] Kouamé stellt zunächst eine mögliche Definition vor, in der unter Kolonialliteratur die Gesamtheit der über die Kolonien geschriebenen Texte verstanden werden könnte und zwar unabhängig von ihrem Genre und ihrem Rezeptionszusammenhang. Diese Definition weist er allerdings mit großem Nachdruck zurück, dies jedoch nicht etwa, weil das Textkorpus Kolonialliteratur auch auf nicht-poetische Texte ausgeweitet würde, sondern weil eine solche Definition von Kolonialliteratur über ihren thematischen Fokus (eben die Kolonien) den grundsätzlich ideologischen Charakter der Kolonialliteratur ausblenden würde. Dagegen versteht Koaumé unter Kolonialliteratur ein Ensemble von Texten, in denen die Kolonialideologie transportiert und verbreitet worden sei, und rechnet neben genuin literarischen (Romane, Novellen, Gedichte, Lieder, Theaterstücke usw.) u.a. auch wissen-

---

49 Ebd., S. 5.
50 Ebd., S. 11.
51 Kouamé: La Propagande Colonialiste dans la Littérature Allemande, a. a. O.

schaftliche Veröffentlichungen über die Kolonien zur »Kolonialliteratur«.[52]

Kouamé geht insofern über die Begriffsbestimmungen von Benninghoff-Lühl und anderen hinaus, als er den von ihm angenommenen funktionalen Aspekt (Propaganda) zum ausschließlichen Definitionsmoment der Kolonialliteratur macht und somit den Aspekt des »Literarischen« von »Kolonialliteratur« vollständig ausblendet. Damit trägt er sicherlich zu recht der Beobachtung Rechnung, daß die gesellschaftliche Wirksamkeit des kolonialen Programms sich kaum über poetische Texte zum Kolonialismus erörtern läßt und die poetischen Texte über die Kolonien, wie weiter unten ausgeführt werden wird, auf vielfache Weise mit anderen Teilbereichen der kolonialen Rede korrespondieren und verschränkt sind.[53] Allerdings wird dieser Aspekt von Kouamé nicht explizit formuliert, geschweige denn problematisiert. Im Gegenteil: Durch die schlichte Einebnung aller kolonialpropagandistischer Schriften unter dem Begriff der Kolonialliteratur wird ein differenzierender und analytischer Blick auf diesen zentralen Aspekt verstellt.

Gemeinsam ist den Ansätzen von Benninghoff-Lühl, Warmbold und Kouamé aber auch jüngeren Untersuchungen zu Einzelaspekten der Kolonialliteratur,[54] daß sie die koloniale Thematik eines Textes als Zuordnungskriterium zur Gruppe der Kolonialliteratur zurückweisen, solange nicht zugleich eine funktionale – und somit wertende – Zuschreibungen an die Textgruppe vorgenommen wird. Dabei würde ein Zugriff, der zunächst auf feste funktionale Zuschreibungen verzichtet, womöglich den Blick auf eine zu untersuchende Gruppe von Texten mit gemeinsamem themati-

---

52 Ebd., S. 8.
53 Auf die »teilweise äußerst starke Verflechtung verschiedener Bereiche innerhalb der kolonialen Literatur« hat auch Joachim Warmbold hingewiesen, und zu recht auf die bisweilen problematische Zuordnung einzelner Texte zu bestimmten Textsorten aufmerksam gemacht. Vgl. Warmbold: Deutsche Kolonial-Literatur, a. a. O., S. 8.
54 Vgl. auch Djomo: »Des Deutschen Feld, es ist die Welt!«, a. a. O., S. 25f.; Meyn, Rolf: Abstecher in die Kolonialliteratur. Gustav Frenssens *Peter Moors Fahrt nach Südwest*, in: Gustav Frenssen in seiner Zeit. Von der Massenliteratur im Kaiserreich zur Massenideologie im NS-Staat, hrsg. von Kay Dohnke und Dietrich Stein, Heide 1997, S. 316-346, hier S. 322; oder Wassink: Auf den Spuren des deutschen Völkermords in Südwestafrika, a. a. O., S. 130f.

schen Fokus (die Kolonien) öffnen, ohne ihnen a priori ein eindeutiges, zudem pejorativ konnotiertes Programm (etwa die Agitation) zuzuweisen. Dagegen nehmen Warmbold, Benninghoff-Lühl, Kouamé und andere mit der bereits ihren definitorischen Annäherungen inhärenten funktionalen Festschreibung kolonialer Texte das Ergebnis ihrer letztlich ideologiekritisch programmierten Analysen in einer Art self-fulfilling-prophecy vorweg.

Einen gänzlich anderen definitorischen Zugriff auf das, was als Kolonialliteratur bezeichnet werden müsse, schlägt Janos Riesz in dem von ihm gemeinsam mit Wolfgang Bader herausgegebenen Sammelband *Literatur und Kolonialismus* vor. Bereits der Titel des komparatistisch angelegten Bandes verweist auf eine andere Akzentsetzung: Nicht »Kolonialliteratur«, sondern das Verhältnis von Literatur und Kolonialismus steht im Zentrum der Überlegungen. In seinem einleitenden Beitrag stellt Riesz fest, daß »alle europäische Literatur mit Kolonialismus zu tun« habe, »seit es den (modernen) Kolonialismus[55] gebe« und zwar insofern, als »alle Europäer [vom Kolonialismus] profitieren, daran partizipieren, mitbetroffen sind. Pointiert: Die Literatur Europas ist die eines Kontinents von Kolonisatoren.«[56]

Die These von Janos Riesz läßt zwei einander nur scheinbar diametral entgegenstehende Schlußfolgerungen zu: Entweder kann von einer europäischen Kolonialliteratur im engeren Sinne gar nicht geredet werden oder aber die gesamte europäische Literatur seit dem späten 15. Jahrhundert müßte mit Blick auf die gesamtgesellschaftliche Bedeutung der europäischen Expansion als »Kolonialliteratur« begriffen werden, da die europäischen Literaturen in den Rezeptionszusammenhängen kolonisierender Staaten produziert und gelesen wurden.

Trotz der Berechtigung und Instruktivität der Annäherung von Riesz, die manche Ansätze der Post Colonial Studies vorwegnimmt,[57]

---

55 Den Beginn des »modernen Kolonialismus« setzt Riesz mit der Entdeckung Amerikas an.
56 Riesz, Janos: Zehn Thesen zum Verhältnis von Kolonialismus und Literatur, in: Literatur und Kolonialismus I, hrsg. von Bader/Riesz, a. a. O., S. 9.
57 Und dies nicht allein hinsichtlich der hier skizzierten These, sondern beispielsweise auch hinsichtlich der Forderung eines komparatistischen, nicht allein auf die europäischen Literaturen beschränkten, sondern auch

stellt sich bei diesem Zugriff jedoch unmittelbar die Frage, wie innerhalb einer »europäischen Literatur als Kolonialliteratur« jene Gruppe von Texten eingegrenzt, charakterisiert und begrifflich gefaßt werden könnte, in denen das koloniale Projekt explizit thematisiert wird. Diesem Problem stellt sich Riesz nur indirekt. Er gesteht zwar zu, daß es »den Kolonialismus in der Literatur auch ganz explizit und relativ unvermittelt gebe«.[58] Einer Untersuchung dieser Texte, die er als Zeichen einer Krise des Kolonialismus deutet, weist er jedoch keine besondere Bedeutung für die Erörterung des Verhältnisses von Literatur und Kolonialismus zu. So ist es wohl auch kein Zufall, daß die Aufsätze des Bandes eher Beispiele des literarischen Höhenkamms in den Mittelpunkt rücken und jene Literatur, die Benninghoff-Lühl, Warmbold oder Kouamé im Auge haben und die auch im Zentrum der vorliegenden Studie steht, weitgehend ausblenden.

Um eine Eingrenzug dessen vorzunehmen, was im folgenden als »Kolonialliteratur« zu bezeichnen sein wird, und um dabei beiden Aspekten des Begriffs – dem Kolonialen und dem Literarischen – Rechnung zu tragen, soll die von Kouassi Kouamé zurückgewiesene Definition aufgegriffen und mit dem Instrumentarium des skizzierten theoretisch-methodologischen Rahmens erweitert werden. In der von Kouamé angeführten Definition wurde »Kolonialliteratur« als die Gesamtheit der über die Kolonien geschriebenen Texte – und zwar nicht ausschließlich der genuin poetischen Texte über die Kolonien – beschrieben. Die Perspektive auf die Gesamtheit der über die Kolonien geschriebenen Texte soll im folgenden auf die Gesamtheit der zeitgenössischen Rede über die Kolonien erweitert werden, wobei dieser Komplex mit dem Begriff »Kolonialdiskurs« bezeichnet wird.

Allerdings ist hier eine deutliche Spezifizierung vorzunehmen: Mit dem Begriff Kolonialdiskurs soll eine auf den Gesamtkomplex Kolonialismus bezogene konventionalisierte und institutionell sanktionierte kollektive Rede bezeichnet werden, die allerdings in verschiedenen sozio-kulturellen Milieus und Kommunikationssitua-

---

die »Literatur der ehemals Kolonisierten« einbeziehenden Zugriffs auf das Verhältnis von Kolonialismus und Literatur.
58 Riesz: Zehn Thesen zum Verhältnis von Kolonialismus und Literatur, a. a. O., S. 10.

tionen unterschiedlicher Regelhaftigkeit und Regelmäßigkeit unterliegen kann. Der Kolonialdiskurs beschreibt somit zugleich ein Regelsystem, nach dem als wahr geltende Aussagen (im folgenden: »wahre« Aussagen) über die Kolonien formuliert werden können, sowie sämtliche Aussagen, die diesem Regelsystem gemäß formuliert sind, und zwar unabhängig von ihrer primären (politischen, wirtschaftlichen, wissenschaftlichen oder poetischen) Qualität.

Die kollektive Rede über die Kolonien ist, dies hat auch Sabine Hofmann in ihrer eng an die Diskurstheorie Foucaults angelehnten Untersuchung französischer Texte des 17. Jahrhunderts über die Karibik gezeigt,[59] gerade nicht als ein Reflex, als mimetisches Abbild oder Widerspiegelung einer kolonialen Wirklichkeit zu verstehen, sondern primär als ein flexibles System ihrer Konstruktion, ihrer diskursiven Vorstrukturierung und Erzeugung. Der Kolonialdiskurs, die kollektive Rede über die Kolonien, ist somit als ein System der Konstruktion und Re-Präsentation eines kollektiven Wissens über die Kolonien zu begreifen, vor dessen Folie die koloniale Praxis erst denkbar wird und legitim erscheint.

Dabei soll der Kolonialdiskurs nicht im Sinne Homi K. Bhabhas als ein a priori strategisch funktionales, geschlossenes und stereotypisierendes »Wahrheitssystem« verstanden werden, dessen Zielsetzung ausschließlich darin bestehe, »die Kolonisierten auf der Basis ihrer Ethnizität als aus lauter Degenerierten bestehende Bevölkerung darzustellen, um die Eroberung zu rechtfertigen und Systeme der Administration und Belehrung zu etablieren«.[60] Für eine Analyse, die nicht den Aporien eines letztlich wiederum ideologiekritischen Programms – denn das Konzept »Kolonialdiskurs« ersetzt beziehungsweise verschleiert in dieser Perspektive letztlich ein Konzept der »Kolonialideologie« – erliegen will, ist es wenig hilfreich, von einem intentionalen und geschlossenen Begriff des Kolonialdiskurses auszugehen. Diese Perspektive wird weder der polykontexturalen Struktur der kollektiven Rede über die Kolonien gerecht, noch läßt sich mit einem solchen Begriff die gesellschaftliche Relevanz und breite gesellschaftliche Anschlußfähigkeit des

---

59 Hofmann: Die Konstruktion kolonialer Wirklichkeit, a. a. O., hier S. 18-46.
60 Vgl. Bhabha, Homi K.: Die Frage des Anderen. Stereotyp, Diskriminierung und der Diskurs des Kolonialismus, in: ders.: Verortung der Kultur, a. a. O., S. 97-124, hier S. 104.

kolonialen Projektes erklären. Dagegen ist darauf zu verweisen, daß der koloniale Diskurs keineswegs als ein geschlossenes oder gar hermetisches Bedeutungs- und Regelsystem zu begreifen ist. Er ist vielmehr auf vielfältige Weise mit anderen gesellschaftlich relevanten Diskursen und Wissenskontexten (u.a. der Medizin, Anthropologie, Klimatologie, Geographie, [Rassen-]Biologie, Ökonomie, Nationalpolitik, aber auch der Geschichtstheorie und Philosophie) verschränkt, wird von diesen Wissensdiskursen überhaupt erst produziert, schließt an sie an und wirkt auf sie zurück.

Geschlossen ist das »Wahrheitssystem« des Kolonaldiskurses allenfalls insofern, als es sich nicht anhand einer wie auch immer gearteten außerdiskursiven Realität überprüfen, als ideologisch überführen und durch nicht-kolonialdiskursive, *wahre Aussagen* widerlegen läßt: Die Wahrheit beziehungsweise Wahrscheinlichkeit, die einer Aussage zum Beispiel über die afrikanischen Kolonien um 1900 zeitgenössisch zugemessen wurde, resultiert nicht aus ihrem Verhältnis zu einer afrikanischen Realität, sondern aus ihrer Konventionalität und Kompatibilität mit den Regulativen der zeitgenössischen Rede und dem zeitgenössischen Wissen über Afrika.

Die De-Konstruktion einer diskursiv konstruierten kolonialen Wirklichkeit beziehungsweise die De-Konstruktion einzelner kolonialdiskursiver Begrifflichkeiten wie beispielsweise »Eingeborener«, »Schwarzer« oder »Wilder« ermöglicht keinen Zugriff auf eine außerdiskursive Realität, auf eine »Essenz« des mit diesen Begriffen bezeichneten und belegten Gegenstandes kolonialer Rede. Sichtbar werden dagegen möglicherweise das Regelsystem, die Mechanismen der Zuschreibung, der Exklusionen und vielleicht auch der Stereotypisierung, die Prozesse der Verweise, Validierung, Positionierung, die Mechanismen der Anschlüsse an gültiges Wissen und die Aktualisierung tradierter Wissensmuster. Denn die Begriffe referieren ausschließlich auf koloniale Konzepte und erfüllen eine positionierende Funktion in kolonialdiskursiven Konstruktionen afrikanischer Wirklichkeit. Zugespitzt ließe sich formulieren: Außerhalb der Regeln kolonialer Rede und eines diese Rede produzierenden Wissens handelt es sich um referenzlose Zeichen.

Als »Kolonialliteratur« im engeren Sinne soll nun jener Teilbereich von Texten innerhalb des Kolonialdiskurses bezeichnet werden, denen die poetische Qualität als primäre Qualität eingeschrieben ist und/oder von den Rezipienten zugeschrieben werden kann. Dabei muß allerdings festgestellt werden, daß eine diskrete Unterscheidung kolonialliterarischer Texte von Texten anderer Teilbereiche des Kolonialdiskurses nicht immer leicht fällt, was ja gerade auch die skizzierten definitorischen Probleme der literarhistorischen Annäherungen an die sogenannte Kolonialliteratur evoziert hat.

Einzelnen Texten können viele, möglicherweise unzählige Qualitäten eingeschrieben sein beziehungsweise können ihnen von den Rezipienten zugewiesen werden. Für Texte aus dem Kontext des Kolonialdiskurses gilt dies in einem besonderen Maße und zwar in verschiedener Hinsicht. Denn einerseits gibt es keine Beispiele kolonialer Belletristik, die nicht zumindest implizit auf kolonialwissenschaftliche Paradigmen (seien sie kolonialanthropologischer, -geographischer, -militärischer, -agrarwissenschaftlicher oder sonstiger Provenienz) verweisen. Andererseits bedienen sich »kolonialwissenschaftliche« Texte häufig genuin literarischer narrativer und tropologischer Muster zur Veranschaulichung ihrer Ausführungen.

Des weiteren läßt sich keine eindeutige disziplinäre Zuordnung der jeweiligen »Autoren« kolonialer Texte treffen: Viele der Autoren kolonialer Texte kamen als Offiziere oder Mitglieder der Schutztruppe, als Farmer, Siedler, Kaufleute oder Missionare, als Ingenieure oder Mitarbeiter der Kolonialverwaltung, als Kolonialgeographen, Sprachwissenschaftler oder Anthropologen selbst mittelbar oder unmittelbar aus einem kolonialen Milieu. Auffällig ist in diesem Zusammenhang zudem, daß viele »Kolonialschriftsteller« zwar ausschließlich Texte mit kolonialer Thematik veröffentlichten, bestimmte Autoren jedoch parallel Texte zu verschiedenen Teilbereichen des kolonialen Diskurses beitrugen.

Exemplarisch sind in diesem Zusammenhang die Publikationen Maximilian Bayers. Bayer (1872-1917), während der Kolonialkriege 1904-1907 Hauptmann beim Stab des kommandierenden Generals Lothar von Trotha, entwickelte eine rege Vortrags-[61] und Publikationstätigkeit zu Südwestafrika und schrieb unter dem Pseu-

---

61 Bayer, Maximilian: Der Krieg in Südwestafrika und seine Bedeutung für die Entwickelung der Kolonie. Vortrag gehalten in 52 deutschen Städten, Leipzig (21.-25. Tausend) 1907.

donym *Jonk Steffen* mehrere Jugend-Romane. Die bekannteste Arbeit Bayers über den Feldzug in Südwestafrika ist sein umfangreiches Buch *Mit dem Hauptquartier in Südwestafrika*[62]. Daneben hat er zahlreiche Vorträge zu diesem Geschehen gehalten. Auch zwei seiner unter Pseudonym publizierten Romane (*Okowi – ein Hererospion?*[63] und *Im Orlog*[64]) thematisieren den Herero-Aufstand. Ein dritter Roman, *Die Helden der Naukluft*,[65] handelt von den Kämpfen der 1890er Jahre gegen Hendrik Witbooi. *Okowi – ein Hererospion?* wurde 1936 unter dem Titel *Ist Okowi treu?*[66] mit aufgelöstem Pseudonym nachgedruckt. Diese durch den Safari-Verlag stark redaktionell überarbeitete Ausgabe des Romans erreichte bis 1941 sechs Nachauflagen.

Neben diesen militärischen und belletristischen Texten hat Bayer sich mit einer »Studie« über die sogenannten »Rehoboter Baster« auch auf dem Feld der Ethnographie versucht.[67] Neben seinen Aktivitäten als Kolonialoffizier und seiner publizistischen Tätigkeit erlangte Bayer, der 1917 als Kommandant eines finnischen Scharfschützenregiments im Ersten Weltkrieg gefallen ist, insbesondere auch Bedeutung als Mitbegründer des Deutschen Pfadfinderbundes im Jahr 1909.[68]

62 Bayer, Maximilian: Mit dem Hauptquartier in Südwestafrika, Berlin 1909. Auszüge aus diesem umfangreichen Text erschienen 1911 in der seinerzeit höchst populären Reihe *Schaffsteins grüne Bändchen*: Bayer, Maximilian: Im Kampfe gegen die Hereros. Bilder aus dem Feldzug in Südwest, Köln 1911 (=Schaffsteins grüne Bändchen 13).
63 Steffen, Jonk [d.i. Maximilian Bayer]: Okowi – ein Hererospion? Eine Geschichte aus dem südwestafrikanischen Kriege, Berlin 1910. Die dritte, textidentische Auflage des Romans erschien 1916, ebenfalls unter dem Pseudonym Jonk Steffen unter dem Titel: *Die Rache des Herero. Eine Geschichte aus dem südwestafrikanischen Kriege* im Leipziger Otto Spamer Verlag.
64 Steffen, Jonk [d.i. Maximilian Bayer]: Im Orlog. Südwestafrikanischer Roman, Berlin 1911.
65 Steffen, Jonk [d.i. Maximilian Bayer]: Die Helden der Naukluft, Berlin 1912.
66 Bayer, Maximilian: Ist Okowi treu? Die Geschichte eines Hererospähers, Potsdam 1936.
67 Bayer, Maximilian: Die Nation der Bastards, in: Zeitschrift für Kolonialpolitik, Kolonialrecht und Kolonialwirtschaft 8, 9, 1906, S. 625-648.
68 Zum Zusammenhang von Kolonialismus und der Entstehung der deutschen Pfadfinderbewegung vgl.: Badenberg, Nana: Von Fährten und Gefährten. Die Geburt der Pfadfinder aus dem Geiste des Kolonialismus, in: Afrika – Kultur und Gewalt. Hintergründe und Aktualität des Kolonial-

Maximilian Bayer ist als Figur, die als Kolonialaktivist, Publizist von kolonialmilitärischen und »kolonialwissenschaftlichen« sowie poetischen Texten hervorgetreten ist, keineswegs eine Singularität im Kontext des deutschen Kolonialdiskurses. Ein weiteres überaus bemerkenswertes Beispiel ist der Geograph und Klimatologe Karl Dove (1863-1922). Dove, der zunächst ein Semester Rechtswissenschaften, dann Geographie und Naturwissenschaften studierte, hatte sich bereits in seiner 1888 erschienenen Dissertation mit der Klimatologie des südlichen Afrika beschäftigt.[69] Nach seiner Habilitation für Geographie und Klimatologie im Jahr 1890 war Dove bis 1899 zunächst Privatdozent, dann bis 1908 außerordentlicher Professor für Geographie in Jena, später lehrte er in Freiburg. In den 1890er Jahre hatte Dove im Auftrag der Deutschen Kolonialgesellschaft das südliche Afrika bereist, um meteorologische und wirtschaftsgeographische Untersuchungen vorzunehmen. Neben Arbeiten zur Geographie und Klimatologie des Schutzgebietes »Südwestafrika«[70] hat diese Studienreise Dove auch zu einem deutlich poetisierenden Reisebericht veranlaßt, der 1896 unter dem Titel *Südwest-Afrika. Kriegs- und Friedensbilder aus der ersten deutschen Kolonie* erschien.[71]

Die sich hier abzeichnende Publikationstätigkeit in zwei parallelen Bereichen des Kolonialdiskurses sollte von nun an für Dove bestimmend bleiben. Neben zahlreichen wissenschaftlichen Arbeiten zur Klimatologie, Wirtschafts- und Bevölkerungsgeographie Deutsch-Südwestafrikas und anderer, insbesondere allerdings der afrikanischen Schutzgebiete[72] des Deutschen Reichs, publizierte

kriegs in Deutsch-Südwestafrika. Seine Rezeption in Literatur, Wissenschaft und Populärkultur (1904-2004), hrsg. von Christof Hamann, Iserlohn 2005, S. 57-84.
69 Dove, Karl: Das Klima des aussertropischen Südafrika mit Berücksichtigung der geographischen und wirtschaftlichen Beziehungen, Diss., Göttingen 1888.
70 Dove, Karl: Deutsch-Südwest-Afrika. Ergebnisse einer wissenschaftlichen Reise im südlichen Damaralande (=Petermanns Mitteilungen aus Justus Perthes' Geographischer Anstalt, Ergänzungsheft 120), Gotha 1896.
71 Dove, Karl: Südwest-Afrika. Kriegs- und Friedensbilder aus der ersten deutschen Kolonie, Berlin 1896.
72 Dove, Karl: Studien über Ostafrika. 3 Bde., Stuttgart 1891; ders.: Wirtschaftliche Landeskunde der deutschen Schutzgebiete. Neuer Wegweiser für die Schutzgebiete des deutschen Reiches in Afrika, Asien, der Südsee mit

Dove auch populärwissenschaftliche und auf ein jugendliches Publikum zugeschnittene Darstellungen der deutschen Kolonien,[73] Untersuchungen zur Wirtschaftsgeographie des britischen Empire und der Vereinigten Staaten[74] sowie Reiseberichte.[75] Zudem verfaßte Dove Gedichte,[76] Bühnenstücke[77] und Erzählungen,[78] die vorwiegend, jedoch nicht ausschließlich die Kolonien thematisieren.[79] Max Geißler charakterisierte Karl Dove in seinem *Führer durch die deutsche Literatur des 20. Jahrhunderts* als einen »geschickte[n] Erzähler afrikanischer Reiseabenteuer, die ihm selbst oder befreundeten Weißen im ›dunken Erdteil‹ zugestoßen sind.«[80] Auch fällt die, nun vom kritischen Leser vorgenommene, bereits oben als ein Charakteristikum der Kolonialliteratur skizzierte explizite

  besonderer Rücksicht auf Lage, Landes- und Volkskunde, Tier- und Pflanzenwelt, Handels- und Wirtschaftsverhältnisse (=Huberti's moderne kaufmännische Bibliothek), Leipzig 1902; ders.: Die deutschen Kolonien. Bd. 1: Togo und Kamerun, Leipzig 1909 (=Sammlung Göschen 441); ders.: Die deutschen Kolonien. Bd. 2: Das Südseegebiet und Kiautschou, Leipzig 1911 (=Sammlung Göschen 520); ders.: Die deutschen Kolonien. Bd. 3: Ostafrika, Leipzig 1912 (=Sammlung Göschen 567); ders.: Die Deutschen Kolonien. Bd. 4: Südwestafrika, Berlin/Leipzig 1913 (=Sammlung Göschen 637); ders.: Deutsch-Südwestafrika, Berlin ²1914 (=Süsserott's Kolonialbibliothek 5).
73 Dove, Karl: Südwestafrika, Berlin 1896.
74 Dove, Karl: Die angelsächsischen Riesenreiche. Bd. 1: Das britische Weltreich. Eine wirtschaftsgeographische Untersuchung, Jena 1906; ders.: Die angelsächsischen Riesenreiche. Bd. 2: Die Vereinigten Staaten von Nordamerika. Eine wirtschaftsgeographische Untersuchung, Jena 1907.
75 Dove, Karl: Vom Kap zum Nil. Reiseerinnerungen aus Süd-, Ost- und Nordafrika, Berlin 1898.
76 Dove, Karl: Aus zwei Weltteilen. Dichtungen, Heidelberg 1901. Der Band enthält neben 34 Gedichten auch die Bühnenstücke *Die Heimkehr des Odysseus. Dramatisches Gedicht in drei Aufzügen* und *Boomplaats. Dramatisierte Episode aus den ersten Burenkriegen in drei Aufzügen.*
77 Dove, Karl: Die Heimkehr des Odysseus. Dramatisches Gedicht in drei Aufzügen. Als Manuskript gedruckt, Berlin 1899.
78 Dove, Karl: Die Kobra. Südafrikanische Erzählungen, Berlin 1911.
79 So schrieb Dove beispielsweise eine Komödie mit dem Titel *Lucia d'Andrea*, die im Bologna der italienischen Renaissance spielte: Dove, Karl: Lucia d'Andrea. Komödie in fünf Akten. Als Manuskript gedruckt, Berlin 1903; Dove, Karl: Lucia d'Andrea. Komödie in fünf Akten, Jena 1906. Das Stück wurde 1903 am Stadttheater Jena aufgeführt.
80 Geißler: Führer durch die deutsche Literatur des 20. Jahrhunderts, a. a. O., S. 94.

Rückbindung des Erzählten an »Erlebtes« und »Erfahrenes« auf. Gerade an diesem »Ineinanderfließen der Wirklichkeit und Dichtung«, das die vier Erzählungen des Bandes *Die Kobra* auszeichne, erkennt Emil Sembritzki, ein anderer zeitgenössischer Kritiker, den besonderen Reiz dieser Geschichten, wobei bereits der Titel des Bandes, der zugleich Titel der ersten Erzählung ist, »das Geheimnisvolle und Gruselige der Geschichten« andeute.[81] Auch Max Geißler hält die Erzählungen in Doves *Die Kobra* in diesem Sinne für besonders gelungen. Da sie zudem »ungewöhnlich spannend« seien, würden »sie sich auch für die reifere Jugend« eignen.[82] Bemerkenswert ist zudem, daß Dove nicht allein eine Karriere als Kolonialwissenschaftler und Kolonialschriftsteller sowie schließlich auch als Funktionär – Dove war ab 1914 zweiter stellvertretender Vorsitzender des Kolonialwirtschaftlichen Komitees – beschieden war, sondern daß er schließlich selbst auch zu einer kolonialiterarischen Figur avancieren sollte: Im zweiten Band von Bernhard Voigts in den 1930er Jahren erschienenen Romantrilogie *Der Südafrikanische Lederstrumpf* begegnet dem Leser der »Privatdozent Dove« als Randfigur der Romanhandlung.[83]

Für den Gesamtzusammenhang der deutschen »Kolonialliteratur« ist somit eine Heterogenität der Genres und die Disparatheit der soziokulturellen und disziplinären Hintergründe der Textproduzenten – unter denen professionelle Schriftsteller eher die Ausnahme sind – charakteristisch. Der koloniale Diskurs im allgemeinen und die Kolonialliteratur im speziellen lassen sich somit als prototypische und zudem offene Interdiskurse im Sinne Jürgen Links beschreiben.[84]

---

81 Der Kolonialfreund, a. a. O., S. 89.
82 Geißler: Führer durch die deutsche Literatur des 20. Jahrhunderts, a. a. O., S. 94.
83 Vgl.: Voigt, Bernhard: Der Südafrikanische Lederstrumpf. Bd. 2: Die deutsche Landnahme, Potsdam ⁴1941 (zuerst 1934), S. 209ff.
84 Link, Jürgen: Literaturanalyse als Interdiskursanalyse. Am Beispiel des Ursprungs literarischer Symbolik in der Kollektivsymbolik, in: Diskurstheorien und Literaturwissenschaft, hrsg. von Fohrmann/Müller, a. a. O., S. 284-310; ders.: Diskursive Ereignisse, Diskurse, Interdiskurse. Sieben Thesen zur Operativität der Diskursanalyse am Beispiel des Normalismus, in: Das Wuchern der Diskurse. Perspektiven der Diskursanalyse Foucaults, hrsg. von Hannelore Bublitz, Andrea D. Bührmann, Christine Hanke und Andrea Seier, Frankfurt am Main/New York NY 1999, S. 148-161.

Vor diesem Hintergrund kommt den zeitgenössischen Publikationen über den Hererokrieg eine besondere Relevanz zu. Denn einerseits bereiten diese Texte ein aus der Perspektive des Reiches in der vermeintlichen Peripherie stattfindendes Ereignis für das Zentrum auf. Andererseits läßt sich anhand der De-Konstruktion der in jenen Texten präsenten und wirksamen Diskurse und Wissensmuster die Folie eines sozio-kulturellen Wissens re-konstruieren, vor dem koloniale Gewalt als gerechtfertigt, die Vernichtung »eingeborener Völker« als legitim und notwendig erscheinen konnte. In der nach 1904 erschienenen Literatur über die Kolonialkriege wurde die Vernichtungspolitik in einen historischen Sinnhorizont eingeordnet.

2.5 Konsequenzen für die Textarbeit

Die obenstehenden theoretischen Überlegungen haben für die folgende Textarbeit wichtige Konsequenzen. Das Interesse wird – so man diese Reflexionen akzeptiert und ernst nimmt – insbesondere den strukturellen und diskursiven Konventionen, an die die Rede über die Kolonialkriege der Jahre 1904-1907 anschließt, sowie der Folie eines sozio-kulturellen Wissens gelten müssen, vor der die Texte eine Wirklichkeit dieser Kriege entwerfen und die Maßnahmen der deutschen Schutztruppe deuten und legitimieren.

Dabei soll und kann es nicht darum gehen, Redekonventionen und Wirklichkeitsentwürfe, die aus heutiger Perspektive möglicherweise unangemessen erscheinen, durch eine Konfrontation mit solchen Entwürfen, die heute angemessener erscheinen, ideologiekritisch zu entlarven. Im Gegenteil: Die (poetische) Rede über die Kolonialkriege und den Genozid an den Herero soll hier hinsichtlich ihrer gesellschaftlichen Anschlußfähigkeit geprüft werden, ihrer Einbindung in Diskurskonventionen und Wissenshorizonte. Dabei interessieren die Rahmungen (oder die begrenzenden Bedingungsfelder) der Deutungen der Kolonialkriege, die diskursiv erzeugte Sinnhaftigkeit, die dem Geschehen vor dem Hintergrund gültigen Wissens zugeschrieben wird, sowie die Bedeutung, die die jeweils spezifische Struktur der literarischen Genres für Deutung und Codierung der Erfahrung des Kolonialkrieges zukommt. Das Verfahren wird dabei weniger interpretativ und wertend als vielmehr analytisch-deskriptiv sein.

Die folgenden Analysen werden also nicht zuvorderst das Geschehen in der ehemaligen Kolonie Deutsch-Südwestafrika selbst fokussieren, nicht die Ereignisse der Jahre 1904/05 und das Für und Wider politischer oder militärstrategischer Entscheidungen, sondern sie rücken die Geschichten in den Mittelpunkt, die über jenes Geschehen erzählt werden, sowie das Wissen von einer universellen »Geschichte«, in die das Geschehen eingeordnet, über die es gedeutet wird, und die als Rahmen der Legitimation des Genozids an den Herero fungiert. In diesen Legitimationsmustern lassen sich Differenzkonstruktionen nachweisen, die über Strategien diskreter Ein- und Ausschließung funktionieren.

Analytisch kommt in diesem Zusammenhang einer synchronen und diachronen intertextuellen und interdiskursiven Vernetzung einzelner Muster, Argumentationsfiguren und positionierender Begrifflichkeiten zentrale Bedeutung zu, um so einerseits Aufschluß über den zeitgenössischen Verbreitungsgrad spezifischer Elemente gewinnen und andererseits Aussagen über ihre Herkunft und Tradierung formulieren zu können. Somit werden die folgenden Analysen, anders als sämtliche bisher zur deutschen Kolonialliteratur publizierten Arbeiten, nicht werkmonographisch verfahren, sondern einzelne Muster, die zur Deutung der Kolonialkriege und zur Legitimation der Vernichtungsstrategien herangezogen werden, sollen ausgehend von ihrer Präsentation in hinsichtlich der sozialen Reichweite repräsentativen Publikationen intertextuell und interdiskursiv untersucht werden.

Bevor die Texte selbst einer detaillierten Untersuchung unterzogen werden, soll zunächst die Folie dargestellt werden, vor der wir aus der Perspektive der Gegenwart die in den zeitgenössischen Texten vorgenommenen Deutungen und Aussagen wiederum zu deuten und schließlich zu kritisieren gewohnt sind: Zum einen soll skizziert werden, wie die diskursiven und programmatischen Dispositive sowie politischen Entwicklungen des deutschen Kolonialismus heute von der Geschichtswissenschaft eingeschätzt werden, zum anderen ein Überblick über den »Hereroaufstand als Ereignis im zeitgenössischen Diskurs« gegeben werden. Es geht dabei zunächst darum, aktuelle und zeitgenössische Deutungen nebeneinander, nicht aber gegeneinander zu stellen – um schließlich die Voraussetzungen der zeitgenössischen Deutungen, ihrer Anschlußfähigkeit und Gültigkeit zu untersuchen.

3. Deutscher Kolonialismus: Diskurse, Programmatik, Politik

In der Perspektive der Geschichtsschreibung nach 1945 war der deutsche Kolonialismus vor allem eines: kurz. Der Zeitraum, in dem das Deutsche Kaiserreich realiter Kolonialmacht war, das heißt überseeische Besitzungen sein Eigen nennen konnte, umfaßt nur wenig mehr als 30 Jahre. Als erste Kolonie des Deutschen Reiches wurde im Jahr 1884 Südwestafrika, das heutige Namibia, unter deutsche »Schutzherrschaft« gestellt – so die zeitgenössische Beschreibung. Sein effektives Ende erlebte der deutsche Kolonialismus im Zuge des ersten Weltkriegs: bereits 1915 waren alle deutschen Schutzgebiete mit Ausnahme Deutsch-Ostafrikas von Truppen der Entente-Mächte und ihrer Verbündeten erobert worden, im Versailler Vertrag wurde das Ende deutscher Kolonialbesitzungen festgeschrieben.

3.1 Kolonialmacht ohne Kolonien

Die Geschichte des deutschen Strebens nach kolonialer Expansion und Weltmachtstatus, wie sie sich insbesondere seit den 1880er und 1890er Jahren im Kaiserreich beobachten läßt, erscheint dabei jedoch eingebunden in eine nahezu 500jährige Geschichte europäischer Expansion,[1] die in Deutschland durchaus reflektiert worden sei.[2]

---

1 Zur europäischen Expansion vgl.: Reinhard: Geschichte der europäischen Expansion. 4 Bde., a.a.O. Eine knappe Darstellung hat Reinhard vorgelegt in dem Band: Kleine Geschichte des Kolonialismus, a. a. O.. Vgl. auch Gründer: Geschichte der europäischen Expansion, a. a. O..
2 Zu kolonialen Visonen im Zeitraum vor 1870 vgl. Fenske, Hans: Ungeduldige Zuschauer. Die Deutschen und die europäische Expansion 1815-1880, in: Imperialistische Kontinuität und nationale Ungeduld im 19. Jahrhundert, hrsg. von Wolfgang Reinhard, Frankfurt am Main 1991, S. 87-123. Susanne Zantop untersuchte Spuren kolonialer Visionen anhand der deutschen Literatur vor 1870: Zantop: Kolonialphantasien im vorkolonialen Deutschland (1770-1870), a. a. O.

Frühen Versuchen, im Anschluß an die spanisch-portugiesische Eroberung der »Neuen Welt« ebendort auch deutsche Kolonien zu begründen, war nur mäßiger Erfolg beschieden.[3] Allein mit der Gründung der brandenburgisch-preußischen Kolonie »Großfriedrichsburg« an der Küste Westafrikas (dem heutigen Ghana) am 1. Januar 1683 wurde ein Kolonisationsunternehmen von relativem Bestand initiiert.[4] Allerdings verkaufte Friedrich Wilhelm I. die afrikanischen Besitzungen bereits im Jahr 1717 wieder an die Holländer. Danach sollte es bis zur Mitte des 19. Jahrhunderts keine ernsthaften kolonialen Initiativen und Projekte in Deutschland geben.

Allerdings hat die Kolonie »Großfriedrichsburg« durchaus Spuren in der deutschsprachigen Literatur hinterlassen. In dem 1938 erschienenen Roman *Roter Adler auf weißem Feld*[5] des österreichischen Schriftstellers Josef Günther Lettenmair wird das Unternehmen des »Großen Kurfürsten« zu einer Metapher einer ebenso großen späteren weltpolitischen Bedeutung des deutschen Reiches wie zum Insignium einer von den kolonisierten Völkern überaus hoch geschätzten deutschen Kulturarbeit. In Lettenmairs Konstruktion bedeutet die Aufgabe der Kolonie durch die Brandenburger für die Kolonisierten eine Rückkehr in die Dunkelheit der Kultur- und Geschichtslosigkeit, in die sie nun aber ein Symbol preußisch-deutscher Kultur tragen – das zudem mit der Aura des Heiligen umgeben wird. So liest man am Ende des Romans, nachdem die brandenburgisch-preußischen Kolonisten die afrikanische Küste hinter sich gelassen haben: »Auf heimlichen Pfaden war König Conny zu nächtlicher Weile mit seinen Getreuen aufgebrochen. Dorthin wanderten sie, woher einst ihr Stamm kam: tief hinein in den Urwald. Jean Conny selbst trug das Heiligtum der Schar, das ihm einst anvertraut wurde von dem toten, weißen Freunde und dem fernen, großen König: die Flagge Brandenburgs, die Jahrzehntelang über deutsch-afrikanischem Lande geweht hatte. Der rote Adler schläft, sagte sich Conny, und ich muß ihn behüten und bewahren, bis ein-

---

3 Vgl.: Gründer: Geschichte der deutschen Kolonien, a. a. O., S. 15.
4 Vgl. zur Geschichte der Kolonie »Großfriedrichsburg«: van der Heyden, Ulrich: Rote Adler an Afrikas Küste. Die brandenburgisch-preußische Kolonie Großfriedrichsburg in Westafrika, Berlin ²2001 (zuerst 1993).
5 Lettenmair, J[osef] G[ünther]: Roter Adler auf weißem Feld. Roman der ersten deutschen Kolonie 1683-1717, Berlin 1938.

mal einer aus dem deutschen Lande kommt, der ein Anrecht darauf hat. Dann wird der Adler im jungen Morgen die Flügel heben und mit hellem Schrei gegen die Morgenröte und gegen die Sonne fliegen!«[6] Die sich hier abzeichnende Konstruktion ist charakteristisch für literarische Darstellungen des kolonialen Projektes in Deutschland: die Aufgabe der Kolonie wird als ein Kulturverlust für die kolonisierten Eingeborenen entworfen, die zudem diesen »Verlust« selbst als einen solchen empfänden und bedauerten. Dies ist ein typisches Merkmal zahlreicher Texte kolonialer Thematik, die zwischen 1918 und 1945 publiziert wurden und die der Titel eines zuerst 1935 erschienenen, zwei Jahre später im 17. Tausend nachgedruckten Reiseberichtes von Senta Dinglreiter auf eine Sehnsucht und Dringlichkeit suggerierende Formel brachte: »Wann kommen die Deutschen endlich wieder?«[7] Wenige Jahre später sollte Louise Diel – als wollte sie diese Frage bekräftigen – ihr Buch über den »Umbruch Afrikas« mit dem Ausruf »Die Kolonien warten!«[8] überschreiben. Beide Sätze könnten unmittelbar dem Munde jenes Königs Conny entsprungen sein, der – in die Finsternis des Urwaldes zurückkehrend, aus dem deutsche Kultur und deutsches Wesen ihn herausgeführt hatten – bereits die Rückkehr der zivilisatorischen Segen bringenden Erben des großen Kurfürsten herbeisehnte.

Doch sollten dessen Erben sich durchaus Zeit lassen, bis sie erneut Pläne faßten, den tiefschwarzen Urwald und seine Bewohner mit dem Segen deutschen Wesens zu beglücken. Denn der Beginn der Karriere eines Konzeptes kolonialer Expansion, nun jedoch gekoppelt an »nationale« Argumentationen, ja formuliert als nationaler und kultureller Auftrag,[9] ist für Deutschland erst mit den 1840er Jahren anzusetzen. Als Träger dieser Gedanken sind dabei insbesondere Liberale, Vertreter des Bildungsbürgertums[10] und die De-

---

6 Ebd., S. 520f.
7 Dinglreiter, Senta: Wann kommen die Deutschen endlich wieder, Leipzig (12.-17.Tausend) 1937.
8 Diel, Louise: Die Kolonien warten! Afrika im Umbruch, Leipzig 1939.
9 Vgl. hierzu: Dabag: National-koloniale Konstruktionen um 1900, a. a. O., S. 19-66.
10 Fröhlich: Imperialismus, a. a. O., S. 19. Die Rede von einem *Bildungsbürgertum* wirft begrifflich gewisse Probleme auf. Während man Arbeiterschaft und Wirtschaftseliten etwa problemloser über den Faktor des ökonomischen Kapitals sozial verorten kann, ist dies für das Bildungsbürger-

mokraten des Vormärz zu nennen.[11] Der Fokus des kolonialen Begehrens richtete sich zunächst nicht auf Gebiete in Afrika, sondern auf Regionen in Lateinamerika (Brasilien, Paraguay oder Uruguay), den Vorderen Orient und Gebiete östlich der Donau.[12] Im Zentrum dieser eher national-politisch argumentierenden Kolonialprojektionen stand, wie es der Ökonom und Publizist Friedrich List formulierte, die Idee, in überseeischen Siedlungskolonien deutsche Bevölkerungs- und Kapitalüberschüsse auffangen zu können, Absatzmärkte für deutsche Produkte und Quellen für Rohstoffe zu schaffen. Durch die Schaffung deutscher Siedlungskolonien sollte zudem der im ersten Drittel des 19. Jahrhunderts sprunghaft zunehmenden Auswanderung von Deutschen nach Südrußland, in die Vereinigten Staaten und auch nach Australien entgegengewirkt werden.[13]

Aber nicht allein ökonomische und bevölkerungspolitische Argumenten sind als Beflügelungen der deutschen Kolonialphantasien festzustellen. Gekoppelt waren diese an nicht minder virulente kulturmissionarische Argumentationen und ein vehementes deut-

tum des Kaiserreiches, das seine gesellschaftliche Position – auch in seinem Selbstverständnis – gerade nicht über ökonomisches Kapital einnahm, schwieriger. Der Begriff *Bildungsbürgertum* verbindet ja geradezu den Faktor Bildung mit dem einer Stellung im sozialen Gefüge: Die Position im »sozialen Raum« (vgl. Bourdieu, Pierre: Sozialer Raum und »Klassen« / Leçon sur Leçon. Zwei Vorlesungen, Frankfurt am Main ³1995) wird nicht über ökonomischen Erfolg sondern über Bildung eingenommen. Zur Verortung des Bildungsbürgertums als einer sozialen Gruppe ist es daher naheliegend, den Kapitalbegriff (oder genauer gesagt die Kapitalbegriffe) Bourdieus' zu nutzen (vgl. etwa Bourdieu, Pierre : »Ökonomisches Kapital – Kulturelles Kapital – Soziales Kapital«, in: ders.: Die verborgenen Mechanismen der Macht. Schriften zur Politik und Kultur 1, hrsg. von Margarethe Steinrücken, Hamburg 1992, S. 49-80): Das Bildungsbürgertum konstituiert sich im gesellschaftlichen Gefüge, indem es kulturelles Kapital (eben Bildung) akkumuliert und dieses in soziales Kapital transformiert. Das heißt, die Zugehörigkeit zum Bildungsbürgertum ist, aus seinem Selbstverständnis wie auch aus der Perspektive eines Beobachters, weniger sozio-ökonomisch denn sozio-kulturell dispositioniert. Es bedarf wohl kaum eines besonderen Hinweises, daß solche Transformationsprozesse weitaus komplizierter sind als oben dargestellt. Beispielsweise ist zum Erwerb kulturellen Kapitals ökonomisches Kapital vonnöten, etwa um Schul- oder Studiengelder bezahlen zu können, usw.

11 Gründer: Geschichte der deutschen Kolonien, a. a. O., S. 20.
12 Ebd., S. 19.
13 Fröhlich: Imperialismus, a. a. O., S. 18.

sches Sendungsbewußtsein, dem durchaus – wenn auch eher phantastisch anmutende – Großraumvisionen eingeschrieben waren. So verkündete Richard Wagner, seineszeichens Sächsischer Hofkapellmeister, am 15. Juni 1848 im Dresdener Vaterlandsverein: »Sind wir durch die gesetzkräftige Lösung der letzten Emanzipationsfrage zur vollkommenen Wiedergeburt der menschlichen Gesellschaft gelangt, geht aus ihr ein freies, allseitig zu voller Tätigkeit erzogenes neues Geschlecht hervor, so haben wir nun erst die Kräfte gewonnen, an die höchsten Aufgaben der Zivilisation zu schreiten, das ist [sic!]: Betätigung, Verbreitung derselben. Nun wollen wir in Schiffen über das Meer fahren, da und dort ein junges Deutschland gründen. Wir wollen es besser machen als die Spanier, denen die neue Welt ein pfäffisches Schlächterhaus, anders als die Engländer, denen sie ein Krämerkasten wurde. Wir wollen es deutsch und herrlich machen: vom Aufgang bis zum Niedergang soll die Sonne ein schönes, freies Deutschland sehen und an den Grenzen der Tochterlande soll, wie an denen des Mutterlandes, kein zertretenes unfreies Volk wohnen, die Strahlen deutscher Freiheit und deutscher Milde sollen den Kosaken und Franzosen, den Buschmann und Chinesen erwärmen und verklären. Seht Ihr, hier hat unser republikanisches Streben kein Ziel und Ende, rastlos dringt es weiter von Jahrhundert zu Jahrhundert zur Beglückung des ganzen großen Menschengeschlechtes!«[14] Der sich hier abzeichnende Beginn einer diskursiven Tradition siedlungspolitischer Kolonialentwürfe sollte, wie noch zu zeigen sein wird, nicht zuletzt als Dispositiv für die Argumentationen im Kontext der Kolonialkriege der Jahre nach 1904 fungieren.

So hatten koloniale Ideen auch in den 1850er und 1860er Jahren in Deutschland eine gewisse Virulenz, ohne daß es zu konkreten Projekten ihrer Verwirklichung gekommen wäre.

---

14 Wagner, Richard: Rede im Dresdener Vaterlandsverein am 15. Juni 1848. Zitiert nach: »... da und dort ein junges Deutschland gründen«. Rassismus, Kolonien und kolonialer Gedanke vom 16. bis zum 20. Jahrhundert, hrsg. von Horst Gründer, München 1999, S. 51.

3.2 Die Kolonialdiskussion im Kaiserreich und die Gründung kolonialistischer Interessenverbände

Eine neue Dimension kolonialer Entwürfe in Deutschland wird in der Geschichtsschreibung mit der Gründung des deutschen Nationalstaates im Jahr 1871 angesetzt. Horst Gründer hat darauf hingewiesen, daß bereits vor Beginn der Friedensverhandlungen mit Frankreich die Frage nach einer Kriegsentschädigung durch die Übernahme französischer Kolonien diskutiert wurde.[15] Allerdings sollte es noch mehr als ein Jahrzehnt dauern, bis das Deutsche Reich realiter den langersehnten »Platz an der Sonne« erhielt. Die Diskussion um die »Notwendigkeit einer kolonialen Expansion« des Reichs wurde einerseits mit Rekurs auf die von List und anderen bereits in den 1830er und 1840er Jahren formulierten bevölkerungspolitischen Argumentationen geführt, andererseits verbanden sich diese Argumente mit deutlich wirtschafts- und nationalpolitischen Visionen.

So ist die Kolonialdiskussion sicherlich nicht von der sogenannten Modernisierungskrise im letzten Drittel des 19. Jahrhunderts zu trennen. Die Jahrzehnte zwischen der Gründung des Deutschen Reiches 1871, insbesondere seit den 1890er Jahren, und dem Ausbruch des Ersten Weltkrieges im August 1914 waren gekennzeichnet durch starke ökonomische Veränderungen und soziale Verwerfungen. Die Industrialisierung zeigte ihre unaufhaltsamen Folgen in Form von rasantem Bevölkerungszuwachs,[16] Landflucht und Verstädterung, Technisierung aller Lebensbereiche (zunehmend auch des Alltages), Konzentrationsprozessen in der Wirtschaft, das heißt der Entstehung von Großbetrieben. Die Zahl der Industriearbeiter überstieg in diesen Jahren erstmals die Anzahl der Arbeiter in der Landwirtschaft. Nach einer ersten wirtschaftlichen Krise in den 70er und 80er Jahren (der sogenannten Großen Depression) konnte sich die deutsche Wirtschaft zwischen 1895 und 1913 einer anhal-

---

15 Gründer: Geschichte der deutschen Kolonien, a. a. O., S. 21.
16 Allein in den Jahren zwischen 1890 und 1913 wuchs die Bevölkerung im Deutschen Reich um 36 Prozent. Vgl.: Vondung, Klaus: Zur Lage der Gebildeten in der Wilhelminischen Zeit, in: Das Wilhelminische Bildungsbürgertum. Zur Sozialgeschichte seiner Ideen, hrsg. von Klaus Vondung, Göttingen 1976, S. 20-33, hier S. 20.

tenden Prosperität mit Produktionssteigerungen um mehr als 100 Prozent[17] erfreuen.

Die Arbeitnehmerschaft im industriellen Sektor wurde allein zahlenmäßig von einer gesellschaftlichen Randerscheinung zu einer zentralen Klasse und gewann so eine immer größere Bedeutung für den wirtschaftlichen Wohlstand im Reiche. Diese wirtschaftliche Bedeutung stand in drastischem Gegensatz zu den politischen Einflußmöglichkeiten, die ihr gewährt wurden. Die politischen Partizipationsmöglichkeiten der Arbeiterschaft wurden nicht etwa der gestiegenen ökonomischen Bedeutung angeglichen. Im Gegenteil: Der politische Faktor Industriearbeiter wurde von der Reichsregierung und den gesellschaftlichen Eliten[18] als Gefahrenpotential für den kaiserlichen Staat und die eigenen Privilegien erkannt, seinen politischen Organen, wie Gewerkschaften und der SPD, begegnete man repressiv.[19] Dennoch konnte die Sozialdemokratie ihren Sitzanteil im Reichstag immer weiter vergrößern und wurde bei den Reichstagswahlen im Jahr 1912 mit 110 Sitzen (das sind 27,7 Prozent der Reichstagsmandate)[20] stärkste Fraktion im Reichstag – ein Ergebnis, das in weiten Kreisen des Bürgertums als Katastrophe gewertet wurde.[21]

Für die Jahre 1890-1914 werden also eine ökonomische Progression und starke Verwerfungen im sozialen Gefüge festgestellt, welche zunächst allenfalls einen negativen Reflex im politischen System bewirkten. Regierung und Eliten versuchten nicht, die Arbeiterschaft in den Staat zu integrieren, sondern empfanden sie als Bedrohung, und waren bemüht, sie auszugrenzen, den Staat und seine politischen wie kulturellen Ideale gegen neue Einflüsse zu kon-

17 Ebd.
18 Bildungs-Bürgertum, Militär, Beamtenschaft, Kirchen (insbesondere die evangelische), großagrarische und industrielle Eliten. Vgl. zu diesem Komplex: Fischer, Fritz: Bündnis der Eliten. Zur Kontinuität der Machtstrukturen in Deutschland 1871-1945, Düsseldorf ²1985 (zuerst 1979), hier insbes. S. 11-33.
19 Etwa durch das »Sozialistengesetz« vom 21.10.1878, welches bis ins Jahr 1890 Bestand hatte.
20 Quelle: Grebing, Helga: Arbeiterbewegung. Sozialer Protest und kollektive Interessenvertretung bis 1914, München ²1987 (zuerst 1985), S. 199.
21 Chickering, Roger: Die Alldeutschen erwarten den Krieg, in: Bereit zum Krieg. Kriegsmentalität im wilhelminischen Deutschland 1890-1914, hrsg. von Jost Dülffer und Karl Holl, Göttingen 1986, S. 20-32, hier S. 26f.

servieren. So entstand gegen Ende des 19. und im frühen 20. Jahrhundert zunehmend ein Spannungsverhältnis zwischen einerseits ökonomisch-sozialer Wirklichkeit und andererseits politischer Wirklichkeit sowie kulturellem Ideal. Der Staat stützte sich weiterhin auf die gesellschaftlichen Eliten, wobei der kulturellen Elite, dem Bildungsbürgertum, eine wichtige konservative Funktion zukam.

In diesem Kontext wurde eine koloniale Expansion als notwendig empfunden, um der steigenden Bevölkerung Raum zu schaffen und zudem der deutschen Industrie Absatzmärkte und Rohstoffquellen zu eröffnen. Friedrich Fabri,[22] Leiter der Rheinischen Mission in Barmen und einer der bedeutendsten Kolonialagitatoren des frühen Kaiserreichs, sah – darin durchaus konventionell – die »soziale Frage« als die zentrale Frage des 19. Jahrhunderts. Pauperismus und zunehmender Bevölkerungsdruck machten für ihn die Etablierung einer gesteuerten Auswanderungspolitik zur Notwendigkeit, der Erwerb deutscher Kolonien wurde schlicht zum Moment der Lösung der »sozialen Frage«.[23] Diese, bis in die 1890er Jahre höchst virulenten Vorstellungen hat Hans-Ulrich Wehler mit dem Begriff »Sozialimperialismus« umschrieben.[24] Allerdings war die Kolonialagitation neben ihrer deutlichen Verbindung zur »sozialen Frage« bereits seit den 1870er Jahren mit explizit national- und identitätspolitischen Visionen verschränkt. Mit der Reichsgründung waren Fragen der außen- und weltpolitischen Stellung des deutschen Nationalstaates bedeutsam geworden. Mit Blick auf das Vorbild Großbritannien fand die Argumentation, eine deutsche Kolonialpolitik, der Erwerb von überseeischem Besitz sei eine notwendige Voraussetzung deutscher Weltpolitik, eine prominente Position. Nicht zuletzt sollte also der neuerworbene Status einer »Großmacht« mit weltpolitischen Ambitionen mittels überseeischer Besitzung manifestiert werden. In diesem Kontext wurden zudem Argumentationen virulent, die eine Verwirklichung der deutschen Nation von einer erfolgreichen Kolonialpolitik abhängig machten, ja die Kolonial- und Weltpolitik als notwendige

---

22 Vgl. zur Bedeutung Fabris: Bade, Klaus J.: Friedrich Fabri und der Imperialismus der Bismarckzeit. Revolution–Depression–Expansion, Freiburg 1975.
23 Fröhlich: Imperialismus, a. a. O., S. 27.
24 Vgl.: Wehler, Hans-Ulrich: Sozialimperialismus, in: Imperialismus, hrsg. von dems., a. a. O., S. 83-96.

Fortsetzung und Vollendung einer Politik der nationalen Einigung entwarfen.[25] So hatte Carl Peters, einer der prominentesten deutschen Kolonialagitatoren, 1885 programmatisch formuliert: »Die deutsche Kolonialbewegung ist die natürliche Fortsetzung der deutschen Einheitsbestrebungen. Es war nur natürlich, dass das deutsche Volk, nachdem es seine europäische Machtstellung auf den Schlachtfeldern von Königgrätz und Sedan emporgerichtet hatte, sofort das Bedürfnis empfand, nunmehr auch der elenden und zum Theil geradezu verächtlichen Stellung unserer Nation jenseits der Weltmeere ein Ende zu machen.«[26] Sicherlich erstaunt es wenig, daß ein Kolonialagitator wie Peters eine enge Zusammenbindung von National- und Kolonialpolitik postulierte. Allerdings steht Peters Vision keineswegs isoliert in der Diskurslandschaft des Kaiserreichs, und sie war auch keineswegs ausschließlich in explizit kolonial-engagierten Kreisen anschlußfähig. In der Freiburger Antrittsvorlesung Max Webers, der sicherlich nicht zu den genuinen Kolonialpropagandisten des Kaiserreichs gezählt werden muß, findet sich eine Passage, die durchaus mit Peters' Entwurf konvergiert. So konstatierte Weber: »Wir müssen begreifen, daß die Einigung Deutschlands ein Jugendstreich war, den die Nation besser unterlassen hätte, wenn sie der Abschluß und nicht der Ausgangspunkt einer deutschen Weltmachtpolitik sein sollte.«[27] Weber spricht in dieser Passage zwar nicht explizit von »Kolonialpolitik«, sondern von »Weltmachtpolitik«, die die Einigung der deutschen Nation erst rechtfertige und somit schließlich auch vollende. Allerdings wurden die Begriffe »Kolonialpolitik«, »Weltpolitik« und »Weltmachtpolitik« weitgehend synonym verwendet, so daß die Konnotation einer kolonialen Expansion in dieser Passage durchaus präsent ist. Der Begriff der »Kolonien«, so läßt sich formulieren, hatte in der kollektiven Rede in Deutschland durchaus auch eine sym-

---

25 Vgl. hierzu ausführlich: Dabag: National-Koloniale Konstruktionen um 1900, a. a. O.
26 Peters, Carl: Kolonial-Politische Korrespondenz 1, 1, 1885 (Berlin, 16. Mai 1885).
27 Weber, Max: Der Nationalstaat und die Volkswirtschaftspolitik. Akademische Antrittsrede, in: ders.: Gesammelte politische Schriften, hrsg. von Johannes Winckelmann, Tübingen ²1958, S. 1-25, hier S. 23. Vgl. zu einer Analyse und weiteren Einordnung Webers Dabag: National-Koloniale Konstruktionen um 1900, a. a. O., S. 37ff.

bolische Dimension: Er stand – jenseits ökonomischer Argumentationen – für die Fortsetzung und Vollendung nationaler Einigung und nationaler Identität und nicht zuletzt für die Machtstellung Deutschlands in der Welt.

Gegen Ende der 1870er Jahre hatte die Kolonialagitation mit der Gründung zahlreicher, zunächst regional organisierter Kolonialvereine schließlich auch institutionelle Träger gefunden. Vorläufer der Kolonialvereine werden dabei in verschiedenen geographischen Gesellschaften zur Erforschung Afrikas und anderer überseeischer Gebiete gesehen, wie etwa der 1878 aus dem Zusammenschluß der »Deutschen Gesellschaft zur Erforschung Afrikas« und der »Afrikanischen Gesellschaft in Deutschland« hervorgegangenen »Deutschen Afrikanischen Gesellschaft«. Im selben Jahr wurde in Berlin der »Centralverein für Handelsgeographie und Förderung deutscher Interessen« gegründet, der zunächst insbesondere die Interessen exportierender Unternehmer zu vertreten suchte. Auffällig ist allerdings, daß die Mitgliederstruktur des Vereins diesem Anliegen nicht zwangsläufig zu entsprechen scheint: Die Mitglieder rekrutierten sich zu einem erheblichen Anteil nicht aus Geschäftsleuten, sondern aus dem sogenannten Bildungsbürgertum.[28]

Als die in der Folge bedeutsamsten kolonialen Institutionen gelten jedoch zwei, zunächst miteinander in Konkurrenz stehende Organisationen: Der 1882 gegründete »Deutsche Kolonialverein« und die 1884 von Carl Peters gegründete »Gesellschaft für deutsche Kolonisation«, die sich schließlich 1887 zur einflußreichen »Deutschen Kolonialgesellschaft« zusammenschließen sollten. Dabei waren die beiden Vereine mit durchaus unterschiedlichen Zielsetzungen gegründet worden: Der »Deutsche Kolonialverein«, der 1883 weniger als 2.000, im folgenden Jahr allerdings bereits mehr als 9.000 Vereinsmitglieder zählte, hatte es sich insbesondere zur Aufgabe gesetzt, den kolonialen Gedanken im Kaiserreich populär zu machen. Dagegen verfolgte Peters mit seiner Gesellschaft die Absicht, konkrete Kolonisationsprojekte zu verfolgen und diese möglichst kurzfristig in die Tat umzusetzen. Die Zusammensetzung der Mitgliederschaft der beiden Vereine differierte deutlich: Während der »Deutsche Kolonialverein« überwiegend von Personen aus dem

---

28 Gründer: Geschichte der deutschen Kolonien, a. a. O., S. 40.

Besitz- und Bildungsbürgertum getragen wurde, rekrutierten sich die Mitglieder von Peters »Gesellschaft« aus mittelständischen Unternehmern, Kaufleuten, Offizieren und Beamten. Während die Kolonialpropaganda des »Kolonialvereins« eine vorwiegend wirtschaftspolitische Ausrichtung zeigte und zudem an die virulente Diskussion um die »Auswanderungsfrage« anschloß, argumentierte die »Gesellschaft für deutsche Kolonialpolitik« extrem nationalistisch und legitimierte den kolonialen Anspruch mit einem sozialdarwinistisch programmierten Rassismus.

Nach dem Zusammenschluß der beiden Organisationen zur »Deutschen Kolonialgesellschaft« verlief die Mitgliederentwicklung rasant: Im Jahr der Fusion (1887) zählte sie knapp 15.000 Mitglieder, am Vorabend des Ersten Weltkriegs waren es mehr als 42.000. Das Gros der Mitglieder stellten »nichtkapitalwirtschaftlich gebundene Gesellschaftsschichten«, insbesondere das Bildungsbürgertum und die Beamtenschaft.[29]

3.3 Die Verwirklichung des kolonialen Programms

Die Verwirklichung des nunmehr seit nahezu einhundert Jahren in kollektiver Rede in Deutschland präsenten kolonialen Begehrens wird als überaus zögerlich angesehen. Als ausschlaggebend wird hierfür die zurückhaltende und kolonialskeptische Position des Reichskanzlers Otto von Bismarck eingeschätzt, der durch mögliche überseeische Konkurrenzen mit anderen europäischen Mächten eine Belastung des von ihm verfolgten stabilen europäischen Machtgefüges mit deutscher Dominanz auf dem Festland befürchtete. Doch zeigten die Aktivitäten deutscher Forschungsreisender wie Heinrich Barth (1821-1865) oder Alfred Edmund Brehm (1829-1884), die sich Mitte des 19. Jahrhunderts an größeren Expeditionen beteiligt hatten, sowie Aktivitäten verschiedener deutscher Missionsgesellschaften, insbesondere der Rheinischen Missionsgesellschaft, die ebenfalls bereits vor 1850 ihre Arbeit in Gebieten nordwestlich der englischen Kapkolonie aufgenommen hatte, zunehmend Auswirkung und erhöhten den Druck auf die Reichsregierung, ihre kolonialpolitische Abstinenz aufzugeben. So erbat die

---

29 Gründer: Geschichte der deutschen Kolonien, a. a. O., S. 43.

Rheinische Mission, deren Arbeit im späteren Schutzgebiet Südwestafrika sich zuvorderst auf die Missionierung zweier miteinander konkurrierender Bevölkerungsgruppen – der in den südlichen Regionen ansässigen Nama und der in den nördlichen Regionen lebenden Herero – richtete, den förmlichen Schutz der Reichsregierung, als die Konkurrenzen zwischen den Herero und Nama zunehmend kriegerischen Charakter annahmen. Die Reichsregierung leitete das Ersuchen der Rheinischen Mission jedoch zunächst an die britische Regierung weiter, die allerdings durch ihren Außenminister Granville feststellen ließ, daß Großbritannien sich außerstande sehe, dem Schutzersuchen nachzukommen und – abgesehen von der Walfischbucht – keine Verantwortung nordwestlich der Kapkolonie übernehmen wolle.

Ein weiteres Schutzersuchen erhielt die Reichsregierung im Jahr 1882. Im November des Jahres trat der Bremer Tabakhändler Alfred Lüderitz (1834-1886) an das Auswärtige Amt heran und erbat den Schutz des Reiches für eine Handelsniederlassung, die er südlich der Walfischbucht einzurichten beabsichtigte. Auch in diesem Fall reagierte die Reichsregierung zunächst zögerlich. Bismarck ließ erst im Februar des folgenden Jahres die britische Regierung über die Absichten von Lüderitz informieren und verband dies wiederum mit der Anfrage, ob das Empire bereit sei, das Protektorat für die Aktivitäten des Bremer Kaufmanns zu übernehmen beziehungsweise über Souveränitätsrecht im bezeichneten Gebiet verfüge. Nach anfänglich ausweichenden Reaktionen aus London entsprach schließlich die Antwort des britischen Außenministers im November 1883 auf eine erneute Anfrage der Reichsregierung der britischen Haltung zu dem früheren Schutzerbeten der Rheinischen Mission. Allerdings war die Antwort diesmal mit einer Frage nach der exakten geographischen Lage der geplanten Handelsniederlassung sowie der Bemerkung verbunden, daß das Empire zwar – abgesehen von dem kleinen Gebiet um die Walfischbucht und die Inseln von Angra Pequera – keine Souveränitätsrechte für das sich zwischen der Kapkolonie im Süden und dem portugiesischen Angola im Norden erstreckende Gebiet erklärt habe, doch Souveränitäts- und Jurisdiktionsansprüche fremder Mächte für dieses

Gebiet als Eingriff in die legitimen Rechte des britischen Empire betrachten würde.[30]

Lüderitz, der bereits im Frühjahr 1882 Teile einer Handelsniederlassung im westafrikanischen Lagos (Goldküste) erworben hatte, war in der Zwischenzeit nicht untätig geblieben, sondern hatte im Mai 1883 durch einen Bevollmächtigten einen Vertrag mit dem Namakapitän Joseph Frederiks in Bethanien schließen lassen und die Bucht von Angra Paquera (das spätere »Lüderitz-Bucht«) erworben. Durch einen zweiten Vertrag erwarb er im August desselben Jahres zudem einen 20 Meilen breiten Küstenstreifen von der Mündung des Oranjeflusses bis zum 26. Grad südlicher Breite.[31] Diese von Lüderitz geschaffenen Fakten sowie die britische Haltung hinsichtlich der Souveränitätsrechte, die Bismarck als rechtlich unbegründet und anmaßend empfand, bewegten die Reichsregierung schließlich dazu, die von Lüderitz erworbenen Territorien am 24. April 1884 offiziell unter den Schutz des Reiches zu stellen. Damit wurden nicht nur die mehrmonatigen diplomatischen Verhandlungen zwischen Großbritannien und dem Deutschen Reich sowie eine realpolitische koloniale Abstinenz Deutschlands beendet, sondern zugleich war hiermit der Startschuß für ein breites und schnelles Engagement des Deutschen Reiches in Übersee gefallen. Bereits Anfang Juli 1884, kaum drei Monate nach der Proklamation des Reichsschutzes für die Gebiete in Südwestafrika, erklärte der Reichskommissar Gustav Nachtigal den Schutz des Reiches für die Togogebiete, am 14. Juli folgte, ebenfalls durch Nachtigal, die Proklamation für Kamerun. Als letztes afrikanisches Gebiet wurden die von Carl Peters und seiner »Gesellschaft für deutsche Kolonisation« erworbenen Gebiete in Ostafrika am 27. Februar 1885 unter den Schutz des deutschen Reiches gestellt.

Neben den afrikanischen »Erwerbungen« stellte das Reich zudem am 17. Mai 1885 Gebiete in der Südsee, nämlich die von der »Neu Guinea Compagnie« erworbenen Gebiete, unter seinen Schutz. Schließlich wurde Kiautschou – nach der Ermordung zweier deutscher katholischer Missionare in China am 14. November 1897 von

---

30 Vgl. hierzu Fröhlich: Imperialismus, a. a. O., S. 37.
31 Gründer: Geschichte der deutschen Kolonien, a. a. O., S. 80.

deutschen Truppen besetzt – am 6. März 1898 durch einen für 99 Jahre gültigen Pachtvertrag mit China deutsche Kronkolonie.

3.4 Die Kolonie »Deutsch-Südwestafrika« bis zum »Hererokrieg«

Der Geschichte des sogenannten Schutzgebiets Deutsch-Südwestafrika kommt nicht allein deshalb besondere Bedeutung zu, da die Deutung der Geschehnisse, die sich in dieser Kolonie zutrugen, im Zentrum der im folgenden zu verhandelnden Texte stehen, sondern auch, weil diese Kolonie im Zentrum der kolonialpolitischen und kolonialpropagandistischen Diskurse des Deutschen Kaiserreichs, insbesondere seit den 1890er Jahren, stand. Das Schutzgebiet »Deutsch-Südwestafrika« war zudem die einzige deutsche Kolonie, für die ein umfangreicheres Siedlungsprogramm entworfen wurde und – wenn auch, wie noch zu zeigen sein wird, in relativ bescheidenem Umfang – realisiert werden sollte. Hier schienen die bevölkerungs-, sozial- und identitätspolitischen Argumentationen, die, wie bereits erwähnt, die deutsche Kolonialdebatte seit dem frühen 19. Jahrhundert mitbestimmt hatten, ihre größte Wirkung zu entfalten – und gerade die siedlungs- und identitätspolitischen Aspekte haben entscheidende Bedeutung für die »Eingeborenenpolitik« in jener Kolonie,[32] für die Legitimation radikaler Methoden bei der Niederschlagung der »Aufstände« der Jahre 1904-1907 und für die Sinndeutungen des Kolonialkriegs, wie sie anhand literarischer Codierungen des Geschehens nach 1904 nachgezeichnet werden sollen.

Dabei schien dem »kolonialen Abenteuer« in Südwestafrika zunächst wenig Erfolg beschieden zu sein. Zwar hatte Adolf Lüderitz in mehreren Expeditionen Kaufverträge mit verschiedenen *Chiefs* abschließen können und ein Gebiet von circa 580.000 Quadratkilometern zwischen dem Kunene im Norden und dem Oranje im Süden (ausgeschlossen blieb die weiterhin britische Walfischbucht) erwerben können – ein Gebiet mit nahezu 200.000 Einwohnern. Allerdings waren die Hoffnungen, Rohstoffquellen – insbesondere Diamanten oder Gold – zu erschließen, enttäuscht worden, so daß seine

---

32 Vgl. hierzu Zimmerer: Der koloniale Musterstaat?, a. a. O., S. 26-44.

weitgehend aus Privatvermögen finanzierte Unternehmung bald vor dem Bankrott stand.[33] Nicht nur Lüderitz' ökonomische Bestrebungen stießen früh an ihre Grenzen: Bereits zuvor war sein an die geschilderten bevölkerungspolitischen Argumentationen anschließendes Anliegen, den südwestafrikanischen Besitz bis zum indischen Ozean hin auszudehnen, um so eine das südliche Afrika von der West- bis an die Ostküste einschließende deutsche Siedlungskolonie zu schaffen,[34] nicht allein am britischen Widerstand gescheitert, sondern auch am Widerstand des Reichskanzlers. Schließlich sah Lüderitz sich gezwungen, seine südwestafrikanischen Besitzungen an die im April 1885 gegründete »Deutsche Kolonialgesellschaft für Südwestafrika« zu verkaufen.

Bismarcks Hoffnungen, diese Gesellschaft würde unter formellem Protektorat des Reiches die Hoheitsrechte im Schutzgebiet ausüben, um so das koloniale Engagement des Reiches auf ein Minimum reduzieren zu können, wurden allerdings enttäuscht. Ganz im Gegenteil war zunehmend deutlich geworden, daß sich das Reich deutlich stärker, als von Bismarck beabsichtigt, in der Kolonie würde engagieren und die Verwaltung selbst übernehmen müssen. So wurde bereits 1885 ein Reichskommissar für das Schutzgebiet eingesetzt. Im Mai des Jahres traf Dr. Heinrich Göring, der Vater Hermann Görings, als erster »Reichskommissar« in Südwest ein. Nur zwei Jahre später wurde eine militärische Präsenz in der »Kolonie« etabliert, eine Schutztruppe, die zunächst als Forschungsexpedition etikettiert wurde, kaum mehr als 20 Mann umfaßte, und dem Hauptmann Curt von François (1852-1931) unterstellt wurde, der im März 1891 Göring als Reichskommissar ablösen sollte und zwischen November 1893 und März 1894 das Amt des Landeshauptmanns innehatte.

Auch wenn die Effizienz dieser Schutztruppe zunächst überaus gering war – als es etwa im Herbst 1888 aufgrund der Behandlung der Afrikaner durch die Deutschen im Norden des Schutzgebietes zu ersten Unruhen der Herero kam, sahen sich Reichskommissar Göring und die Vertreter der »Deutschen Kolonialgesellschaft für Südwestafrika« gezwungen, britischen Schutz zu suchen und flüch-

---

33 Vgl. hierzu Gründer: Geschichte der deutschen Kolonien, a. a. O., S. 79f.
34 Ebd., S. 103.

teten in die Walfischbucht –, so war ihre Einrichtung doch von großer symbolischer Evidenz, da sie einen wichtigen Schritt zur Etablierung eines unmittelbaren Engagements des Reiches in der Kolonie und zur Einrichtung einer direkten Herrschaft im Schutzgebiet darstellte.[35] Insbesondere Helmut Bley hat in seiner grundlegenden Studie zur »Kolonialherrschaft und Sozialstruktur in Deutsch-Südwestafrika«[36] darauf hingewiesen, daß mit dem Scheitern der Lüderitzschen Visionen einer Handelskolonie sowie eines von Südwestafrika ausgehenden Zugriffs des Deutschen Reiches nach Innerafrika und – was zunächst paradox anmutet – der Enttäuschung schnellen ökonomischen Erfolges durch das Auffinden von Mineralienressourcen eine Beschleunigung der verwaltungs- und siedlungspolitischen Durchdringung des Schutzgebietes selbst einsetzte: das heißt, die Reichsregierung sah sich zunehmend gezwungen, ihren »Protektoratsanspruch auch politisch und staatsrechtlich auszufüllen.«[37]

Die deutsche Herrschaft im Schutzgebiet Deutsch-Südwest muß für den Zeitraum bis zur Mitte der 1890er Jahre als überaus labil bezeichnet werden. Zwar waren 1890 durch ein Grenzabkommen mit Großbritannien und Portugal die Interessen- und Einflußsphären der europäischen Mächte im südwestlichen Afrika abgesteckt worden, doch war den Versuchen einer Sicherung des deutschen Einflusses durch sogenannte, oftmals »unter Druck und vagen Versprechungen«[38] zustandegekommene Schutzverträge mit den verschiedenen indigenen Bevölkerungsgruppen nur wenig Erfolg beschieden. Während sich die Nama Schutzverträgen gegenüber überaus skeptisch zeigten und die größte Bevölkerungsgruppe, die im Grenzgebiet zum portugiesischen Angola ansässigen Ovambo, überhaupt erst nach dem Krieg der Jahre 1904-1907 zu einem Abkommen mit den deutschen Kolonisatoren bewegt werden konnte, hatten anfangs allein die Herero – sich Unterstützung in ihren Auseinandersetzungen mit den Nama erhoffend – solchen Schutzabkommen zugestimmt, kündigten diese allerdings bereits 1888 wieder auf und schlossen 1890 einen neuen Vertrag. Neben der Ent-

---

35 Ebd., S. 81f.
36 Bley: Kolonialherrschaft und Sozialstruktur in Deutsch-Südwestafrika, a. a. O.
37 Ebd., S. 14f.
38 Ebd., S. 21.

täuschung der an den Erwerb der Kolonie gebundenen ökonomischen Hoffnungen waren es insbesondere diese Schwierigkeiten der Einfluß- und Herrschaftssicherung, die im Reich Stimmen laut werden ließen, die Kolonie Südwest – die, so nun die Rede, aufgrund ihrer Kargheit auch nicht als Siedlungs- und Ackerland geeignet sei – als wertlos aufzugeben. Allerdings sollte dieses Argument, wie weiter unter zu zeigen sein wird,[39] in der Kolonialliteratur eine entscheidende Umcodierung erfahren: Dort wird die »Kargheit« gerade als ideale Bedingung für deutsche Kultur- und Siedlungsarbeit entworfen, als Möglichkeit zur Bewährung und Erfüllung.

Entgegen der Forderung, die Kolonie aufzugeben, legte sich Reichskanzler von Caprivi, der im Jahr 1890 Bismarck abgelöst hatte und selbst, anders als sein Vorgänger, durchaus (wenn auch gemäßigte) koloniale Ambitionen hegte, nicht zuletzt auch aufgrund des Drucks der Kolonialbewegung am 1. März 1893 im Deutschen Reichstag auf den Erhalt des Schutzgebietes und eine auf diesen Erhalt ausgerichtete Politik fest[40] und initiierte damit eine neue Phase deutscher Kolonialpolitik im Schutzgebiet Südwestafrika. Verbunden war diese Erklärung nämlich mit einer Kritik an der Politik des amtierenden Reichskommissars v. François, der nach dem Scheitern seiner Schutzvertragspolitik mit den Witbooi-Namas versucht hatte, deren Unterwerfung unter die deutsche »Schutzherrschaft« militärisch zu erzwingen – aber, nicht zuletzt aufgrund seiner bescheidenen militärischen Machtmittel, gescheitert war.

Den Auftrag zu einer nichtmilitärischen Herrschaftssicherung im Schutzgebiet und zur dauerhaften Befriedung der Auseinandersetzungen zwischen den Herero und Nama erhielt Theodor Leutwein (1849-1923), der am 1. Januar 1894 im Schutzgebiet eintraf, im März desselben Jahres François als Reichskommissar ablöste und schließlich im April 1898 erster Gouverneur des Schutzgebietes wurde, ein Amt, das er bis 1905 ausüben sollte. Das Jahr 1893 bezeichnet somit eine Wende in der deutschen Politik in Südwestafrika: Die Regierung übernahm endgültig selbst die Verwaltung der Kolonie.

39 Vgl. hierzu ausführlich weiter unten das Kapitel *Koloniale Entwürfe von (kollektiver) Identität*.
40 Bley: Kolonialherrschaft und Sozialstruktur in Deutsch-Südwestafrika, a. a. O., S. 18.

Leutweins Politik, in der Kolonialgeschichtsschreibung als »System Leutwein« bezeichnet, war gekennzeichnet von einer Strategie des »divide et impera«.[41] Leutwein vermochte es trotz geringer finanzieller und personeller Mittel, die deutsche Kontrolle in der Kolonie zunehmend zu stärken, indem es ihm gelang, Verträge mit regionalen Chiefs abzuschließen und einzelne, verfeindete Gruppen gegeneinander auszuspielen. Sein Kalkül, nicht durch eine Schwächung, sondern durch die Stärkung regionaler Chiefs ihre Bindung an die deutschen Kolonialherren zu erreichen und gleichzeitig widerständigen Gruppen mit gezielter militärischer Gewalt entgegenzutreten, war zunächst durchaus erfolgreich. Wichtigste Bündnisfigur in Leutweins System wurde der Herero-Chief Samuel Maharero (1854-1923),[42] der sich durch das Bündnis mit Leutwein eine Stärkung seiner Position als »Oberhäuptling« der Herero versprach.

Allerdings war auch Leutweins Politik zuvorderst auf die Stärkung und Sicherung des deutschen Einflusses sowie auf eine Umverteilung des Land- und Viehbesitzes zugunsten deutscher Siedler und Farmer ausgerichtet, die ab 1893 auch gezielt angeworben worden waren. So stieg die Zahl der in Südwestafrika ansässigen »Weißen« in der Zeit zwischen 1891 und 1914 deutlich an: Waren 1891 gerade 539 »Weiße« im Schutzgebiet gezählt worden, so hatte sich die Zahl bis zum Jahr 1896 auf über 2.000 beinahe vervierfacht und stieg bis ins Jahr 1904 auf mehr als 4.500[43] – wobei sich die Zahl der Farmer allein in den Jahren 1899 bis 1903 verdreifachte.[44] Für das Jahr 1913 gab der Geograph und Klimatologe Karl Dove die Zahl von 13.962 im Schutzgebiet Deutsch-Südwestafrika lebender Weißer an,[45] was gegenüber dem Jahr 1904 eine Verdreifachung, gegenüber dem Jahr 1891 eine Versiebenfachung bedeutet.

Mit der zunehmenden Ansiedlung von »Weißen« und durch die Gründung raumgreifender Farmen deutscher Siedler nahm zugleich der Druck auf die indigene Bevölkerung zu, insbesondere

---

41 Zum »System Leutwein« vgl. ausführlich ebd., S. 18-73.
42 Zur Biographie von Samuel Maharero vgl.: Pool, Gerhard: Samuel Maharero, Windhoek 1991.
43 Gründer: Geschichte der deutschen Kolonien, a. a. O., S. 116.
44 Drechsler: Südwestafrika unter deutscher Kolonialherrschaft. Der Kampf der Herero und Nama gegen den deutschen Imperialismus (1884-1915), a. a. O., S. 141.
45 Dove, Karl: Die Deutschen Kolonien. Bd. IV: Südwestafrika, a. a. O., S. 64.

auf die im Zentrum des Landes lebende Herero-Gesellschaft. Die von den deutschen Kolonisatoren vorgefundene nomadisch lebende Herero-Gesellschaft[46] basierte vornehmlich auf der Rinderhaltung. Die Rinderherden stellten für die Herero nicht allein ein Symbol für Wohlstand dar, sondern das Rind stand zudem im Zentrum des kulturellen Lebens der Gesellschaft.[47] Eine politische Zentralgewalt war den lokal organisierten Herero-Gruppen zunächst ebenso fremd wie die Vorstellung eines verhandelbaren Besitzes von Land. Grenzziehungen gewannen in der Vorstellungswelt der Herero im Verlauf des 19. Jahrhunderts erst im Kontext ihrer Auseinandersetzungen mit den Nama und später im Aufeinandertreffen mit der deutschen Kolonialmacht an Bedeutung: Zuvor hatten »nicht Grenzen, sondern Wasserstellen und Brunnen die imaginäre Landkarte« der Herero strukturiert.[48] Gerade die Flexibilität der genutzten Weideflächen und die nomadischen Wanderungen der Herero erweckten unter den »Weißen« die Vorstellung, ein weitgehend brachliegendes »Niemandsland« zu kolonisieren und zu kultivieren.[49] Im Aufeinandertreffen mit den Kolonisten war in der Herero-Gesellschaft erstmals auch der Versuch unternommen worden, eine Zentralgewalt zu etablieren: Unter dem Eindruck der Landverkäufe der Nama an Lüderitz und andere Kolonisten hatte Maharero Tjamuaha, der Vater Samuel Mahareros, in einer Proklamation, in der er sich zum »König von Hereroland« erklärte, seinen territorialen Einflußbereich abgesteckt, um so das Land vor den Koloni-

---

46 Auf eine detaillierte, etwa ethnographisch (und politisch) korrekte Darstellung der Herero-Gesellschaft soll im folgenden verzichtet werden. Vgl. hierzu Henrichsen, Dag: Herrschaft und Identifikation im vorkolonialen Zentralnamibia: das Herero- und Damaraland im 19. Jahrhundert, Hamburg (Univ. Diss.) 1997
47 Vgl. hierzu: Krüger: Kriegsbewältigung und Geschichtsbewußtsein, a. a. O., S. 33ff.; dies.: Das goldene Zeitalter der Viehzüchter. Namibia im 19. Jahrhundert, in: Völkermord in Deutsch-Südwestafrika. Der Kolonialkrieg (1904-1908) in Namibia und seine Folgen, a. a. O., S. 13-26.
48 Krüger: Kriegsbewältigung und Geschichtsbewußtsein, a. a. O., S. 35.
49 Geradezu programmatisch formuliert findet sich diese Vorstellung im Titel einer 1930 erschienenen Geschichte der deutschen Kolonisation in Südwestafrika, die anhand der Entwicklung der Kaiserlichen Landespolizei für »Deutsch-Südwest« erzählt wird: Rafalski, Hans: Vom Niemandsland zum Ordnungsstaat. Geschichte der ehemaligen Kaiserlichen Landespolizei in Deutsch-Südwestafrika, Berlin 1930.

sten zu schützen.⁵⁰ Allerdings sollte sein Sohn Samuel Maharero, wie bereits erwähnt, zunächst eine durchaus gegensätzliche Politik verfolgen: In der Hoffnung, die eigene Position als »Oberhäuptling aller Herero« zu stärken, verfolgte er gerade eine enge Bündnispolitik mit den deutschen Kolonialherren, denen er zudem bereitwillig Nutzungsrechte für das Land abtrat.⁵¹

In der geschilderten Konstellation zeichnet sich somit ein grundsätzlicher Interessengegensatz zwischen der traditionellen Herero-Gesellschaft und den Siedlern ab, insbesondere da der Verkauf von Land im Widerspruch steht zu den traditionellen Selbstbildern der Herero. Die Situation verschärfte sich, als durch eine von Südafrika auf das Schutzgebiet übergreifende Rinderpest im Jahr 1897 große Teile der Herero zunehmend verarmten und sich in der Folge zum Verkauf weiter Landstriche gezwungen sahen. Helmut Bley deutete diese Entwicklung, die schließlich auch zentral zum »Aufstand« des Jahres 1904 beitragen sollte, als »kulturelle Krise der Herero«, da der Verlust der Herden nicht allein wirtschaftliche Folgen gehabt, sondern »wesentlich in die Gesamtordnung der Herero« eingegriffen und zu einer politischen und kulturellen Verunsicherung geführt habe.⁵²

Die Kolonialverwaltung deutete die Folgen der Rinderpest allerdings weitgehend positiv, da sie den politischen Zielsetzungen Leutweins entgegenkamen:⁵³ Landerwerb wurde nun auch mitten im Hererogebiet möglich, Herero waren aufgrund der zunehmenden Verarmung nun erstmals zur Lohnarbeit auf den Farmen der »Weißen« bereit,⁵⁴ die traditionelle Organisation und die Eigenständigkeit der Herero zeigte sich geschwächt. Die Kolonisatoren traten der »eingeborenen« Bevölkerung gegenüber nun mit einem »neuen Selbstbewußtsein«⁵⁵ auf: Mißhandlungen, Mord und Vergewaltigungen nahmen zu, zur Eintreibung von Schulden pfändeten Händler eigenmächtig Viehbestände. Die Situation verschärfte sich noch

---

50 Krüger: Kriegsbewältigung und Geschichtsbewußtsein, a. a. O., S. 40.
51 Ebd., S. 41.
52 Bley: Kolonialherrschaft und Sozialstruktur in Deutsch-Südwestafrika, a. a. O., S. 160ff.
53 Ebd., S. 169f.
54 Gründer: Geschichte der deutschen Kolonien, a. a. O., S. 116.
55 Bley: Kolonialherrschaft und Sozialstruktur in Deutsch-Südwestafrika, a. a. O., S. 176.

einmal nach der Kreditverordnung aus dem Jahr 1903, nach der die Frist für die Verjährung von Krediten auf ein Jahr festgesetzt wurde und die Händler begannen, die Eintreibung der Schulden mit Gewalt zu forcieren, um Verluste zu vermeiden.[56] In der Folge dieser Entwicklungen begann erstmals eine Abwanderung einzelner Herero-Gruppen über die Grenzen des Schutzgebietes, insbesondere ins britische Betschuanaland.[57]

Allerdings hatte die Rinderpest nicht nur die Viehbestände der »Eingeborenen« dezimiert, sondern auch die Viehbestände der »weißen« Farmer, so daß sich mit dem Jahr 1897 auch aus der Perspektive der Kolonialmacht ein Einbruch in der wirtschaftlichen Entwicklung feststellen läßt. Während die Jahre nach 1897 von den Herero, wie oben gezeigt, als Phase einer andauernden Krise begriffen wurden, erschienen die Jahre zwischen 1897 und 1903 aus der Perspektive der deutschen Kolonialverwaltung und der Siedler als Phase einer zunehmenden Pazifizierung der Kolonie, einer Sicherung des deutschen Herrschaftseinflusses, einer infrastrukturellen Erschließung des Landes durch den Bau von Eisenbahntrassen und schließlich eines wirtschaftlichen Aufschwungs und relativer Prosperität[58] – selbst wenn all diese Entwicklungen auf einem bescheidenen Level stattfanden.

Während dieser Aufschwung die Deutschen dazu ermutigte, die Kolonisation nun mit einem »neuem Selbstbewußtsein« voranzutreiben, verstärkten die Entwicklungen auf seiten der Herero »Lethargie und Resignation«.[59] Denn die infrastrukturelle Erschließung des Landes und der wirtschaftliche Aufschwung bedeuteten neben der durch die Rinderpest ausgelösten Krise weiteren Druck auf die Herero-Gesellschaft. So hatte die Kolonialregierung in Verhandlungen mit dem »Oberhäuptling« Samuel Maharero eine entschädigungslose Abtretung breiter Landstriche für den Bau der Eisenbahnlinien Swakopmund-Windhuk und einer von der Otavi Minen- und Eisenbahngesellschaft geplanten Bahnlinie erreicht, die quer durch das traditionelle Siedlungs- und Weidegebiet der He-

---

56 Günder: Geschichte der deutschen Kolonien, a. a. O., S. 117.
57 Bley: Kolonialherrschaft und Sozialstruktur in Deutsch-Südwestafrika, a. a. O., S. 168.
58 Ebd., S. 169-175.
59 Ebd., S. 176.

rero führen sollte.⁶⁰ Da Leutwein befürchtete, daß es aufgrund der zunehmenden Landverluste der Herero zu Unruhen kommen könnte, begann die Kolonialregierung – unterstützt von den Missionsgesellschaften – mit der Planung von »Eingeborenen«-Reservaten. Im Vordergrund stand dabei das Argument, die »Eingeborenenbevölkerung« vor übermäßigen Landverkäufen aufgrund der zunehmenden Verarmung zu schützen. Doch manifestierte sich in dieser Umorientierung ein verändertes Selbstverständnis der Kolonialmacht, ein veränderter Begriff des verfügbaren Raumes und – wie Gesine Krüger anmerkt – eine »grundlegende Änderung der Machtverhältnisse«:⁶¹ War das Land zuvor, zumindest vordergründig, »Besitz« der Eingeborenen gewesen, den Siedler und Kolonialverwaltung erwerben mußten, so wurde ihnen nun von der Kolonialverwaltung ein »geschützter Lebensraum« zugewiesen.

In der Entmachtung der Herero durch Kreditverordnungen und den Bau der Eisenbahnlinien, im Landverlust und in den Reservatsplänen sowie in der exponentiellen Zunahme der Übergriffe von Kolonisten gegenüber den »Eingeborenen« müsse, so stellt Gesine Krüger fest, die »Ursache des Krieges«, der im Jahr 1904 begann und bis 1907 andauern sollte, gesehen werden.⁶²

3.5 Der Kolonialkrieg 1904-1907 und der Völkermord an den Herero

Die Ereignisse der Jahre 1904/05 in Südwestafrika zeigen ein komplexes Bild unterschiedlicher Gewaltstrukturen auf: In der Nacht vom 11. zum 12. Januar 1904 hatten die Herero in Südwestafrika den Aufstand gegen die deutsche Kolonialherrschaft begonnen: mit der Zerstörung der Bahnlinie Swakopmund-Windhuk und von Telegraphenleitungen sowie mit Überfällen auf Farmen deutscher Ansiedler und der Ermordung der dort angetroffenen erwachsenen deutschen Männer – die Zahl der Getöteten wird zumeist auf 123 beziffert (Frauen und Kinder, Missionare sowie englische und burische Farmer wurden verschont). Es folgte die Belagerung der wichtigsten Ortschaften des Schutzgebiets, darunter auch der Hauptstadt Wind-

---

60 Krüger: Kriegsbewältigung und Geschichtsbewußtsein, a. a. O., S. 42.
61 Krüger: Kriegsbewältigung und Geschichtsbewußtsein, a. a. O., S. 43.

huk.⁶³ Der Zeitpunkt war insofern »gut« gewählt, als sich Gouverneur Theodor Leutwein mit einem Großteil der sogenannten Schutztruppe weit entfernt im Süden der Kolonie befand, um eine – wie es hieß – »lokale Unruhe« der Bondelswarts-Nama niederzuschlagen.

Zur Niederschlagung des »Herero-Aufstandes« verfolgte Leutwein zunächst eine Strategie der Verhandlung und Deeskalation, die allerdings nicht von Erfolg gekennzeichnet war, zumal diese Strategie bei den Siedlergesellschaften nur wenig Unterstützung fand. So wurde Leutwein bereits am 9. Februar des Jahres aus Berlin mitgeteilt, daß er die militärischen Operationen nicht weiter zu leiten hätte, sondern der Große Generalstab in Berlin selbst die Leitung des Feldzugs gegen die Herero übernommen habe.⁶⁴ Das Kommando der Schutztruppe wurde übertragen an Generalleutnant Lothar von Trotha, der sich bereits bei der Niederschlagung des Wahehe-Aufstandes in Deutsch-Ostafrika (1894-1897) und den Kämpfen in China (1900) den Ruf militärischer Unnachgiebigkeit und Brutalität erworben hatte.⁶⁵ Trotha war der Überzeugung, daß die Kämpfe in Deutsch-Südwest »der Anfang eines Rassenkampfes«⁶⁶ seien, der nur mit »Strömen von Blut und Strömen von Geld«⁶⁷ entschieden werden könne. Sein Ziel war es, die Herero in einer entscheidenden Schlacht zu vernichten. Nach mehreren kleineren Gefechten fand am 11. August 1904 am Waterberg eine Schlacht zwischen der deutschen Schutztruppe und den Herero statt, die sich dort

---

62 Ebd., S. 45.
63 Vgl. zum Verlauf des Kriegs ausführlich: Drechsler: Südwestafrika unter deutscher Kolonialherrschaft. Der Kampf der Herero und Nama gegen den deutschen Imperialismus (1884-1915), a. a. O., hier insbes. S. 150-259; sowie Bridgman: The Revolt of the Hereros, a. a. O., hier insbes. S. 56-163. Einen kompakten Überblick bieten: Krüger: Kriegsbewältigung und Geschichtsbewußtsein, a. a. O., S. 45-62; sowie: Zimmerer: Krieg, KZ und Völkermord in Südwestafrika. Der erste deutsche Genozid, a. a. O., S. 45-63.
64 Zimmerer: Krieg, KZ und Völkermord in Südwestafrika. Der erste deutsche Genozid, a. a. O., S. 49.
65 Drechsler: Südwestafrika unter deutscher Kolonialherrschaft. Der Kampf der Herero und Nama gegen den deutschen Imperialismus (1884-1915), a. a. O., S. 180; Zimmerer: Krieg, KZ und Völkermord in Südwestafrika. Der erste deutsche Genozid, a. a. O., S. 49
66 Lothar von Trotha an Chefs des Generalstabs der Armee, 4.10.1904, BArch Berlin Lichterfelde R 1001/2089, Bl. 5/6.
67 Lothar von Trotha an Theodor Leutwein, 5.11.1904, BArch Berlin Lichterfelde R 1001/2089, Bl. 100-102.

mit Frauen und Kindern zusammengezogen hatten (circa 80.000 Männer, Frauen und Kinder). Die Herero wurden geschlagen und nach Osten in die wasserarme Omahekesteppe abgedrängt – verfolgt von den deutschen Truppen.

Am 2. Oktober veröffentlichte von Trotha eine an das »Volk der Herero« gerichtete Proklamation, in der er den Herero den Status als Untertanen des deutschen Kaisers absprach, ihnen eine Rückkehr aus dem Sandfeld ausdrücklich verwehrte und zudem ankündigte, jeden Herero, der – ganz gleich, welchen Alters und Geschlechts, ob bewaffnet oder unbewaffnet – auf dem Gebiet der Kolonie Deutsch-Südwestafrika angetroffen würde, zurücktreiben oder erschießen zu lassen.[68] In den folgenden Tagen wurden die wenigen Wasserstellen am Rande des Sandfeldes von den deutschen Truppen abgeriegelt. Herero, die sich den Wasserstellen näherten, wurden – wie Trotha angekündigt hatte – erschossen oder zurückgetrieben. Nur wenigen gelang die Flucht durch das Sandfeld in das britische Betschuanaland.

Die Aufhebung des Schießbefehls durch den Deutschen Kaiser im Dezember 1904 – die allerdings nicht aus humanitären Gründen erfolgte, sondern weil man in Berlin fürchtete, das Ansehen des Deutschen Reiches im Ausland würde Schaden nehmen[69] – konnte die Vernichtung der Herero nicht aufhalten, zumal Trotha

---

68 Proklamation General Lothar von Trothas, 2.10.1904, BArch Berlin Lichterfelde R 1001/2089, Bl. 7.
69 Bley: Kolonialherrschaft und Sozialstruktur in Deutsch-Südwestafrika, a. a. O., S. 205f. Drechsler: Südwestafrika unter deutscher Kolonialherrschaft. Der Kampf der Herero und Nama gegen den deutschen Imperialismus (1884-1915), a. a. O., S. 192ff. Prägnant formuliert findet sich dieser Standpunkt in einem Schreiben Generals von Schlieffens an Reichskanzler von Bülow vom 23. November 1904: »Daß er [Trotha, M.B.] die ganze Nation vernichten [...] will, darin kann man ihm beistimmen. [...] Der entbrannte Rassenkampf ist nur durch Vernichtung oder vollständige Knechtung einer Partei abzuschließen. Das letztere Verfahren ist aber bei den jetzt gültigen Anschauungen auf Dauer nicht durchzuführen. Die Absicht des Generals v. Trotha kann daher gebilligt werden. Er hat nur nicht die Macht sie durchzuführen«. Zitiert nach Drechsler: Südwestafrika unter deutscher Kolonialherrschaft. Der Kampf der Herero und Nama gegen den deutschen Imperialismus (1884-1915), a. a. O., S. 193.

bis November des folgenden Jahres im Amt blieb und seine Politik nachhaltig verfolgte.[70]

Unter dem Eindruck der rigiden Politik der Kolonialmacht gegenüber den Herero stellten sich im Oktober 1904 auch die Nama im Süden des Schutzgebietes gegen die deutsche Kolonialherrschaft und verwickelten die Schutztruppe in einen langwierigen Guerillakrieg. Der Kriegszustand im Schutzgebiet Deutsch-Südwestafrika wurde erst am 31. März 1907 aufgehoben.

Ein besonderes Kennzeichen des Kriegs in Deutsch-Südwestafrika, auf das noch kurz verwiesen werden soll, besteht in der Einrichtung von Lagern durch die Militäradministration, in denen nach der Aufhebung des »Schießbefehls« aus dem Sandfeld zurückkehrende Herero interniert wurden. In diesen sogenannten »Konzentrationslagern«, in denen beinahe jeder zweite der Inhaftierten starb, wurden nicht nur kampffähige Männer – also Kombattanten – inhaftiert, sondern auch Frauen, Kinder und Greise.[71]

Mit dem Krieg war die deutsche Herrschaft im gesamten Schutzgebiet Südwestafrika – abgesehen von der Region im Grenzgebiet zum portugiesischen Angola – endgültig gefestigt. Die Bilanz von Kolonialkrieg und Vernichtungspolitik war für die Herero und Nama verheerend: Vor Beginn der Kämpfe war die Zahl der innerhalb des deutschen Schutzgebietes lebenden Herero auf 80- bis 100.000 geschätzt worden; im Jahr 1911 wurden noch 15.130 Herero gezählt.[72] Von den etwa 20.000 Nama, die vor 1904 in der Kolonie gelebt hatten, hatten nur weniger als 10.000 den Krieg überlebt. Mehr als 25 Prozent der Überlebenden waren inhaftiert und in fremde Landesteile verbracht worden. Von den auf deutscher Seite eingesetzten circa 14.000 Soldaten waren 1.500 durch Kampfhandlungen oder Krankheiten zu Tode gekommen.[73]

---

70 Bley: Kolonialherrschaft und Sozialstruktur in Deutsch-Südwestafrika, a. a. O., S. 207.
71 Zum System und zur Funktion der Konzentrationslager im Krieg in Deutsch-Südwestafrika vgl.: Zimmerer: Krieg, KZ und Völkermord in Südwestafrika. Der erste deutsche Genozid, a. a. O., S. 55ff.
72 Bridgman: Revolt of the Hereros, a. a. O., S. 164f.; Gründer: Geschichte der deutschen Kolonien, a. a. O., S. 121.
73 Gründer: Geschichte der deutschen Kolonien, a. a. O., S. 121.

Für die indigene Bevölkerung hatte der Krieg weitreichende Folgen:[74] Sie waren in der Kolonie weitgehend rechtlos geworden, der Besitz von Land, Vieh und Feuerwaffen war ihnen fortan verboten, das Jagdrecht wurde drastisch eingeschränkt, jedwede Rechts- und Geschäftsfähigkeit wurde ihnen entzogen,[75] sie wurden dazu gezwungen, in ein Arbeitsverhältnis mit einem weißen Kolonisten einzutreten und einen Ausweis über das Arbeitsverhältnis mitzuführen. Durch Arbeitszwang, Dienstbuch und Ausweispflicht war die »eingeborene« Bevölkerung von nun an einem System staatlicher Überwachung und Kontrolle unterworfen.[76] Zudem arbeitete die Kolonialverwaltung daran, die traditionellen Stammesstrukturen vollständig zu zerschlagen und in Südwestafrika ein System zu etablieren, das Jürgen Zimmerer als die rassische Privilegiengesellschaft eines »kolonialen Musterstaats« bezeichnet hat.[77]

---

74 Zur Eingeborenenpolitik nach dem »Herero-Nama-Krieg« vgl.: Zimmerer: Deutsche Herrschaft über Afrikaner, a. a. O.; sowie: Böttger, Jan Henning: Zivilisierung der »Vernichtung«. »Hererokrieg«, »Eingeborene« und »Eingeborenenrecht« im Kolonialdiskurs, in: Zeitschrift für Genozidforschung, 4, 1, 2002, S. 23-53.
75 Gründer: Geschichte der deutschen Kolonien, a. a. O., S. 123.
76 Ebd., S. 122.
77 Zimmerer, Jürgen: Der koloniale Musterstaat? Rassentrennung, Arbeitszwang und totale Kontrolle in Deutsch-Südwestafrika, in: Völkermord in Deutsch-Südwestafrika. Der Kolonialkrieg (1904-1908) in Namibia und seine Folgen, a. a. O., S. 26-44.

4. Der »Herero-Aufstand« als Diskursereignis

»Aber unsere Jungs haben diese Hereros und ähnliche Hottentotten einfach inne Wüste gejagt....«[1] – so lautet ein Eintrag für das Jahr 1904 in Günter Grass' Buch *Mein Jahrhundert*. Das allgemeine Wissen in Deutschland über die Kriege, die das Deutsche Reich in den Jahren 1904 bis 1907 in der damaligen Kolonie Deutsch-Südwestafrika führte, das allgemeine Wissen über die Vernichtung der Herero und Nama wird in dieser Sentenz als ein überaus unspezifisches charakterisiert: Herero und Nama sind ohne Unterscheidung unter dem der kolonialen Rede entlehnten pejorativen Begriff »Hottentotten« subsumiert. Die Vernichtungsstrategie der »Abdrängung« der Herero in das wasserarme Sandfeld der Omaheke und die Abriegelung der Wasserstellen am Rande des Sandfeldes werden mit der alltagssprachlichen Wendung des »In-die-Wüste-Jagens« umschrieben. Die Konsequenz dieser Strategie – der Tod von circa 80 Prozent der Herero – wird sprachlich nicht realisiert. Ein Wissen um diese Konsequenz wird nur über drei Pünktchen angedeutet, die einen nicht zu Ende versprachlichten Gedanken konnotieren.

Im öffentlichen Bewußtsein und im kollektiven Gedächtnis in Deutschland, so Grass' wohl zutreffende Charakterisierung, spielt die Vernichtung der Herero und Nama, wie überhaupt die deutsche Kolonialzeit (1884-1919), ihre Implikationen und Folgen, eine allenfalls marginale Rolle: Sie war, so könnte man meinen, kurz und weitgehend folgenlos. Der Völkermord an den Herero erscheint möglicherweise als ein, wie es im März 1998 auch der seinerzeitige Bundespräsident Roman Herzog während eines Staatsbesuches in Na-

---

1 Grass, Günter: Mein Jahrhundert, Göttingen 1999, S. 21.

mibia formuliert hat, »besonders dunkles Kapitel«[2] im Buch der deutschen Geschichte – vor allem jedoch als ein abgeschlossenes.

4.1 Kolonialkriege, Vernichtungspolitik und die Öffentlichkeit des Kaiserreichs (1904-1918)

Allerdings trifft diese Charakterisierung zuvorderst auf die Zeit nach 1945 zu. Denn zeitgenössisch wurden die deutschen Kolonialkriege grundsätzlich anders rezipiert: Insbesondere der »Herero-Aufstand« im Jahr 1904 war ein regelrechtes Diskursereignis, während der ungleich länger andauernde Nama-Krieg, der im Herbst 1904 begann und bis 1907 dauern sollte, bei weitem nicht jenen Widerhall in der öffentlichen Rede des Kaiserreichs gefunden hat. Eine Erklärung hierfür läßt sich sicherlich in der Beobachtung finden, daß der Herero-Krieg als das vorgängige, initiale und entscheidende Ereignis für die Kolonialkriege bis 1907 perzipiert wurde, während der Krieg gegen die Nama gewissermaßen als eine Fortsetzung der militärischen Auseinandersetzungen wahrgenommen wurde und der Kriegszustand in der Kolonie bereits diskursiv normalisiert worden war. Dies gilt in einem ähnlichen Maße für den sogenannten Maji-Maji-Aufstand im Schutzgebiet Deutsch-Ostafrika im Jahr 1905. Symptomatisch ist in diesem Kontext, daß die Kämpfe in Südwestafrika zeitgenössisch als ein Krieg wahrgenommen wurden,[3] obwohl der Herero-Krieg und der Nama-Krieg we-

---

2 Vgl. hierzu: FAZ vom 11.09.1999, S. 7. Herzogs Formulierung geht mit dem Untertitel einer populärwissenschaftlichen Darstellung der Ereignisse des Jahres 1904 konform: Nuhn: Sturm über Südwest. Der Herero-Aufstand von 1904, a. a. O.

3 Diese Wahrnehmung hat sich im übrigen bis heute weitgehend erhalten, was auch auf die Geschichtswissenschaft zutrifft. Dies wird bereits in den Titeln einiger neuer Publikationen deutlich: So lautet der Untertitel von Gesine Krügers 1999 publizierter Untersuchung »Realität, Deutung und Verarbeitung *des deutschen Kolonialkriegs* [Hervorhebung M.B.] in Namibia 1904 bis 1907« (Krüger: Kriegsbewältigung und Geschichtsbewußtsein, a. a. O.). Analog formuliert der Untertitel eines 2003 erschienenen, von Jürgen Zimmerer und Joachim Zeller edierten Bandes: »*Der Kolonialkrieg (1904-1908)* [Hervorhebung M.B.] in Namibia und seine Folgen« (Völkermord in Deutsch-Südwestafrika. Der Kolonialkrieg (1904-1908) in Namibia und seine Folgen, a. a. O.). Insofern ist die von Günter Grass prägnant diagnostizierte Entdiffe-

der zeitlich parallel (der Nama-Krieg begann erst, als die militärischen Operationen gegen die Herero weitgehend abgeschlossen waren) noch in einem geographisch einheitlichen Raum stattfanden, ohne daß damit ein enger, durchaus auch kausaler Zusammenhang der beiden Kriege negiert werden soll. Sicherlich ist jedoch die Feststellung berechtigt, daß der »Herero-Aufstand« ein *Ereignis* im Sinne der Diskurstheorie war, während die anschließenden Kriege eher als Folgeerscheinungen dieses Ereignisses interpretiert und vornehmlich im Kontext dieses Ereignisses erklärt beziehungsweise gedeutet wurden. Deutlich wird dies zum Beispiel anhand der Artikel über den »Hereroaufstand« und den »Hottentottenaufstand« im *Deutschen Kolonial-Lexikon*. Unter dem Stichwort »Hottentottenaufstand« findet sich lediglich der Eintrag »s. Heroaufstand«.[4] Interessant ist nun, daß der »Hereroaufstand«,[5] die anschließenden Operationen der Schutztruppe und die Entsendung der Seebataillone, die Gefechtsverläufe bis zur Waterbergschlacht und die »Verfolgung in das Sandfeld« recht daten- und detailreich geschildert werden, während der Artikel den Leser über den »allgemeine[n] Aufstand der Hottentottenstämme« nur insofern informiert, als daß dieser auf »dieselben allgemeinen Ursachen zurückzuführen« sei wie der »Hereroaufstand« – wobei allerdings darauf verwiesen wird, daß die Niederwerfung der »Hottentotten« aufgrund ihrer »Kriegstüchtigkeit« weitaus »schwieriger, zeitraubender und verlustreicher« gewesen sei.[6]

Während also der »Hottentottenaufstand« zumeist im Kontext des *Ereignisses* »Hereroaufstand« nachgeordnet gedeutet wurde, erschien in den Jahren ab 1904 neben Berichten in der allgemeinen Tagespresse und den kolonialen Zeitschriften in Deutschland eine Flut von Publikationen unterschiedlicher Textsorten, die dieses vorgängige *Ereignis* thematisierten und sich mit den Motivationen, den sozialen und politischen Rahmenbedingungen, den Einbindungen und Konsequenzen auseinandersetzten: Berichte von »Augen-

---

renzierung in der Wahrnehmung zumindest hinsichtlich der Oberflächenorganisation der Rede über die Kolonialkriege zutreffend.
4 Deutsches Kolonial-Lexikon. 3 Bde., hrsg. von Heinrich Schnee, Leipzig 1920, hier Bd. 2, S. 81
5 Ebd., S. 59f.
6 Ebd., S. 60.

zeugen«,[7] Drucksachen des Reichstags,[8] offizielle Verlautbarungen[9] und (populär-)historiographische Darstellungen,[10] Memoiren und Tagebücher von Ansiedlern[11] und Feldzugsteilnehmern,[12] Editionen von Feldpostbriefen,[13] belletristische Texte,[14] Jugend- und Kinderbücher.[15]

Unter den belletristischen Publikationen dominieren deutlich narrative Genres, Romane und Erzählungen, doch erschienen auch

7 Zum Beispiel: Die Rheinische Mission und der Herero-Aufstand. Erlebnisse und Berichte rheinischer Missionare. 4 Hefte, Barmen 1904.
8 Denkschrift über Eingeborenen-Politik und Hereroaufstand in Deutsch-Südwestafrika, in: Stenographische Berichte über die Verhandlungen des Reichstags, 11. Legislaturperiode, I. Session 1903/05, 2. Sessionsabschnitt vom 29. November 1904 bis zum Schluß der Session am 30. Mai 1905, 5. Anlageband (Nr. 498-542), Nr. 518, S. 2757-2804.
9 Z.B.: Die Kämpfe der deutschen Truppen in Südwestafrika. 2 Bde., a. a. O.
10 Z.B.: Rust, Conrad: Krieg und Frieden im Hererolande. Aufzeichnungen aus dem Kriegsjahre 1904, Leipzig 1905; Schwabe, Kurd: Der Krieg in Südwestafrika 1904-1906, Berlin 1907.
11 Z.B.: Eckenbrecher, Marianne: Was Afrika mir gab und nahm. Erlebnisse einer deutschen Ansiedlerfrau in Südwestafrika, Berlin 1907; Falkenhausen, Helene von: Ansiedlerschicksale. Elf Jahre in Deutsch-Südwestafrika 1893-1904, Berlin 1905; Sonnenberg, Else: Wie es am Waterberg zuging. Ein Beitrag zur Geschichte des Hereroaufstandes, Berlin 1905; Karow, Maria: Wo sonst der Fuß des Kriegers trat. Farmerleben in Südwest nach dem Kriege, Berlin 1909.
12 Z.B.: Bayer: Mit dem Hauptquartier in Südwestafrika, a. a. O.; Erffa, Burkhard Hartmann Axel von: Reise- und Kriegsbilder in Deutsch-Südwest-Afrika, Halle/Saale 1905; Salzmann, Erich von: Im Kampf gegen die Herero, Berlin 1905.
13 Z.B.: Reiterbriefe aus Südwest. Briefe und Gedichte aus dem Feldzuge in Südwest-Afrika in den Jahren 1904-1906, hrsg. von Adda von Liliencron, Oldenburg/Leipzig 1907.
14 Z.B.: Holm, Orla (d.i. Dorrit Zürn): Pioniere. Ein Kolonialroman aus Deutsch-Südwest-Afrika, Berlin 1906; dies.: Ovita. Episode aus dem Hereroland; Dresden 1909; Kraze, Friede H.: Heim Neuland. Ein Roman von der Wasserkante und aus Deutsch-Südwest, Stuttgart/Leipzig 1909; Steffen: Okowi, a. a. O.; ders.: Im Orlog, a. a. O..
15 Z.B.: Gümpell, Jean: Ins Land der Hereros. Erlebnisse eines jungen Deutschen. Erzählung für die reifere Jugend, Berlin 1904; Meister, Friedrich: MuHérero riKárera (Nimm dich in acht, Herero!) oder die Schiffsfähnriche. Ein Jugend- und Familienbuch, Leipzig 1904; Metterhausen, Otto: Im Kampf ums Neuland in Südwest. Eine Erzählung aus dem Hereroaufstande, Stuttgart u.a. ^{10}1920 (zuerst ca. 1908); Koch, Henny: Die Vollrads in Südwest. Eine Erzählung für junge Mädchen, Stuttgart ^{17}1928 (zuerst 1910).

Gedichte und Arbeiten für die Bühne über den »Herero-Aufstand«. Die Bandbreite der »lyrischen« Produktionen über die Kolonialkriege reicht dabei von der Sammlung und Veröffentlichung lyrischer Versuche und Gelegenheitsgedichten verschiedener Schutztruppenangehöriger,[16] die in der Regel als Parodien im strengen literaturwissenschaftlichen Sinne zu charakterisieren sind, bis hin zu – allerdings eher vereinzelten – Gedichten zeitgenössisch renommierter Schriftsteller. Beispielhaft sind hier Detlev von Liliencrons Gedichte *Kampf um die Wasserstelle* und *Treue um Treue*. Beide Gedichte, in denen soldatische Treue und eine dienstgradeübergreifende Solidarität in der Schutztruppe gepriesen werden, wurden erst nach Liliencrons Tod aus dem Nachlaß veröffentlicht.[17]

Auch Bühnenarbeiten über den Herero-Krieg entstanden unmittelbar nach Beginn der Kampfhandlungen. Bereits 1904 legte die kolonialpublizistisch in unterschiedlichen Kontexten und Genres als Autorin und Herausgeberin überaus produktive Mitbegründerin und zwischenzeitliche Vorsitzende des Frauenbundes der Deutschen Kolonialgesellschaft Adda von Liliencron (1844-1913) ein Bühnenspiel zum »Herero-Nama-Aufstand« mit dem Titel *Unsre Braven. Fünf Bilder aus dem Leben unserer braven Truppen in Südwestafrika* vor,[18] dem sie 1907 das Stück *Bei der Schutztruppe. Kriegsbild aus Südwestafrika*[19] folgen ließ. Im gleichen Jahr wie Liliencrons *Bei der Schutztruppe* erschien das Blankversdrama *Farm Deutschental. Dramatische Dichtung in fünf Aufzügen*[20] des evangelischen Geistlichen Wilhem Frenkel (1844-1915), der zuvor insbe-

---

16 Vgl. etwa: Kriegsklänge der Kaiserlichen Schutztruppe in Deutsch-Süd-West-Afrika, hrsg. von Adda von Liliencron, Hamburg 1905.
17 Vgl.: Liliencron, Detlev von: Gute Nacht. Hinterlassene Gedichte, Berlin 1909, hier S. 29ff. (*Kampf um die Wasserstelle*) und S. 33f. (*Treue um Treue*); vgl. auch ders.: Gesammelte Werke, Dritter Band: Gedichte, Berlin ⁹1921 (zuerst 1911), S. 344ff. (*Kampf um die Wasserstelle*) und S. 337f. (*Treue um Treue*). Das Gedicht *Kampf um die Wasserstelle* wurde auch nachgedruckt in der Zeitschrift des Frauenbundes der Deutschen Kolonialgesellschaft: Kolonie und Heimat 4, 52, 1911.
18 Liliencron, Adda von: Unsre Braven. Fünf Bilder aus dem Leben unserer braven Truppen in Südwestafrika, Mühlhausen in Thüringen o.J. (1904).
19 Liliencron, Adda von: Bei der Schutztruppe. Kriegsbild aus Südwestafrika, Mühlhausen in Thüringen o.J. (1907).
20 Frenkel, Wilhelm: Farm Deutschland. Dramatische Dichtung in fünf Aufzügen, Arnstadt 1907.

sondere mit historischen Romanen und Jugendbüchern über die Reformation,[21] den Bauernkrieg[22] und den Dreißigjährigen Krieg[23] hervorgetreten war. Auch nach dem »Verlust« der deutschen Kolonien im Ersten Weltkrieg haben die Kolonialkriege der Jahre 1904 bis 1907 Anlaß zu dramatischen Arbeiten gegeben.[24] Allerdings ist für keines der Theaterstücke über den »Herero-Aufstand« eine Aufführung nachzuweisen. Eine Ausnahme stellt das 1932 zunächst vom Kasseler Freyschmidt Verlag unter dem Titel *Marta von Greifenthal. Ein Schauspiel*[25] veröffentlichte Theaterstück des ehemaligen Bremer Stadtmedizinalrats Paul Keding (1877-1941) dar. Unter dem veränderten Titel *Deutsch-Südwest. Ein Schauspiel in 4 Aufzügen*[26] wurde Kedings Drama, das nach Bekunden des Autors während des Ersten Weltkriegs an der Ypernfront entstanden sei und in dessen Manuskript »unfreundliche englische Granatsplitter [...] einige Löcher [...] geschlagen« hätten,[27] 1935 – also etwa 20 Jahre nach seiner Entstehung, wenn man dem Autor Glauben schenkt – im Dietrich-Eckart-Wettbewerb des Philipp Reclam Verlags prämiert und am 8. Januar desselben Jahres in Leipzig uraufgeführt.[28] Im gleichen Jahr erschien das Stück als Band 7299 in Reclams Universalbibliothek. Gleichzeitig mit dem Stück von Paul Keding, von dem keine weiteren literarischen Publikationen nachzuweisen sind, wurden die Arbeiten zweier zeitgenössisch ungleich bekannterer Autoren mit dem Dietrich-Eckart-Preis ausgezeichnet: das

---

21 Ders.: Georg Voigt. Eine Erzählung aus der Zeit der Reformation, Altenburg 1897.
22 Ders.: Wulf, Harrasmüller. Eine Erzählung aus der Zeit des Bauernkriegs, Berlin-Schöneberg 1900.
23 Ders.: Gott grüße das Handwerk! Eine Erzählung aus der Zeit des dreißigjährigen Krieges, Neustadt 1897.
24 Seeck, Eva: Um Südwest. Ein Schauspiel in 5 Akten aus der Zeit des Krieges 1904/1907 in Deutsch-Südwestafrika, Baden-Baden 1926. Weitere Werke von Eva Seeck konnten nicht ermittelt werden.
25 Keding, Paul: Marta von Greifenthal. Ein Schauspiel, Kassel 1932. Jörg Wassink gibt in seiner Untersuchung des Stücks fälschlicherweise den Reclam Verlag als Publikationsorgan für diese Erstfassung des Stücks an. Vgl. Wassink: Auf den Spuren des deutschen Völkermords in Südwestafrika, a. a. O., S. 235.
26 Keding, Paul: Deutsch-Südwest. Ein Schauspiel in 4 Aufzügen, Leipzig 1935.
27 Ebd., S. 3.
28 Ebd., S. 5.

»Volksstück« *Petra und Ulla*[29] des Journalisten und Theaterkritikers Max Geißenheyner[30] sowie Irma von Drygalskis[31] »Volksschauspiel« *Das brotlose Mahl*.[32] Insgesamt können die, mit Ausnahme von Liliencrons *Unsere Braven*,[33] dem realistischen Dramenstil verpflichteten Bühnenstücke, in denen die Kolonialkriege thematisiert werden, wohl als weitgehend erfolglos eingeschätzt werden.

Ein ganz anderes Bild zeigt sich bei der ungleich umfangreicheren Gruppe der Prosatexte: Die heute ebenfalls zum großen Teil unbekannten Texte waren seinerzeit keineswegs randständig, sondern überaus populär, so daß sie zum Teil innerhalb weniger Jahre zahlreiche Nachauflagen erlebten. Auch im Bereich der narrativen Genres setzte die Auseinandersetzung mit den Kolonialkriegen na-

29 Geisenheyner, Max: Petra und Ulla. Ein Volksstück in drei Akten, Leipzig 1935 (=Reclams Universal-Bibliothek 7298).
30 Bekannt geworden ist Geisenheyner (1884-1961), der auch Chefredakteur der *Illustrierten Blätter* war, insbesondere durch seinen Bericht über die erste »Weltfahrt« mit einem Luftschiff in den 1920er Jahren, an der er im Auftrag der *Frankfurter Zeitung* teilgenommen hatte (vgl.: Geisenheyner, Max: Mit »Graf Zeppelin« um die Welt. Ein Bild-Buch, Frankfurt am Main 1929). Nach 1945 trat er vornehmlich durch theaterkritische und theaterhistorische Arbeiten hervor (vgl.: Geisenheyner, Max: Kulturgeschichte des Theaters, Berlin 1951).
31 Irma von Drygalski (1892-1953), die bereits in den 1920er Jahren als Schauspielerin und Autorin hervorgetreten war, hat mehrere erfolgreiche historische Romane vorgelegt, so u.a. *Der Bauernprophet* (1928), *Juliane von Krüderer. Roman eines Lebens* (1928) oder *Rineck. Traum und Fluch der Landfahrer* (1937).
32 Drygalski, Irma von: Das brotlose Mahl. Ein Volksschauspiel, Leipzig 1935 (=Reclams Universal-Bibliothek 7300).
33 Bei *Unsere Braven* handelt es sich um ein nicht-szenisches »Stück«: In 5 »Bildern« (»Sergeant Dietrich bringt Meldung vom Aufstande«, »Freiwillige nehmen Abschied von den Ihren«, »Das Patrouillengefecht«, »Lagerruhe« und »Die Feldpost kommt an in Afrika«) werden Situationen aus dem »Leben der Schutztruppler« idealtypisch vorgestellt. Den einzelnen Bildern geht jeweils der Vortrag eines Sprechers (dessen »Kostüm beliebig gewählt werden kann«) voraus, in dem die anschließend gezeigten Szenen geschildert werden. Die Sprechertexte sind dabei von höchst unterschiedlicher Länge: der Kürzeste umfaßt acht, das längste sechsundzwanzig vierversige, gereimte Strophen. Am Ende der Sprechertexte wird dann das Vorgetragene auf einer erhöhten Hinterbühne in einer gewissermaßen eingefrorenen Szene, gleich einer nachgestellten Fotografie, visualisiert, wobei das jeweilige Bild »mehrere Male hintereinander, aber jedesmal nur ½ bis ¾ Minute lang mit ¼ Minute Zwischenpause« gezeigt werden soll.

hezu unmittelbar ein, und die ersten umfangreichen Publikationen erschienen noch im Jahr 1904. Dabei fand eine Aufbereitung des Themas zunächst in Jugendbüchern statt.

Zu den frühesten Veröffentlichungen zählt die unter dem Namen »Jean Gümpell«[34] erschienene »Erzählung für die reifere Jugend« *Ins Land der Hereros*,[35] die in ihrer Anlage und hinsichtlich der Entwicklung der Story bereits als paradigmatisch für die große Breite der Publikationen über die Kolonialkriege gelten kann: Die Erzählung ist als Erlebnisbericht eines Schutztrupplers entworfen, scheint sich somit aus der »Realität des Feldzuges« zu speisen und bedient sich zugleich der Erzählmuster des Abenteuerromans. Auffallend ist, daß beide hier angesprochenen Dimensionen des Textes – der Erlebnisbericht und die literarische Erzählung – im Untertitel der Publikation explizit formuliert sind: Die »Erlebnisse eines jungen Deutschen« werden nicht einfach für die »reifere Jugend« erzählt, sondern ausdrücklich mit der Genrebezeichnung »Erzählung« beschrieben.

Der hier zu beobachtende Verweis auf »Erleben« und »Erlebtes«, der Rekurs auf »Erfahrungsberichte«, seien dies die Erfahrungen der »Autoren« selbst oder die Verwendung von Erlebnisberichten anderer (Schutztruppler, Farmer oder sonstiger »Garanten« des Authentischen) und auch von offiziellen Dokumenten, die den »Autoren« zugänglich gemacht worden seien, gehört zu den initialen Diskursstrategien der zeitgenössischen Belletristik über die Kolonialkriege: Kaum ein literarisches Werk zu diesem Themenkomplex verzichtet darauf, dem Leser entweder bereits im Titel oder im Vorwort die Authentizität des Erzählten zu versichern.[36] So wird

---

34 Neben der hier thematisierten Erzählung ist nur noch ein weiterer Text – ebenfalls über den Hererokrieg – von diesem »Autor« publiziert worden. Im Jahr 1905 erschien im Kasseler Dufahel-Verlag eine kurze Erzählung mit dem Titel *Die Wahrheit über Deutsch-Südwest-Afrika*. Da eine Person namens *Jean Gümpell* in keiner Mannschaftsliste der Schutztruppe oder Seebataillone nachgewiesen ist, liegt die Vermutung nahe, daß es sich hierbei um ein Pseudonym handelt.

35 Gümpell: Ins Land der Hereros, a. a. O.

36 Dies gilt zudem nicht allein für Bücher über die Kolonialkriege. Überhaupt scheint die Erzählung von Kriegserlebnissen einer besonderen Beteuerung der Authentizität des Geschilderten zu bedürfen. Dies läßt sich sowohl an Beispielen aus dem Deutsch-Französischen Krieg 1870/71 als auch an textuellen Codierungen der Erfahrung des Ersten Weltkriegs beobachten. So

der Leser von Adda von Liliencrons dreiteiliger, in der Deutschen Jugend- und Volksbibliothek des Stuttgarter Steinkopf-Verlags erschienenen Erzählung über den Herero-Krieg[37] auf dem Titelvorsatz eines jeden der drei Bändchen darüber informiert, daß die Erzählung »nach Briefen von Mitkämpfern und mit Benützung der Veröffentlichungen des Generalstabs«[38] abgefaßt seien.

Solche Beteuerungen finden sich im übrigen nicht allein in belletristischen Texten, sondern auch in sogenannten Erlebnisberichten und Memoiren, was um so mehr verwundert, als die Authentizität eines Erlebnisberichtes oder veröffentlichten Tagebuchs eigentlich keiner solchen Versicherung bedürfen sollte, da die Authentizität des Geschilderten, zumindest dessen vordergründige Nicht-Fiktionalität, bereits durch die Textsorte nahegelegt wird. Allerdings – und hier findet explizit eine, wie bereits angesprochen, für koloniale Texte typische Auflösung einer Trennschärfe der Textsorten statt – sind zahlreiche der sogenannten Augenzeugenberichte von Redakteuren bearbeitet und arrangiert worden.

Ein interessantes Beispiel in diesem Kontext ist ein Buch, das 1907 unter dem Titel *Meine Kriegserlebnisse in Deutsch-Süd-West-*

---

trägt ein unter dem Titel *Meine Kriegs-Erlebnisse 1870/71* erschienenes Buch von »Johs. Diehls« den Untertitel *Selbst erlebt und erzählt* (Diehls, Johs.: Meine Kriegs-Erlebnisse 1870/71. Selbst erlebt und erzählt, Minden in Westf. 1901). Eine der vielleicht erfolgreichsten Erzählungen über den ersten Weltkrieg, *Der Wanderer zwischen beiden Welten* von Walter Flex, ist mit der Bezeichnung »Ein Kriegserlebnis von Walter Flex« untertitelt (Flex, Walter: Der Wanderer zwischen beiden Welten. Ein Kriegserlebnis von Walter Flex, München 1917), und die 1916 bereits im 100. Tausend (die Erstauflage ist aus dem gleichen Jahr) aufgelegten Briefe des Kampfpiloten Max Immelmann erschienen unter dem Titel: Meine Kampfflüge. Selbsterlebt und selbsterzählt von Oberleutnant Max Immelmann, Berlin 1916.

37 Liliencron, Adda von: Nach Südwestafrika! Erlebnisse aus dem Hererokrieg nach Briefen von Mitkämpfern, Stuttgart 1906 (=Deutsche Jugend- und Volksbibliothek 208); dies.: Entscheidungskampf am Waterberg, Stuttgart 1907 (=Deutsche Jugend- und Volksbibliothek 211); dies.: Bis in das Sandfeld hinein. Afrikanisches Zeitbild bis zum Schluß des Jahres 1904 nach Briefen von Mitkämpfern und mit Benützung der Veröffentlichungen des Generalstabs, Stuttgart 1908 (=Deutsche Jugend- und Volksbibliothek 218).

38 Gemeint ist hier: Die Kämpfe der deutschen Truppen in Südwestafrika. 2 Bde., a. a. O.

Afrika[39] erschienen ist und als dessen Verfasser ein nicht namentlich genannter »Offizier der Schutztruppe« firmiert. Das Vorwort dieses, an der Auflagenstärke gemessen, höchst erfolgreichen Buches[40] verrät dann jedoch, daß es sich bei den geschilderten Erlebnissen keineswegs um die des anonymen alten Offiziers handelt, der sich selbst als »Verfasser« des Textes bezeichnet. Ihm sei es »leider nicht beschieden« gewesen, »selbst an dem Kriege teilzunehmen.«[41] Statt dessen habe er versucht, »an der Hand des Tagebuchs eines Mitkämpfers [...] ein Bild des Kriegslebens im fernen Lande vorzuführen.«[42] Die Lektüre des Buches zeigt dann jedoch, daß der anonyme »Autor« dieses Tagebuch mit weiteren, bereits in Zeitungen und anderen Publikationen veröffentlichten Berichten kompiliert, redaktionell bearbeitet und schließlich zu einem – zumindest aus seiner Perspektive wohl – idealtypischen Kriegserlebnis verschmolzen hat.[43] Aber nicht allein die Erzählung wird durch den Verweis auf einen Mitkämpfer – im Vorwort ist dieses Wort übrigens fett gedruckt und somit hinsichtlich seiner Autorität als Garant für den Wahrheitsgehalt der Erzählung nochmals besonders akzentuiert – auf eine außertextliche Realität zurückgeführt und somit beglaubigt. Auch die Abbildungen im Text – es handelt sich dabei teils um reproduzierte Fotografien, teils um Zeichnungen – werden in gleicher Weise authentifiziert: Sie seien »nach Amateurphotographien angefertigt, die während des Krieges aufgenommen wurden.«[44]

Über die Verweise auf den Mitkämpfer, der vor Ort seine Erlebnisse im Tagebuch protokolliert habe, auf die Fotografie als Inbegriff eines Mediums zur mimetischen, ja tautologischen Abbildung

39 Meine Kriegserlebnisse in Deutsch-Süd-West-Afrika. Von einem Offizier der Schutztruppe, Minden (140. Tausend) 1907.
40 Die Erstauflage wird mit der – allerdings eher unwahrscheinlichen – Zahl von 134.000 Exemplaren angegeben. Noch im gleichen Jahr soll der Band laut Verlag bereits im 140. Tausend nachgedruckt worden sein.
41 Meine Kriegserlebnisse in Deutsch-Süd-West-Afrika, a. a. O., S. 3.
42 Ebd.
43 Ein ganz ähnliches Verfahren findet sich in: Dincklage-Campe, Friedrich von: Deutsche Reiter in Südwest. Nach persönlichen Berichten bearbeitet von Friedrich Freiherr von Dincklage-Campe, Berlin u.a. 1908. Allerdings wird hier der Leser über die kompilierende Tätigkeit und redaktionelle Bearbeitung bereits im Untertitel des Buches unterrichtet.
44 Meine Kriegserlebnisse in Deutsch-Süd-West-Afrika, a. a. O., S. 3.

von Realität, und auf den Amateur (und gerade nicht den professionellen Fotografen, der ja eher für die Inszenierung von Bildern und Szenen stehen würde und nicht für die Authentizität des Augenblicks) – über diese Strategie eines dreifachen Verweises wird dem Text eine Aura des Authentischen zugeschrieben: Nichts sei erfunden, alles werde gesagt und gezeigt, wie es bezeugt ist. Ein weiterer zentraler Aspekt in diesem Kontext ist die zumindest vordergründige Löschung der Instanz des Autors: Der Text erscheint gewissermaßen von der Realität des Kolonialkriegs selbst geschrieben und illustriert zu sein, die Realität wird zum Autor, zum Herren des Diskurses über den Kolonialkrieg und die Vernichtung der Herero, während der Verfasser allenfalls als Protokollant des Geschehens fungiert. Kurz: Nichts soll erdichtet sein, allenfalls verdichtet.

Das Verfahren, das der Verfasser zur Erstellung eines »Bild[es] des Kriegslebens im fernen Lande« anwendet, steht den Beteuerungen seines Vorwortes dann jedoch, wie bereits angedeutet, diametral entgegen. Durch die Kompilation verschiedener, als gültig angesehener Texte über den Krieg und die Vernichtung der Herero, also durch das Arrangieren von anschlußfähigen Wirklichkeitsentwürfen wird das vom Verfasser selbst geschilderte Verfahren geradezu umgekehrt: Das idealtypische Kriegsbild entsteht im Rekurs auf Texte, die Wahrheit des Berichts wird durch den Rückgriff auf anschlußfähige Aussagen konstruiert. Im Diskurs über den Hererokrieg ist die gesellschaftlich vermittelbare »Realität« des Kriegserlebnisses somit vorstrukturiert, ja überhaupt erst generiert worden. Die Wahrheit der konstruierten Erfahrung mißt sich an der Kompatibilität mit den Regeln der kollektiven Rede über die Kolonialkriege. Es ist also keineswegs eine wie auch immer geartete »Realität« der Kolonialkriege, die die Hand des Verfassers lenkt, sondern der Diskurs über die Kolonialkriege. Der Verfasser des Textes erscheint somit weniger als Protokollant des Geschehens, denn vielmehr als Agent des Diskurses, als ein Ort, an dem der Diskurs sich manifestiert.

Das hier zu beobachtende, zunächst vielleicht befremdlich erscheinende Verfahren der Textkonstitution kann, wenn in diesem Falle auch in einer extremen Form vorliegend, als paradigmatisch für einen Großteil der veröffentlichten Texte über die Kolonialkriege und die Vernichtungspolitik gelten. Aus der Perspektive der Geschichtswissenschaften hat diese Beobachtung dazu geführt, den »Quellenwert« zeitgenössischer Publikationen über die Kolonialkriege, so denn ein solcher Quellenwert überhaupt angenommen wird, zu problematisieren. In ihrer Studie zur »Realität, Deutung und Verarbeitung« der Kolonialkriege in Deutsch-Südwestafrika hat Gesine Krüger die Relevanz der Bedeutung veröffentlichter Texte über den Herero-Krieg, insbesondere belletristischer Texte, für eine Bewertung der Sinndeutung des Kriegs kritisch hinterfragt und festgestellt, daß »die kolonialapologetische wie kritische Literaturwissenschaft durch die fehlende Unterscheidung der Genres [insbesondere einer dezidierten Differenzierung zwischen Roman und Tagebuch; M.B.] eine zwar ambivalente, aber homogene Kriegerfigur konstruiert [habe], die sich so nicht in den Tagebüchern«[45] wiederfinde. Tagebücher, als »Zeugnisse der Selbstinszenierung und alltagsgeschichtliche Quellen« würden – anders als veröffentlichte Texte – »brisante Themen« ansprechen, sie würden »ungewollt Emotionen« mitteilen (so beispielsweise, wenn die Schrift zittere oder Grammatikfehler aufträten).[46]

Unberücksichtigt läßt Krüger dabei allerdings, daß die Texte über den Hererokrieg, wie gezeigt, diese Differenzierung ja gerade selbst auflösen. Aber nicht nur aus diesem Grunde stellen sich aus literaturwissenschaftlicher, vielmehr jedoch noch aus diskurstheoretischer und wissenssoziologischer Perspektive im Hinblick auf Krügers Diagnose unmittelbar vier Fragen: Zunächst die Frage nach der sozialen Reichweite der Tagebücher, denen Krüger einen höheren Wirklichkeitsgehalt zuerkennt, und damit verbunden die Frage nach dem Einfluß dieser Tagebücher auf ein in breiten Kreisen der Gesellschaft geteiltes Bild über die Kriege und den Kriegsalltag, beziehungsweise nach ihrer Repräsentativität im Hinblick auf ein solches Bild. Zudem die Frage nach den spezifischen Regeln der Textsorte »Tagebuch« und nach dem Typus der über die Erfüllung dieser Regeln generierten Aussagen (etwa die Erfüllung der Anforderung »Introspektion« an den Produzenten eines Tagebuchs); viertens stellt sich natürlich die Frage nach den Interrelationen von Tagebuchtexten und poetischer Literatur, so beispielsweise die Frage

---

45 Krüger: Kriegsbewältigung und Geschichtsbewußtsein, a. a. O., S. 80.
46 Ebd.

nach der Vorstrukturierung von Tagebucheinträgen durch literarische Muster.

Ein Beispiel dafür, wie ein Tagebucheintrag seine Evidenz gerade durch den Rekurs auf einen poetischen Text produziert und so der explizit fixierten Aussage über ein angedeutetes Zitat eine weitere Bedeutungsdimension hinzufügt, führt Gesine Krüger in ihrer Studie selbst an, allerdings ohne die intertextuelle Verweisstruktur ihres Beispiels und die Konsequenzen dieser durchaus beabsichtigten Intertextualität des von ihr angeführten Zitates zu dechiffrieren. So führt sie folgende Passage aus dem Tagebuch eines Major Stuhlmann an, der, so Krüger, in seinem Tagebuch wiederholt auf seine Kultiviertheit und auf seine Bildung verweise: »Als besonders echte Hottentotten-Schönheit wird die Dame betrachtet, welche durch lange Rassenzüchtung eine besonders mächtige Rundung des Gesäßes – Verzeihung – aufweist. Die glücklichen Mütter tragen dann auch ihre Kinder reitend auf Hüfte oder besagtem Körperteil und reichen ihnen auch so die Brust. – ›da wendet sich der Gast mit Grausen ...!‹«[47]

Krüger liest diese Passage als einen Versuch Stuhlmanns, dessen »Urteile über Afrikaner [...] zwischen Respekt und Anerkennung, Rassismus und ethnographischem Interesse«[48] schwanken würden, einen Abstand zwischen den »Weißen« und den »Hottentotten«, die Stuhlmann kurz zuvor als »fast weiß« bezeichnet habe, (wieder-)-herzustellen. Die Passage, dies sollte vielleicht noch einmal betont werden, steht im Kontext eines Tagebuchs, das die Kriege gegen die Herero und Nama zum Gegenstand hat. Stuhlmann selbst war erst kurz vor der Schlacht am Waterberg im Schutzgebiet eingetroffen, und ihm waren die Verfolgungsmaßnahmen gegen die Herero in ihrer gesamten Konsequenz durchaus präsent. Nun ist interessant, daß der »Autor« des Tagebuchs seine Beschreibung mit einem verkürzten Zitat enden läßt, das Krüger in ihrer Analyse nicht auflöst, obwohl Stuhlmann den Satz selbst als Zitat gekennzeichnet hat und auch die Fortführung des zitierten Gedankens durch drei Punkte offensichtlich andeutet und dem impliziten Leser seines Tagebuchs (selbst wenn es sich allein um ihn selbst handeln sollte) eine solche

---

47 Zitiert nach Krüger: Kriegsbewältigung und Geschichtsbewußtsein, a. a. O., S. 84.
48 Ebd.

Fortführung des Gedankens anrät. Bei dem Text, den der seine Bildung stets betonende Stuhlmann zitiert, handelt es sich um den Schluß von Schillers Ballade *Der Ring des Polykrates*,[49] die sicherlich zum Pool des bildungsbürgerlichen Kanons um 1900 gerechnet werden darf. Das vollständige, vom Bildungsmenschen Stuhlmann nur angedeutete Zitat lautet: »Hier wendet sich der Gast mit Grausen: / ›So kann ich hier nicht ferner hausen, / Mein Freund kannst du nicht weiter sein. / Die Götter wollen dein Verderben; / Fort eil' ich, nicht mit dir zu sterben.‹ / Und sprach's und schiffte schnell sich ein.«[50]

Sicherlich erhält die Passage des Tagebuchs durch das angedeutete Zitat einerseits einen ironisierenden Charakter. Andererseits erhält der Text, der offen mit um 1900 gültigem ethnologischen Wissen[51] und rassischen Stereotypen operiert, durch die im angedeuteten Zitat ausgesprochene Vision eines gottgewollten Untergangs, der nun auf die als pars pro toto für die autochthone Bevölkerung, zumindest aber für die Nama stehende »Hottentottenfrau« übertragen wird, im Kontext des Kriegsgeschehens und der auf Vernichtung abzielenden Strategien der deutschen Schutztruppe eine fatale Bedeutungsdimension. Interessant ist, daß der »Untergang« durch den Rekurs auf einen »klassischen Text« als Gott-gewollt und damit zwangsläufig, unabwendbar und gerechtfertigt entworfen wird. Die Passage und ihre diskursive Strategie zeigt sehr deutlich, daß eine

---

49 Schiller, Friedrich: Der Ring des Polykrates, in: Schillers sämtliche Werke in zwölf Bänden, Stuttgart o.J. [um 1900] (=Cotta'sche Volksbibliothek), hier: Band 1: Gedichte, S. 161-163.
50 Ebd., S. 163.
51 So ist die von Stuhlmann beschriebene, als »Fettsteißigkeit« oder »Steatopygie« bezeichnete physiognomische Besonderheit der Nama-Frau dem in den 1920er Jahren erschienenen *Deutschen Kolonial-Lexikon* immerhin gleich zwei Einträge wert, wobei der Interessent unter dem Begriff »Fettsteißigkeit« zunächst nur auf das entsprechende Fachwort verwiesen wird (vgl. Deutsches Kolonial-Lexikon. Bd. 1, a. a. O., S. 610). Unter dem Eintrag »Steatypogie« findet sich dann eine ganzspaltige, sowohl hinsichtlich der morphologischen als auch organischen Dimensionen recht detailreiche Beschreibung des besagten Körperteils. Ergänzt und validiert wird das Ganze durch einen Verweis auf empirische Untersuchungen (Sektionen) und auf Forschungsliteratur (ebd., Bd. 3, a. a. O., S. 402). Zu guter Letzt kann sich der interessierte Leser dann auch noch selbst mittels einer Schautafel von den Dimensionen der »Steatopygie bei Hottentottinnen« überzeugen (ebd., Bd. 3, a. a. O., Tafel 183).

diskrete Trennung der Genres kaum möglich ist, da »Tagebuch« und »Roman«, »authentisches« Egodokument und »fiktionaler« poetischer Text, ihre Evidenzen gerade erst durch eine wechselseitige Durchdringung produzieren: Der Tagebucheintrag beglaubigt sich durch einen klassischen Text, während zahlreiche poetische Texte über den Herero-Krieg, wie bereits gezeigt, auf »tatsächlich Erlebtes«, auf Augenzeugenberichte und nicht zuletzt auf Tagebücher zurückverweisen, um ihre Story zu authentifizieren.

Aber nicht allein diese auffällige und vielschichtige Diffusion der Genres ist ein prototypisches Merkmal zeitgenössischer Codierungen der Kolonialkriege. Für die Publikationen, insbesondere für die erzählenden Texte trifft ebenfalls zu, was Sybille Benninghoff-Lühl allgemein hinsichtlich der deutschen Kolonialliteratur festgestellt hat, nämlich »daß die verschiedenen Handlungsmuster nur geringfügig voneinander abwichen.«[52] Das Gros der erzählenden Literatur setzt mit der Überfahrt des Soldaten eines Seebataillons ein, der selbst zunächst über keine Erfahrung in den Kolonien verfügt.[53] Recht stereotyp werden bestimmte Ereignisse und Stationen der Überfahrt geschildert: Seekrankheit, Zwischenstop auf Madeira oder einer Kanarischen Insel, erster Kontakt mit »Farbigen« und Reaktionen der Befremdung, Äquatortaufe, Aufnahme von afrikanischen »Schiffjungen« in Monrovia, deren Äußeres als ebenso »abstoßend« geschildert wird wie ihr Verhalten. Häufig wird die Republik Liberia als schwarzafrikanische Karikatur eines Staatswesens beschrieben. Ein festes Motiv ist dann die Enttäuschung der Protagonisten über die Kargheit der Südwestafrikanischen Landschaft bei der Ankunft in Swakopmund, oftmals auch der Zweifel, ob diese karges Land überhaupt einen Krieg wert sei.

Eine Variante dieser Entwicklung des Plots besteht darin, daß die Erzählung unmittelbar mit der Ankunft von »Neulingen« kurz vor »Ausbruch des Aufstandes« in Swakopmund einsetzt, mit ihrer

---

52 Benninghoff-Lühl: Deutsche Kolonialromane, a. a. O., S. 7.
53 Exemplarisch sind hier neben zahlreichen »Erlebnisberichten« (so dem bereits erwähnten Buch *Meine Kriegserlebnisse in Deutsch-Süd-West-Afrika. Von einem Offizier der Schutztruppe*) u.a. folgende Publikationen: Gümpell: Ins Land der Hereros, a. a. O.; Liliencron: Nach Südwestafrika, a. a. O.; Meister: MuHérero riKárera! (Nimm dich in acht, Herero!), a. a. O.; oder Frenssen, Gustav: Peter Moors Fahrt nach Südwest. Ein Feldzugsbericht, Berlin 1906.

Konfrontation mit den »Alten Afrikanern« und mit Diskussionen über die Behandlung der »Eingeborenen«. Während die erste Variante der Erzählung, den Auszug der stets männlichen Protagonisten als Reaktion auf den Ausbruch des Krieges beschreibt, sind die Motivationen der Protagonisten für eine Reise oder Übersiedlung in die Kolonie im zweiten Typus der Erzählung häufig wirtschaftlicher oder sozialer Natur: Männer und Frauen, die sich als Kaufleute, Farmer oder Farmarbeiter im kargen Südwest eine neue Existenz aufbauen wollen, Personen, die den Massengesellschaften der europäischen Metropolen entfliehen, um in der Einsamkeit der Kolonie zu sich selbst zu finden, oder Offiziere und Soldaten, die im Reich aufgrund eines Konfliktes in Unehre gefallen sind und nun in der Kolonie ein neues Leben beginnen wollen.[54]

Gemeinsam ist beiden Varianten der Entwicklung des Plots der Aspekt der Bewährung in der Fremde. Der Krieg mit den Eingeborenen wird in der Regel entlang der Ereignisse geschildert, wie sie in offiziellen Darstellungen des Generalstabs entworfen worden sind. Zentrale Aspekte hierbei sind Zerstörung der deutschen Kulturleistungen und Bedrohung der weißen Farmer und Soldaten durch die »Eingeborenen«, Kameradschaft, soziale Integration durch gemeinsam erfahrene Bedrohung und Not, Schilderung von Entbehrungen und Hunger. Breiten Raum nimmt häufig der Bericht über die Schlacht am Waterberg ein sowie die Darstellung der entbehrungsreichen Verfolgung der flüchtenden Herero in das Sandfeld und der »Untergang des Hererovolkes«.

Neben den beiden geschilderten Charakteristika der Literatur über die Kolonialkriege der Jahre 1904 bis 1907 – einer gewissen Stereotypie in der Entwicklung der Story und, wie gezeigt, der Strategien der Beglaubigung – findet sich ein dritter Aspekt, der nahezu sämtlichen dieser Texte gemeinsam ist: nämlich der Grundtenor hinsichtlich der Deutungen des Krieges und der von der deutschen Schutztruppe verfolgten Vernichtungsstrategie. So ist es auffallend, daß in den frühen Publikationen über die Kolonialkriege die Vernichtung der Herero und Nama weder bestritten noch bagatellisiert wird, sondern als sinnvoller und gerechtfertigter Beitrag im Vollzug

---

54 Vgl. hinsichtlich dieser Variante u.a.: Holm: Ovita, a. a. O.; Steffen: Im Orlog, a. a. O.; Kraze: Heim Neuland a. a. O.

– und als Vollziehen! – eines allgemeinen Prozesses der Entwicklung einer Weltkultur gedeutet und als legitimes Mittel in einer als unausweichlich angenommenen Auseinandersetzung zwischen »Weißen« und »Schwarzen«,[55] zwischen »Kultur« und »Unkultur« beschrieben wird.

Auffallend ist zudem, daß in den frühen Erzählungen – anders als die oben zitierte Sentenz von Günter Grass es nahezulegen scheint – die absichtsvolle Vernichtung der »Schwarzen« gerade nicht ausgeblendet wird: Die vor dem Ersten Weltkrieg erschienenen literarischen Texte über die Ereignisse der Jahre 1904 bis 1907 enden mit der Vernichtung der Herero, während die Aufhebung des im Oktober 1904 von General von Trotha erlassenen Vernichtungsbefehls in keinem der Texte auch nur Erwähnung findet. Die Ermordung der »Eingeborenen« erscheint als ein notwendiges Ziel kolonisierender und kultivierender Arbeit.

Sicherlich waren die Diskussionen um die Kriegführung und die Vernichtungsstrategie nicht so homogen, wie es die skizzierten Argumentationsmuster nahezulegen scheinen. Auch andere Darstellungen des Geschehens und andere, kritische Auseinandersetzungen mit der Vernichtungsstrategie der Schutztruppe wurden formuliert, so insbesondere im missionarischen[56] und sozialdemokratischen Umfeld[57] sowie – mit Einschränkungen – im Umfeld des katholi-

---

55 Zur literarischen Imagologie der »Schwarzafrikaner« in der deutschen Kolonialliteratur vgl.: Sadji: Das Bild des Negro-Afrikaners in der deutschen Kolonialliteratur (1884-1945), a. a. O.
56 Vgl. in diesem Kontext exemplarisch: Irle, J[akob]: Was soll aus den Herero werden?, Gütersloh 1906; sowie Irle, Hedwig: Wie ich die Herero lieben lernte, Gütersloh 1909.
57 Zum Verhältnis der Sozialdemokratie zum kolonialen Projekt vgl.: Weinberger, Gerda: Die deutsche Sozialdemokratie und die Kolonialpolitik. Zu einigen Aspekten der sozialdemokratischen Haltung in der kolonialen Frage in den letzten Jahrzehnten des 19. Jahrhunderts, in: Zeitschrift für Geschichtswissenschaft 15, 3, 1967, S. 402-423; Mergner, Gottfried: Solidarität mit den »Wilden«. Das Verhältnis der deutschen Sozialdemokratie zu den afrikanischen Widerstandskämpfern in den ehemaligen deutschen Kolonien um die Jahrhundertwende, in: Internationalism in the Labour Movement 1830-1940. Bd. 1, hrsg. von Frits van Holthoon und Marcel van der Linden, Leiden 1988, S. 68-86.

schen Zentrums.⁵⁸ Beispielhaft ist in diesem Kontext der damalige SPD-Vorsitzende August Bebel, der im Reichstag die Kriegführung der deutschen Schutztruppe verschiedentlich kritisierte.⁵⁹ Allerdings blieben diese kritischen Äußerungen hinsichtlich ihrer Breitenwirkung eher randständig. Die Ergebnisse der sogenannten »Hottentottenwahlen«⁶⁰ (25. Januar 1907, Stichwahlen am 5. Februar 1907), in denen die Befürworter einer Fortsetzung des Kolonialkriegs eine große Mehrheit der Reichstagssitze erzielten, während die Sozialdemokraten fast die Hälfte ihrer Reichstagsmandate verloren und nur noch 43 Mandate erhielten,⁶¹ sprechen hier eine deutliche Sprache: Die konservativen und liberalen Wahlsieger hatten im Wahlkampf eine dezidert gegen die Sozialdemokratie gerichtete, nationalistische und kolonial-imperialistische Programmatik vertreten. Die Sozialdemokraten zogen aus dieser Wahlniederlage Konsequenzen und gaben ihre seit 1904 deutlich vertretene kolonialkritische Position auf. Auffallend ist zudem, daß in den eher als kritisch einzuschätzenden Äußerungen und Publikationen dieselben Grundstrukturen und Argumentationslinien präsent sind wie in der großen Breite der legitimatorischen (Kolonial-)Diskurse, aus denen allerdings andere und – zumindest vordergründig – weniger radikale Schlußfolgerungen gezogen wurden. Diese Beobachtung gilt

---

58 Zur Haltung des Zentrums vgl.: Epstein, Klaus: Erzberger and the German Colonial Scandals, 1905-1910, in: The English Historical Review, Band 74, London 1959, S. 658-667.
59 Vgl. zum Beispiel Bebels Rede im Reichstag am 9. Mai 1904, in: Stenografische Berichte über die Verhandlungen des Reichstags. XI Legislaturperiode, I Session, erster Sessionsabschnitt, 1903/1904. Vierter Band: Von der 81. Sitzung am 2. Mai 1904 bis zur 100. Sitzung am 16. Juni 1904, Berlin 1904, S. 2779-2787.
60 Vgl. hierzu: Reinhard, Wolfgang: »Sozialimperialismus« oder »Entkolonisierung der Historie«? Kolonialkrise und »Hottentottenwahlen« 1904-1907, in: Historisches Jahrbuch 97/98 (1978), S. 384-417. Vgl. auch van der Heyden, Ulrich: Die »Hottentottenwahlen« 1907, in: Völkermord in Deutsch-Südwestafrika. Der Kolonialkrieg (1904-1908) in Namibia und seine Folgen, a. a. O., S. 97-102.
61 Dies allerdings in erster Linie aufgrund der Spezifika des Wahlrechts und der Aufteilung der Wahlkreise sowie aufgrund geschickter Wahlbündnisse der bürgerlichen und konservativen Kandidaten bei den Stichwahlen.Vgl. hierzu: van der Heyden: Die »Hottentottenwahlen« 1907, a. a. O., S. 100.

gleichermaßen für den sozialdemokratischen⁶² wie auch den missionarischen⁶³ Kontext. So wird aus einer angenommenen und unhinterfragten Unterlegenheit der Afrikaner durchaus auch die Berechtigung zu kolonialer Expansion und zu einer notwendigen und damit auch legitimen Herrschaft der »überlegenen Weißen« über die Afrikaner gefolgert. Verbunden wird dies jedoch mit einem Auftrag der kulturellen Hebung sowie (insbesondere im sozialdemokratischen Kontext) einer sozialen Modernisierung oder eben der Missionierung. Bedeutsam ist nun, daß solche modernisierenden Eingriffe häufig in bellizistische Konstruktionen gefaßt werden, die bisweilen unmittelbar an die Argumentationsmuster der kolonialen Rede anschlossen, ja geradezu von den Parametern einer (kolonial-)diskursiv generierten afrikanischen Wirklichkeit bestimmt werden. So wird im Vorwort zu der 1909 erschienenen Schrift *Wie ich die Herero lieben lernte*, in der die Missionarsfrau Hedwig Irle versuchte, um Verständnis für die Herero zu werben und dem gültigen Bild des mordlüstigen Wilden entgegenzuwir-

---

62 Vgl. hinsichtlich des sozialdemokratischen Diskurses über die koloniale Expansion weiter unten exemplarisch die Ausführungen zu: Bernstein, Eduard: Der Sozialismus und die Kolonialfrage, in: Sozialdemokratie und Kolonien, hrsg. von Alfred Mansfeld, Berlin 1919, S. 58f. (zuerst in: Sozialistische Monatshefte, 1900, S. 549-561).
63 Zum Verhältnis von Mission und Gewalt vgl. Gründer, Horst: Christliche Mission und deutscher Imperialismus. Eine politische Geschichte ihrer Beziehungen während der Kolonialzeit (1884-1914) unter besonderer Berücksichtigung Afrikas und Chinas, Paderborn 1982. Vgl. auch: Imperialismus und Kolonialmission. Kaiserliches Deutschland und koloniales Imperium, hrsg. von Klaus J. Bade, Wiesbaden 1982. Horst Gründer hat zudem die Bedeutung des christlichen Missionsauftrags als Moment der Legitimation des modernen Kolonialismus umfassend untersucht: ders.: Welteroberung und Christentum. Ein Handbuch zur Geschichte der Neuzeit, Gütersloh 1992.
Zum Zusammenhang von Mission und kolonialer Gewalt vgl. die Aufsätze des Bandes: Mission und Gewalt. Der Umgang christlicher Missionen mit Gewalt und die Ausbreitung des Christentums in Afrika und Asien in der Zeit von 1792 bis 1918/19, hrsg. von Ulrich van der Heyden und Jürgen Becher, Stuttgart 2000. Vgl ferner: Gründer, Horst: Mission und Gewalt im kolonialen Kontext. Das Beispiel China, in: Kolonialismus. Kolonialdiskurs und Genozid, hrsg. von Dabag/Ketelsen/Gründer, a. a. O., S. 136-149 sowie in demselben Band: Harding, Leonhard: Mission und Gewalt. Zum Verhältnis von missionarischem Diskurs, Geschichtsbewußtsein und Gewalt in Rwanda, S. 232-260.

ken, der kolonialmissionarische Diskurs an den kolonialmilitärischen Diskurs angenähert, ja sogar zur Deckungsgleichheit gebracht. So schreibt der Konsistorialrat Dr. von Rohden, der Bruder Hedwig Irles, daß die »Herero der inneren Überwindung durch die christliche Liebe ebenso Widerstand« entgegensetzen würden »wie der Niederwerfung durch die deutschen Waffen«,[64] und folgert daraus, daß »der Sieg«, den die Mission über die Herero errungen habe, »viel herrlicher und bleibender« sei, »als der mit Blut und Eisen errungene.«[65] Schließlich wird auch der Expansionismus dezidiert auf die Missionstätigkeit in Südwestafrika übertragen, wenn Rohden prognostiziert, »daß in dem unterworfenen Lande, unserer mit so schweren Opfern erkauften Kolonie noch viele moralische Eroberungen zu machen sind.«[66]

Das sich hier abzeichnende Bild der Missionstätigkeit als eines (Eroberungs)Kampfes hatte bereits im Jahr 1888 der Missionar und Missionstheoretiker Alexander Merensky in seiner vielbeachteten Schrift *Europäische Mission und Christentum gegenüber dem südafrikanischen Heidentum*[67] unmißverständlich und programmatisch formuliert und den Kampf der Mission sogar darüber hinaus als einen notwendigen Vernichtungskampf entworfen. In Merenskys Schrift lesen wir, daß zunächst das »ganze Volksleben eines Heidenvolkes [...] erst umgewandelt, seine Eigentümlichkeit vernichtet werden« müsse, »ehe die Kultur das innerste Herz und Mark eines Volkes erreicht, wo doch der Sitz des Aberglaubens zu suchen ist. Das Christentum greift bei seiner Missionsarbeit gleich diese innerste feste Burg des Heidentums an.«[68] Die Voraussetzung für eine kulturelle Hebung und Missionierung des Afrikaners bestehe also in der Vernichtung »seiner Eigentümlichkeiten«. Ziel der Missionsarbeit, so Merensky in einer bedeutungsschweren Assoziation von Luthers Kirchenlied »Ein feste Burg ist unser Gott«, sei daher die Schleifung der »innerste[n] feste[n] Burg« des afrikanischen Heidentums. Missionsarbeit ist Kriegshandwerk, so läßt sich Merenskys

---

64 Irle: Wie ich die Herero lieben lernte, a. a. O., S. 3f.
65 Ebd., S. 4.
66 Ebd.
67 Merensky, Alexander: Europäische Kultur und Christentum gegenüber dem südafrikanischen Heidentum, Berlin 1888.
68 Ebd., S. 16.

bellizistischer Diskurs sicherlich lesen, ohne der Textvorlage dabei Gewalt anzutun. Ziel dieser missionarischen Kriegführung, die sowohl von Merensky als auch von Hedwig Irle über den Rekurs auf den bellizistischen Diskurs entworfen wird, sei allerdings nicht die physische Vernichtung des Afrikaners, sondern die Vernichtung seiner kulturellen Eigenständigkeit.

Mit dieser Vision treffen sich missionarische Diskurse übrigens durchaus mit kolonial-ökonomischen Argumentationslinien, die nach 1907 für eine »Erhaltung« der »Herero und Hottentotten« plädierten, um sie – »ihrer körperlichen, geistigen und politischen Eigenart« beraubt – »einst erinnerungslos eingeschmolzen [...] mit dem Zeichen des Reichsadlers und des christlichen Kreuzes versehen, mit der Aufschrift ›farbige Arbeiter‹ als Wirtschaftswert in allgemeiner Tagelöhnerwährung wieder neu in Kurs« setzen zu können.[69] Im ökonomisch programmierten Diskurs, der sich hier explizit abzeichnet – nicht allein über die Begrifflichkeiten »farbige Arbeiter«, »Wirtschaftswert«, »Tagelöhnerwährung« und »in Kurs setzen« –, korrespondiert die Assoziation quasi-industriellen »erinnerungslosen Einschmelzens« mit Merenskys Vision der Vernichtung der »Eigentümlichkeiten« des Afrikaners. Das Programm einer »Vernichtung« bleibt somit auch in den der Vernichtungspolitik der Schutztruppe vordergründig kritisch entgegenstehenden Diskursen gültig.[70]

Bereits weiter oben ist festgestellt worden, daß ein großer Teil der Produzenten kolonialer Texte in spezifischer Weise selbst in das koloniale Projekt involviert war. Dieses Charakteristikum gilt auch für die zeitgenössischen Publikationen über die Vernichtung der Herero, und zwar auch für die belletristischen Publikationen. Da zudem viele dieser Bücher in einschlägigen Kolonial- oder Militärverlagen erschienen sind – etwa im Deutschen-Kolonial-Verlag (Berlin), in den Verlagen Reimer (Berlin), Süsserot (Berlin) oder Mittler & Sohn (Berlin) – liegt zunächst die Vermutung nahe, daß die zeitgenössische Literatur über die Kriege gegen die Herero und Nama, wie dies eben auch für die gesamte deutschsprachige Kolo-

---

69 Schultze, Leonhard: Südwestafrika, in: Das Deutsche Kolonialreich. Eine Länderkunde der deutschen Schutzgebiete, hrsg. von Hans Meyer, Bd. 2: Togo, Südwestafrika, Schutzgebiete in der Südsee und Kiautschougebiet, S. 129-298, hier S. 295.
70 Vgl. hierzu auch: Böttger: Zivilisierung der »Vernichtung«, a. a. O, S. 22-63.

nialliteratur getan wurde, als Trivialware zu deuten sei, die in erster Linie die Interessen und Anschauungen einer kleinen, festumrissenen Gruppe propagiert habe.[71]

Im Widerspruch zu der Annahme, daß im Falle der »Kolonialliteratur« ein geschlossener Publikations- und Rezeptionskreis anzunehmen ist, der zudem eindeutig mit einer bestimmten sozialen Interessensgruppe identifiziert und auf diese beschränkt werden kann, existiert auch eine nicht geringe Anzahl von Texten zum »Herero-Krieg«, die nicht von Autoren mit kolonialem Hintergrund geschrieben und nicht im Kontext vornehmlich kolonialpolitischer Interessen publiziert und gelesen wurden. Eine Lektüre dieser Publikationen zeigt, daß Bild und Deutung der Ereignisse, wie sie in den auf ein kolonial-interessiertes Publikum zugeschnittenen Publikationen entworfen wurden, auch in breiteren Kreisen des wilhelminischen Bürgertums anschlußfähig waren.[72]

So stimmen die Schilderungen und Deutungen der Ereignisse der Jahre 1904 bis 1907 in Publikationen, die an eine breite bürgerliche Leserschicht gerichtet waren, mit denen in Texten genuin kolonialer Autoren wie Maximilian Bayer, Orla Holm oder Kurd Schwabe nicht allein in ihrer Thematik, sondern auch hinsichtlich der Struktur ihrer Argumentation weitestgehend überein. Romane wie Friede H. Krazes *Heim Neuland* (1911), Henny Kochs *Die Vollrads in Südwest. Erzählung für junge Mädchen* (1910; 1928 erschien die 17. Auflage) oder auch das bereits im Jahr 1904 erschienene »Jugend- und Familienbuch« *Muhérero riKárera! (Nimm dich in acht, Herero!)* von Friedrich Meister, sind hier beispielhaft. In Meisters »Jugend- und Familienbuch« heißt es etwa: »Ich glaube, wenn die Mission nicht im Lande gewesen wäre, dann hätten die Wilden noch ganz anders gehaust. Jetzt ist es ein Rassenkrieg zwischen Schwarz

---

71 Vgl. Warmbold: Deutsche Kolonial-Literatur, a. a. O., S. 278; Reif: Exotismus und Okkultismus, a. a. O., S. 160; Melber: Kontinuitäten totaler Herrschaft, a. a. O., hier S. 99f. Diese Lesart bestimmt, wie bereits erwähnt, bis heute die germanistische Forschungen zur Literatur über den Herero-Nama-Aufstand, so: Wassink: Auf den Spuren des deutschen Völkermords in Südwestafrika, a. a. O.

72 Allgemein zur zeitgenössischen Rezeption des Kolonialismus im Deutschen Kaiserreich vgl.: Kolonialismus als Kultur, hrsg. von Honold/Simons, a. a. O.; sowie: Phantasiereiche. Zur Kulturgeschichte des deutschen Kolonialismus, hrsg. von Kundrus, a. a. O.

und Weiß, und der muß ausgefochten werden bis zur endgültigen Entscheidung. Die Hereros haben sich entweder zu unterwerfen, oder sie werden ausgerottet, etwas anderes ist nicht denkbar.«[73]

Der Verfasser dieser Zeilen gehörte zu den angesehensten und meistgelesenen Jugendbuch-Autoren des Deutschen Kaiserreichs. Neben seinen eigenen Romanen und Erzählungen zu oftmals historisch-heroischen Stoffen schuf Meister Übersetzungen und Jugendbuchbearbeitungen zu Klassikern der Abenteuerliteratur – so zu Stevensons *Schatzinsel* oder Coopers *Lederstrumpf* –, die bis in die 1960er Jahre nachgedruckt wurden. Einem (Jugend-)Buch über den »Herero-Krieg«, das unter seinem Namen erschien, war der Erfolg im deutschen Bildungsbürgertum sicher.

Das prominenteste Beispiel in diesem Kontext ist jedoch Gustav Frenssens[74] 1906 erschienener, der »deutschen Jugend, die in Südwestafrika gefallen ist, zu ehrendem Gedächtnis« gewidmeter Roman *Peter Moors Fahrt nach Südwest. Ein Feldzugsbericht,*[75] von

---

73 Meister: MuHérero riKárera!, a. a. O., S. 131.
74 Gustav Frenssen (1863-1945). Geboren in Barlt (Holstein), nach einem Theologiestudium evangelischer Pastor in Dithmarschen (1890-1902). Sein erster Roman *Die Sandgräfin* erschien 1895. 1901 publizierte Frenssen den Roman *Jörn Uhl*, der seinen literarischen Erfolg begründen sollte. Ab 1902 lebte er als freier Schriftsteller. Der Weimarer Republik stand Frenssen zunächst aufgeschlossen gegenüber, unterstützte später jedoch zunehmend die NSDAP, ohne der Partei beizutreten. Nach der Machtübernahme der NSDAP wurde Frenssen, der sich ausdrücklich zu Hitler bekannte (vgl. u.a.: Frenssen, Gustav: Lebensbericht, Berlin (7.-11. Tausend) 1941 (zuerst 1940), S. 349), Ehrensenator des Reichsverbandes deutscher Schriftsteller. Im Dritten Reich erhielt Frenssen mehrere Literaturpreise (so 1936 den Wilhelm-Raabe-Preis und 1938 die Goethe-Medaille für Kunst und Wissenschaft).
75 Frenssen: Peter Moors Fahrt nach Südwest [1906], a. a. O. Im Rahmen der vorliegenden Untersuchung wird diese Erstausgabe des Textes zugrundegelegt. Da Frenssen den Roman aus Gründen, die im folgenden erläutert werden, überarbeitet hat und der Roman ab 1912 in einer leicht geänderten Fassung erschien, wird in der Zitation dennoch stets das Erscheinungsjahr der jeweils zitierten Ausgabe angegeben. Nach Beginn des zweiten Weltkriegs hat Frenssen übrigens den Text nochmals geändert, insbesondere hinsichtlich der im Roman vorgenommenen Beurteilung der Briten. Während in den Ausgaben bis 1938 der Protagonist während der Vorüberfahrt an der englischen Küste von einem erfahrenen Seemann belehrt wird, daß die Engländer »von allen die respektabelsten Leute« seien: »Hinter den hohen Kreidefelsen wohnt doch das erste Volk der Erde, vornehm, weltklug, einig und reich.« Die Engländer zum Vorbild zu nehmen und ihnen nachzuei-

dem weiter unten noch ausführlicher die Rede sein wird.[76] Dies nicht allein deshalb, weil es sich bei diesem Roman um die erfolgreichste zeitgenössische Publikation über den »Herero-Aufstand« handelt, der Text also bereits aufgrund seiner Auflagenstärke als repräsentativ gelten kann, sondern auch, weil Frenssen im ersten Jahr-

>   fern, sei eine »Lebensfrage« für die Deutschen (vgl.: Frenssen: Peter Moors Fahrt nach Südwest (1906) , a. a. O., S. 14 und Frenssen, Peter: Peter Moors Fahrt nach Südwest. Ein Feldzugsbericht, Berlin (254.-273. Tausend) 1938, S. 19). In den während des Zweiten Weltkriegs erschienenen Nachauflagen des Romans wird der Protagonist – und mit ihm der Leser – in ganz anderer Weise belehrt: »›Das Land unserer Vettern!... Leider haben sie sich in ihrem Wesen völlig von uns getrennt. Vierhundert Jahre Seeräubertum hat ihren Sinn hart und grausam gemacht; ebensolange Herrschaft über geringere Völker, Kolonialvölker, hat sie unerträglich hochmütig gemacht, und ebensolanges und immer wieder geglücktes Raffen und Reißen von Geld und Gut hat ihren Sinn so versteint, daß sie sich für Auserwählte Gottes halten und keinem anderen Volke Ehre und Glück gönnen...‹ Ich wunderte mich über diese Worte. Aber nachher sprachen auch die alten Afrikaner, die ich kennenlernte, in solcher Weise von den Engländern.« (vgl. Frenssen, Gustav: Peter Moors Fahrt nach Südwest. Ein Feldzugsbericht, Berlin (370.-383. Tausend) 1943, S. 17).

76 Frenssens Roman ist auch die einzige Publikation über den Herero-Krieg, der die Literaturwissenschaft wiederholt Aufmerksamkeit geschenkt, bisher jedoch weder die bedeutungskonstitutive Struktur des Romans noch die unterschiedlichen Bedeutungsdimensionen und die komplexe interdiskursive Verweisstruktur des Textes dechiffriert hat. Statt dessen wurde zumeist der, wenn auch als realistisch und harsch charakterisierte, so doch zuvorderst kolonial-apologetische und propagandistische Impetus des Romans hervorgehoben. Vgl.: Warmbold: Deutsche Kolonial-Literatur, a. a. O., S. 95-124; Benninghoff-Lühl: Deutsche Kolonialromane, a. a. O., S. 123-136. Marieluise Christadler untersuchte den Roman im Kontext kriegserzieherischer Publizistik im deutschen Kaiserreich: Christadler, Marieluise: Kriegserziehung im Jugendbuch. Literarische Mobilmachung in Deutschland und Frankreich vor 1914, Frankfurt am Main 1978, S. 248-265; vgl. auch dies.: Zwischen Gartenlaube und Genozid. Kolonialistische Jugendbücher im Kaiserreich, in: Aus Politik und Zeitgeschichte (=Beilage zu »Das Parlament«), Nr. B21, 1977 (28.05.1977), S. 18-36. Zum selben Aspekt wie Christadler siehe auch: Brüggenthies, Ursula: Die Pflicht zu töten. Kriegserziehung im Jugendbuch: Peter Moors Fahrt nach Südwest, in: Gift im Bücherschrank. Kinder und Jugendlektüre im Nationalsozialismus, hrsg. von Werner Graf, Berlin/Paderborn 1992, S. 96-111. Eine Neubewertung des Romans versuchte Meyn: Abstecher in die Kolonialliteratur, a. a. O., S. 316-346. Wassink folgt in seiner Darstellung weitgehend den genannten Untersuchungen: Wassink: Auf den Spuren des deutschen Völkermords in Südwestafrika, a. a. O., S. 139-164.

zehnt des 20. Jahrhunderts zu den renommiertesten, auch international anerkannten und meistdiskutierten deutschen Schriftstellern gehörte,[77] der 1910 und 1912 sogar für den Literaturnobelpreis gehandelt wurde – der dann beide Male jedoch nicht an ihn, sondern an Paul Heyse (1910) und Gerhart Hauptmann (1912) verliehen wurde. In seinem *Führer durch die deutsche Literatur des 20. Jahrhunderts* aus dem Jahr 1913 schrieb Max Geißler über Frenssen: »Er ist der beste deutsche Erzähler; er hat die Literatur mit einer Reihe für ihn und deutsches Wesen typischen Figuren beschenkt, die an Umfang und innerem Reichtum kein anderer Romancier aufweisen kann. Er hat den deutschen Roman zu einer Höhe geführt, über die er in Einzelheiten wohl, alles in allem aber vor ihm nicht hinausgekommen ist.«[78] Sicherlich ist die Einschätzung Geißlers, der selbst mit Romanen hervortrat, die eine gewisse Nähe zu Frenssens »niederdeutschen«[79] Themen aufweisen,[80] subjektiv und vom eigenen, stark deutsch-konservativen Geschmack geprägt, doch kann sie als repräsentativ für weite Kreise bürgerlich-konservativer Bildungsschichten gelten.

Im *Peter Moor* sprach also nicht ein Namenloser, kein dichtend-dilettierender Schutztruppler oder Farmer, kein Kolonialbeamter oder Auftragsautor, sondern ein anerkannter Schriftsteller ersten Ranges, dessen Name in bürgerlichen Kreisen einen guten Klang

---

77   Eine literar- und sozialhistorische Verortung von Frenssens Werk bieten die Aufsätze des Sammelbandes: Gustav Frenssen in seiner Zeit. Von der Massenliteratur im Kaiserreich zur Massenideologie im NS-Staat, hrsg. von Kay Dohnke und Dietrich Stein, Heide 1997.
78   Geißler: Führer durch die deutsche Literatur des 20. Jahrhunderts, a. a. O., S. 134.
79   Zum Konzept des »Niederdeutschen« in der Literatur um 1900 vgl.: Gustav Frenssen in seiner Zeit, hrsg. von Dohnke/Stein, a. a. O.; Ketelsen, Uwe-K.: Niederdeutschland: Ein Joseph unter seinen Brüdern. August Julius Langbehns Rembrandt als Nothelfer in der Krise der europäischen Kultur, in: ders.: Literatur und Drittes Reich, a. a. O., S. 128-147. Vgl. im Hinblick auf Frenssen in diesem Kontext insbesondere: ders.: Das »Niederdeutsche« als literarisches Konzept der Krisenbewältigung. Eine historische Analyse der Erzählkonzeption von Gustav Frenssens Roman *Jörn Uhl*, in: ders.: Literatur und Drittes Reich, a. a. O., S. 148-171.
80   Vgl. u.a.: Geißler, Max: Inseln im Winde. Ein Halligroman, Leipzig 1907; ders.: Das Heidejahr. Tagebuch eines Einsiedlers, Leipzig 1911; ders.: Der Heidekönig, Leipzig 1919.

hatte: Frenssen war der Autor des *Jörn Uhl* (1901),[81] jenes ersten echten Bestsellers in Deutschland, von dem bereits im Erscheinungsjahr 130.000 Exemplare verkauft worden waren (zum Vergleich: von Thomas Manns ebenfalls 1901 erschienenem Roman *Die Buddenbrooks* wurden im gleichen Zeitraum nur wenig mehr als 1.000 Exemplare abgesetzt).[82]

Peter Moors Fahrt nach Südwest ist nicht der einzige und erste Roman Frenssens, in dem die Kolonie Deutsch-Südwestafrika und der »Aufstand der Herero« thematisiert werden. Bereits in dem 1905 publizierten Roman *Hilligenlei*[83] werden am Rande die Ereignisse in der Kolonie thematisiert: Einer der Protagonisten des Romans, der Theologiestudent Kai Jans, der das wahre Leben des Heilands zu erforschen und ein neues Evangelium zu schreiben beabsichtigt,[84] durchreist auf der Suche nach einem »heiligen Land« (laut Frenssen die Übersetzung für *Hilligenlei*[85]) das südliche und südwestliche Afrika und gerät im Jahr 1904 in die Wirren des Aufstandes, »der uns soviel edles Blut gekostet hat.«[86] Dort beteiligt sich Kai Jans an der Rettung einer von den Herero überfallenen deutschen Farmer-Familie, die er »in Tag- und Nachtmärschen, zu Fuß, über heißen, trockenen Sand und Fels, oft fast verdurstet, immer in Ge-

---

81 Frenssen, Gustav: Jörn Uhl, Berlin (452.-463. Tausend) 1939 (zuerst 1901).
82 Zur Bedeutung Frenssens im Literaturbetrieb des ersten Drittels des 20. Jahrhunderts vgl.: Ketelsen, Uwe-K.: Gustav Frenssens Werk und die deutsche Literatur der ersten Jahrzehnte unseres Jahrhunderts, in: Gustav Frenssen in seiner Zeit, hrsg. von Dohnke/Stein, a. a. O., S. 152-181.
83 Frenssen, Gustav: Hilligenlei. Roman, Berlin 1905. Dieser Roman war ebenfalls ungeheuer erfolgreich (allein zwischen September und November 1905 wurden 120.000 Exemplare in die Buchhandlungen gebracht), auch wenn er eine öffentliche Kontroverse über Frenssen auslösen sollte und schließlich zu einem endgültigen Bruch Frenssens mit der Kirche führte, die den Roman aufs heftigste kritisierte. Zu *Hilligenlei* siehe: Jensen, Max Friedrich: »... ein Feuer- und Wahrzeichen für den Weg in eine neue Zeit.« *Hilligenlei* – ein aufsehenerregendes Buch in der historischen Kontroverse, in: Gustav Frenssen in seiner Zeit, hrsg. von Dohnke/Stein, a. a. O., S. 285-315.
84 Ergebnis dieser »Forschungen« ist die im Roman sogenannte »Handschrift« des Kai Jans, eine Mischform aus Lebensgeschichte des »Heilands«, theologischen Reflexionen und Aufruf zur Mission, die als Buch im Buch in den Roman integriert ist. Vgl.: Frenssen: Hilligenlei, a. a. O., S. 485-593.
85 Jensen: »... ein Feuer- und Wahrzeichen«, a. a. O., S. 293.
86 Frenssen: Hilligenlei, a. a. O., S. 596.

fahr nach Norden«[87] geleitet, und sich dabei in einer Weise entkräftet, die schließlich – nach seiner Rückkehr in die deutsche Heimat – zu seinem Tode führt.

Allerdings werden in *Hilligenlei* die Ereignisse in der Kolonie nicht unmittelbar, sondern in einem teichoskopischen Verfahren erzählt: Vom Ausbruch des Aufstands erfahren die in Deutschland weilenden Figuren der Handlung über die Zeitungen, von Kai Jans' Erlebnissen durch den Brief eines seiner Freunde. Der Aufstand in der Kolonie und das koloniale Projekt selbst haben jedoch kein Eigengewicht in der Erzählung, sondern sie erfüllen ausschließlich die Funktion, Kai Jans zu der Erkenntnis zu bringen, daß es ein »heiliges Land« auf Erden nicht gibt. Dennoch ist der Rekurs auf das 1905 in der deutschen Öffentlichkeit hochaktuelle Thema des Kolonialkriegs ein deutliches Zeichen dafür, daß Frenssen die Ereignisse in der Kolonie verfolgte und ihnen große Bedeutung zumaß.

Diese Beschäftigung mit der Kolonie Deutsch-Südwestafrika und eine positive Einstellung zu einer von Frenssen für den Siedler als gewinnbringend eingeschätzten Ansiedlung in der Kolonie zeichnet sich im übrigen auch in Frenssens früheren Korrespondenzen ab. In diesen Stellungnahmen sind zahlreiche zentrale Motive der Kolonialdiskussionen um 1900 wirksam, die dann auch, wie weiter unten gezeigt werden wird, die im *Peter Moor* präsente Deutung des Kolonialkriegs und der Vernichtung der Herero bestimmten. In einem privaten Schreiben an Hermann Niebuhr aus dem Jahr 1897 äußerte sich Frenssen etwa wie folgt: »Aber Südwestafrika? [...] Warum solltest du nicht dahin gehen? Hier Menschenüberfluß, dort Mangel. Alles, was du geben kannst, haben sie dort nicht: kräftige Hände, Intelligenz, Frömmigkeit. Geh doch hin! Besinn dich nicht lange. Wenn ich – in deinen Verhältnissen – die Wahl zwischen Preetz und Afrika hätte, so würde ich die afrikanischen Schwarzen den hiesigen vorziehen.«[88]

So kann der Rekurs auf die Ereignisse in Deutsch-Südwestafrika, die den Daheimgebliebenen in *Hilligenlei* durch Zeitungen

---

87 Ebd., S. 597.
88 Gustav Frenssen an Hermann Niebuhr, Schreiben vom 15.05.1897, zitiert nach: Stein, Dietrich: Spuren im Nebelland. Fakten und Menschliches in Frenssens Biographie, in: Gustav Frenssen in seiner Zeit, hrsg. von Dohnke/Steins, a. a. O., S. 11-151, hier S. 25.

und Briefe zur Kennnis gebracht werden, durchaus als eine Vorbereitung auf Frenssens *Peter Moors Fahrt nach Südwest* gedeutet werden, seinen einzigen Roman, der im engeren Sinne zur Kolonialliteratur zu rechnen ist.

Das für die deutsche Kolonialliteratur und insbesondere für Texte über den Hererokrieg typische Verfahren der zumindest mittelbaren Authentifizierung des Geschilderten läßt sich auch an Frenssens *Peter Moor* beobachten. So wird durch ein paratextuelles Verfahren[89] zunächst auf Erlebtes verwiesen, lautet doch die Gattungsbezeichnung, die Frenssen dem Titel seines Textes nachstellt, nicht *Roman* oder *Erzählung*, sondern *Ein Feldzugsbericht*. Frenssen, der selbst nicht am Feldzug teilgenommen und die Kolonie auch ansonsten niemals besucht hatte, betrieb nach eigenem Bekunden vor der Abfassung des Romans nicht allein Quellenstudien – die Lektüre von Zeitungsartikeln und Berichten über die Ereignisse in der Kolonie –, sondern führte auch umfassende Gespräche mit Kriegsteilnehmern, die ihm nicht allein mündlich von ihren Erlebnissen während des Feldzuges berichtet, sondern auch ihre Tagebücher und umfangreiches Bildmaterial zur Verfügung gestellt hätten.[90] Den

---

89 Der Begriff »Paratext« wird hier im Sinne von Gérard Genette verwendet. Genette versteht das Präfix »Para-« im selben Sinne wie es in *»paramilitärisch* zum Ausdruck kommt« (Genette, Gérard: Palimpseste, Frankfurt am Main 1993, S. 11). Als Paratexte bezeichnet Genette »Titel, Untertitel, Zwischentitel; Vorworte, Nachworte, Hinweise an den Leser, Einleitungen usw.; Marginalien, Fußnoten, Anmerkungen; Motti; Illustrationen; Waschzettel, Schleifen, Umschlag und viele andere Arten zusätzlicher, auto- oder allographer Signale, die den Text mit einer (variablen) Umgebung ausstatten und manchmal mit einem offiziellen oder offiziösen Kommentar versehen, dem sich auch der puristischste und äußeren Informationen gegenüber skeptischste Leser nicht so leicht entziehen kann, wie er möchte und es zu tun behauptet« (ebd., S. 11f.). In seiner erstmals 1987 erschienenen, großangelegten Studie zur Funktion des Paratextes (Genette, Gérard: Paratexte. Das Buch vom Beiwerk des Buches, Frankfurt am Main 1992) fügt Genette diesem Katalog noch Verlagsreihen, Formate, Schrifttypen aber auch Autorennamen und Erscheinungsorte hinzu.

90 Frenssen: Lebensbericht a. a. O., S. 143ff. Allerdings haben diese intensiven Quellenstudien und Recherchen Frenssen nicht vor sachlichen Fehlern bewahrt, etwa bei der schlichten geographischen Verortung. So rechnet Frenssen in der Erstausgabe seines Romans beispielsweise Teneriffa nicht zu den Kanarischen, sondern zu den Kapverdischen Inseln (Vgl. Frenssen: Pe-

Berichten zweier Personen mißt er in seinem *Lebensbericht* dabei besonderen Quellenwert zu: Zum einen dem Bericht eines Dr. Schian, der den »Feldzug als Generaloberarzt mitgemacht« habe.[91] Da Frenssen jedoch nicht einen *Bericht* aus der Perspektive eines Feldzugsteilnehmers mit einem »hohen [...] Amt«[92] habe geben wollen, sondern aus der Perspektive eines einfachen Soldaten, der den Zug als Kämpfer in einer bestimmten Truppe mitgemacht habe, die in der Erzählung begleitet werden sollte, hebt er zum anderen den Bericht eines Hamburger Studenten namens Michaelsen hervor, »der den ganzen Feldzug als ›Einjähriger‹ [...] mitgemacht und sich als Berichterstatter freundlich angeboten hatte.«[93] Neben diesen beiden Hauptinformanten habe er zudem einen ganzen Tag mit einem Leutnant Klinger aus Kiel gesprochen, der insbesondere über verschiedene Patrouillenritte und die Abriegelung des Sandfeldes ab Oktober 1904 berichtet habe. Auch dieser, so Frenssen, habe ihm sein »Tagebuch und seine Briefe zur Verfügung gestellt.«[94] Alle drei – Dr. Schian, Michaelsen und Leutnant Klinger – habe er dann in der Gestaltung des Romans als Nebenfiguren eingeführt: »der Generaloberarzt [Dr. Schian] in seiner Wirklichkeit«, Michaelsen als Heinrich Gehlsen und den Leutnant Klinger als »roten Freibeuter«.[95]

Nach diesen intensiven Studien, so Frenssen, habe er schließlich das Gefühl gehabt, in seiner Erzählung etwas zu schildern, das er selbst erlebt habe, er habe »den Sand nun zwischen den eigenen Zähnen gehabt«.[96] Bemerkenswert an diesen Passagen aus Frenssens, beinahe vierzig Jahre nach Erscheinen des Romans entstandenen Lebenserinnerungen ist, daß Frenssen seine Erzählung über einen Prozeß narrativer Aneignung authentifiziert und sich selbst als sekundären Zeugen des Geschehens beschreibt.

Diese Konstruktion einer sekundären, mittelbaren Zeugenschaft des »Autors« hat Frenssen auch in der Erstausgabe des Romans entworfen. Am Ende von *Peter Moors Fahrt nach Südwest*

---

ter Moors Fahrt nach Südwest [1906], a. a. O., S. 25f.). In späteren Ausgaben ist diese geographische Verwirrung korrigiert.
91 Frenssen: Lebensbericht, a. a. O., S. 143.
92 Ebd., S. 144.
93 Ebd.
94 Ebd., S. 145.
95 Ebd.
96 Ebd.

kehrt der *Peter Moor* genannte Ich-Erzähler nach Hamburg zurück, wo er zufällig mit einem »Mann in den mittleren Jahren« zusammentrifft, der »von Kind an« mit dem Vater des Ich-Erzählers bekannt gewesen war und den Ich-Erzähler nun nach seinen Erlebnissen während des Feldzuges befragt. Hier führt Frenssen nun eine seltsame Wendung der Erzählperspektive ein: Denn diesem Fremden, so der Ich-Erzähler, habe er nun »alles, was ich gesehen und erlebt und was ich mir dabei gedacht habe, erzählt. Er hat dieses Buch daraus gemacht.«[97]

Fraglich ist an dieser, ohnehin etwas problematischen Konstruktion innerhalb des Romans, wer diesen letzten Satz des Romans spricht, beziehungsweise überhaupt sprechen kann. Der Ich-Erzähler konstruiert mit diesem Satz eine zweite, höhere Erzählerinstanz und de-konstruiert zugleich die eigene Position als Erzähler. Die neu-konstruierte Erzählerinstanz fällt in der (nun eigentlich aufgehobenen) Erzählperspektive des Ich-Erzählers mit einem textexternen Erzähler respektive dem »Autor« zusammen. Allerdings kann der Ich-Erzähler genaugenommen diesen letzten Satz selbst gar nicht formulieren, da gerade mit dem Aussprechen dieses Satzes die Erzählerposition an einen anderen delegiert und die Instanz des Ich-Erzählers depotenziert wird: Der Erzähler des Textes läßt sich den Ich-Erzähler selbst explizit als Figur oder auch als Agent einer höheren Erzählerinstanz entwerfen, dem der Schlußsatz in den Mund gelegt wird.

Diese aus einer erzähltheoretischen Perspektive höchst fragwürdige, wenn nicht mißlungene Schlußszene der Erzählung erfüllt im Rahmen von Frenssens Erzählkonzeption eine wichtige Funktion: Explizit entwirft Frenssen hier eine Scharnierstelle zwischen Erlebnisbericht und literarischer Codierung, zwischen Rohmaterial und künstlerischer Gestaltung.

Das von Frenssen in seinem Lebensbericht geschilderte Verfahren der künstlerischen Verarbeitung eines oder mehrerer Erlebnisberichte, die der Roman in seiner Schlußszene selbst thematisiert, hatte dann allerdings weitreichende Konsequenzen, führte dieses Verfahren doch dazu, daß Frenssen mit dem Vorwurf des Pla-

---

97 Frenssen: Peter Moors Fahrt nach Südwest [1906], a. a. O., S. 210.

giats konfrontiert wurde.⁹⁸ Insbesondere der Student Michaelsen, wie oben geschildert einer der wichtigsten Informanten Frenssens, erhob ab 1908 Ansprüche auf die Mitautorschaft an der überaus erfolgreichen Erzählung. Zwar konnte Frenssen durch Inaussichtstellung einer finanziellen Vergütung Michaelsen dazu bewegen, den Plagiatsvorwurf zurückzunehmen, doch zogen sich die Diskussionen um die »Autorschaft« noch über mehrere Jahre hin und fanden schließlich erst mit dem Tod Michaelsens im Ersten Weltkrieg ein Ende. 1911 brach die Auseinandersetzung zwischen Frenssen und Michaelsen, der inzwischen in Berlin Medizin studierte, nochmals auf, als eine private Stellungnahme Frenssens an die Öffentlichkeit gelangte, in der Frenssen feststellte, daß Michaelsen ihm »nichts gegeben [habe] als rohen, formlosen Stoff«. Inzwischen habe Michaelsen auch den Anspruch auf Mitautorschaft aufgegeben. Die Erzählung sei also »in jedem künstlerischen und schriftstellerischen Sinn, [Frenssens] eigenes und alleiniges geistiges Eigentum.«⁹⁹ Die Veröffentlichung dieser Stellungnahme veranlaßte

98 Zum Plagiatsstreit vgl.: Stein: Spuren im Nebelland, a. a. O., S. 52-55; Meyn: Abstecher in die Kolonialliteratur, a. a. O., S. 338-341. Jörg Wassink greift in seiner publizierten Magisterarbeit den Vorwurf des Plagiats noch einmal auf, entwickelt ihn aber an einem Textvergleich zwischen Frenssens Roman, Adda von Liliencrons *Bis in das Sandfeld hinein* und dem vom Großen Generalstab herausgegebenen Feldzugsbericht (Die Kämpfe der deutschen Truppen in Südwestafrika. Bd. 1, a. a. O.). Dabei versucht er »inhaltlich identische Textpassagen« nachzuweisen, um daraus zu schlußfolgern, daß Frenssen und Liliencron das Generalstabswerk plagiiert hätten (vgl. Wassink: Auf den Spuren des deutschen Völkermords, a. a. O., S. 214ff.). Abgesehen davon, daß Adda von Liliencron, wie oben bereits gezeigt, ausdrücklich auf die Verwendung des Generalstabswerks als Quelle verweist, um ihre Erzählung zu authentifizieren, der Vorwurf des Plagiats somit von ihr selbst von vornherein unterminiert wird, beunruhigt es Wassink nicht, daß Frenssens Roman zeitgleich mit dem Generalstabswerk erschienen ist, er den Text somit gar nicht plagiiert haben kann. Die von Wassink nachgezeichneten inhaltlichen Übereinstimmungen bestätigen jedoch die oben bereits getroffene Feststellung, daß die zeitgenössischen Narrative über den Kolonialkrieg und die in der Öffentlichkeit vorgenommenen Deutungen als recht stereotyp zu charakterisieren sind und allesamt Teil einer regelgerechten diskursiven Konstruktion eines »Ereignisses« sind.
99 Zitiert nach: Stein: Spuren im Nebelland, a. a. O., S. 53. Frenssen hat diese Position in seinem *Lebensbericht* wiederholt: »Dieser mein Name wurde mir bald nach dem Erscheinen des Buches streitig gemacht. Der Student, jung und von Übelwollenden verführt, meinte einige Monate lang, daß er Mitver-

wiederum Michaelsen Frenssens des Brechens von Absprachen zu bezichtigen und die Sache im Februar 1912 an ein Ehrengericht zu übergeben, das jedoch zu Lebzeiten Michaelsens zu keiner Entscheidung gelangte.

Frenssen allerdings sah sich genötigt, eine kleine, jedoch bedeutsame Änderung am Text der Erzählung vorzunehmen. Ab 1912 erschien *Peter Moors Fahrt nach Südwest* mit einem neuen Schluß: Zwar trifft der Ich-Erzähler nach seiner Rückkehr nach Hamburg ebenfalls auf jenen alten Freund der Familie. Diesem wird nun aber nichts mehr über die Erlebnisse während des Feldzugs berichtet und die Delegation der Erzählerinstanz ist vollständig gelöscht. Die Neufassung endet mit den Sätzen:»Da fing ich an, nach allen zu Hause zu fragen, und hörte nicht auf damit. Es war mir, als wenn ich sieben Jahre von Hause [sic!] fortgewesen wäre.«[100]

Für die Popularität und den Erfolg der Erzählung wie auch für das Ansehen Frenssens hatten die Auseinandersetzungen um die Autorenschaft keine Folgen. *Peter Moors Fahrt nach Südwest* sollte ein ähnlicher Erfolg beschieden sein wie dem *Jörn Uhl* oder dem Roman *Hilligenlei*, von dem im Jahr seiner Veröffentlichung 1905 rund 100.000 Exemplare abgesetzt wurden. *Peter Moors Fahrt nach Südwest* wurde im In- und Ausland von der Kritik zumeist mit Begeisterung aufgenommen,[101] der Roman entwickelte sich in kurzer

fasser des Buches wäre und dementsprechende Folgerungen ziehen könnte. Er verwechselte Stoff und Formung. Stoffe liegen zu tausenden auf allen Straßen und Herbeibringer von Stoffen bieten sich zu Tausenden an. Von jenen Begebenheiten in Südwest wären wenigstens dreitausend Soldaten imstande und auch bereit gewesen, mir zu liefern, was ich brauchte. Lehm ist häufig in der Welt und billig; was selten ist, sind die Bildhauer. In seinem ganzen Wesen ein kluger und gütiger Mensch, erkannte er dann seinen Irrtum und widerrief ihn.« Vgl. Frenssen: Lebensbericht, a. a. O., S. 145f.

100 Frenssen, Gustav: Peter Moors Fahrt nach Südwest. Ein Feldzugsbericht, Berlin (165. Tausend) 1912, S. 210.

101 In seinem *Führer durch die volkstümliche deutsche Kolonial-Literatur* nannte Emil Sembritzki Frenssens Roman »eine Tat. [Das Buch] hat wie kein anderes dazu beigetragen, daß das deutsche Volk seine koloniale Gleichgültigkeit ablegte, daß es das Heldentum seiner Söhne würdigen lernte und erhöhtes Interesse an ›Neu-Deutschland‹ nahm. Die Schilderungen des Buches sind voller Frische, packender Natürlichkeit, dramatischer Steigerung und künstlerischer Vollendung« (vgl.: Sembritzki: Der Kolonialfreund, a. a. O., S. 103). Aber nicht nur in der deutschen, auch in der ausländischen Presse und Publizistik erfuhr Frenssens *Peter Moor* Aufmerk-

Zeit – auch international – zu einem Best- und Longseller: zunächst als Band 89 der Grote'schen Sammlung von Werken zeitgenössischer Schriftsteller in einer Stückzahl von 25.000 Exemplaren aufgelegt, wurde der Roman bis zum November des Jahrs der Erstauflage im 100. Tausend nachgedruckt. Bis zum Ende des Ersten Weltkriegs waren 185. Tausend Exemplare des Romans verkauft. Auch in den 1920er und frühen 1930er Jahren wurde das Buch regelmäßig nachgedruckt, so daß sich die Auflage bis 1936 auf mehr als eine viertel Million Exemplare belief. Mit Beginn des Zweiten Weltkriegs stieg die Auflagenstärke noch einmal exponential an: Nicht allein, daß sich die Stückzahl der Standardausgabe bis 1944 auf 434. Tausend Exemplare nochmals beinahe verdoppelte. Im Jahr 1942 erschien auch eine Frontausgabe des Romans[102] und 1943 eine Sonderausgabe für die Organisation Todt.[103] Eine letzte Auflage des Romans gab der inzwischen nach Hamm in Westfalen umgezogene Verlag Grote 1953 heraus (444. Tausend der Standardausgabe). Der Roman erreichte somit zwischen 1906 und 1953 eine Gesamtauflage von deutlich mehr als einer halben Million Exemplare.[104] Im Jahr 1908 erschienen zudem englischsprachige Ausgaben

samkeit. So bezeichnete ein anonymer Rezensent am 1. Dezember 1908 in einer Besprechung der amerikanischen Ausgabe des Romans Frenssens Text als »one of the most impressive peace documents ever prepared«, als eine Erzählung, die niemand lesen könne, »without taking their lesson to heart«. Vgl.: The Dial. A Semi-Monthly Journal of Literary Criticism, Discussion, and Information, Vol. XLV. (1. Juli bis 16. Dezember) 1908, S. 420. Ein anderer, ebenfalls anonymer Rezensent bescheinigt der deutschsprachigen Ausgabe des Romans größte Authentizität (»We have no doubt that Peter Moor is real«) und preist den Stil, der zwar von großer Einfachheit geprägt sei, aber auch Passagen bereithalte, »where it becomes epic by sheer force of truth and sincerity«. Vgl. Journal of the African Society 1906/07, S. 322. Zur Rezeption des Romans in der Literaturkritik des Kaiserreichs vgl. auch: Benninghoff-Lühl: Deutsche Kolonialromane, a. a. O., S. 133-136.

102 Frenssen, Gustav: Peter Moors Fahrt nach Südwest. Ein Feldzugsbericht, Berlin: Oberkommando der Wehrmacht 1942 (=Soldatenbücherei 34).
103 Frenssen, Gustav: Peter Moors Fahrt nach Südwest. Ein Feldzugsbericht. Mit Zeichnungen von Artur Mrowicka, Berlin 1943 (=Bücher des Frontarbeiters 4).
104 Im Jahr 1998 erschien in Windhoek eine Neuausgabe, in der die Erzählung per Kommentar, Annotation und Illustration durch zeitgenössische Fotografien an die »Realgeschichte« des Herero-Kriegs zurückgebunden

in Großbritannien und den USA. Daneben wurde der Roman ins Dänische, Niederländische, Afrikaans und Schwedische übersetzt.[105] Die Bedeutung dieses Textes für die Produktion eines in bürgerlich-konservativen und national-liberalen Kreisen allgemein geteilten Bildes über die Ereignisse des Jahres 1904 ist also kaum zu überschätzen.

Daß dieser Text nicht allein eine zeitgenössisch anschlußfähige Erzählung über den Krieg in Deutsch-Südwestafrika darstellte, sondern daß dort »Werte« vermittelt wurden, die man für zentral und bewahrenswert hielt, zeigt sich daran, daß der Roman als geeignet für die Lektüre in Schulen erachtet wurde. Bereits im Jahr 1908 waren Auszüge des Romans unter dem Titel *Schwere Kriegstage in Südwest* in den sechsten Band des *Deutschen Lesebuchs für Lyzeen und Höhere Mädchenschulen* aufgenommen worden.[106] Im Jahr 1915 erschien dann eine dezidiert für die Verwendung im Schulunterricht bestimmte Ausgabe,[107] die bis 1927 drei Auflagen erreichte. Die Schulausgabe brachte den vollständigen Text nebst Einleitung, Abbildungen und Anmerkungen, wobei die Anmerkungen auf Parallelstellen anderer Publikationen zum »Herero-Krieg« verweisen oder bestimmte Schilderungen Frenssens durch die Nennung von Daten, Personen- oder Ortsnamen wiederum »authentifiziert« werden.[108] Eine ebenfalls annotierte Ausgabe für den Deutschunterricht an US-amerikanischen Schulen war bereits 1914 erschienen, eine schwedische Schulausgabe erreichte zwischen 1908 und 1920 immerhin vier Auflagen.[109]

---

wird: Frenssen, Gustav: Peter Moors Fahrt nach Südwest. Ein Feldzugsbericht, Windhoek 1998. Diese Ausgabe wird über den Klaus Hess Verlag, Göttingen inzwischen auch über den deutschen Buchhandel vertrieben.

105 Vgl. hierzu Jordan, Otto: Gustav-Frenssen-Bibliographie, Bohmstedt 1978.
106 Frenssen, Gustav: Schwere Kriegstage in Südwest [Auszug aus *Peter Moors Fahrt nach Südwest*], in: Deutsches Lesebuch für Lyzeen und Höhere Mädchenschulen Bd. 6, hrsg. von K. Wacker, Münster 1908, S. 280ff.
107 Frenssen, Gustav: Peter Moors Fahrt nach Südwest. Ein Feldzugsbericht. Schulausgabe mit einer Einleitung und Anmerkungen von Heinrich Brinker, Berlin 1915.
108 Diese Authentifizierungsversuche stehen der Erzählstrategie im *Peter Moor*, wie weiter unter ausgeführt werden wird, letztlich diametral entgegen.
109 Vgl. Jordan: Gustav-Frenssen-Bibliographie, a. a. O.

4.2 Die Kolonialliteratur bis 1945

Frenssens *Peter Moor* sollte bis 1945 die gültige Erzählung über den Hererokrieg bleiben. Für die literarische Rezeption des »Herero-Nama-Kriegs« stellte der Erste Weltkrieg und der »Verlust« der deutschen Kolonien eine Zäsur dar, wie es sich etwa auch anhand der oben nachgezeichneten Auflagenentwicklung des *Peter Moor* zeigt. Es fällt auf, daß »Kolonialliteratur« in den 1920er und auch 1930er Jahren zwar eine ausgesprochene Konjunktur erlebte, daß jedoch Texte, die explizit und zentral die Ereignisse der Jahre 1904-1907 thematisieren – abgesehen von Nach- beziehungsweise Neuauflagen älterer Publikationen – eher die Ausnahme darstellen. In Hans Grimms 1926 erschienenem Roman *Volk ohne Raum*,[110] dem, wenn auch nur noch dem Titel nach, heute wohl bekanntesten Text der deutschen Kolonialliteratur, spielt der Krieg gegen die Herero keine Rolle. Der dritte, in der Kolonie Deutsch-Südwestafrika handelnde Teil des Romans setzt erst mit dem Jahr 1907 ein. Der Nama-Krieg dient in diesem Kontext vor allem als Moment der Sicherung des »Deutsche[n] Raum[es]« in Afrika sowie als Rahmung einer den deutschen Schutztruppenoffizier mystifizierenden Passage über die Kalahari-Expedition des Hauptmann Erckert, an welcher Cornelius Friebott, der Protagonist des Romans, teilnimmt.[111]

In vielen anderen Kolonialromanen der Zwischenkriegszeit, die zumeist als Erfolgsgeschichten »deutscher Kulturarbeit« angelegt sind und die »widerrechtliche« Beendigung dieser »Kulturarbeit« durch Engländer und Franzosen nach dem Weltkrieg beklagen, werden »Herero-Aufstand« und »Hottentottenkrieg« in eine Gesamt-

---

110 Grimm, Hans: Volk ohne Raum, München (176. bis 200. Tausend der einbändigen Ausgabe) 1933 (zuerst 1926).
111 Ebd., S. 683-744. Diese Passage des Romans ist später in einer leicht gekürzten Fassung auch als Einzelveröffentlichung in der *Kleinen Bücherei* des Verlags Langen-Müller erschienen: Grimm, Hans: Der Zug des Hauptmanns von Erckert, München 1934. Für diese Ausgabe hat Grimm ein Vorwort verfaßt, das den Leser kurz über den historischen Kontext der Erzählung informiert, den deutschen Schutztruppenoffizier idealtypisch charakterisiert und – nicht zuletzt – durch den Verweis auf verläßliche Quellen, nämlich den Bericht von Teilnehmern am »Zug des Hauptmanns von Erckert«, die Erzählung authentifiziert. Im Jahr 1936 wurde das Bändchen bereits im 141.-150. Tausend nachgedruckt.

erzählung deutscher kolonialer Aktivitäten in Afrika seit dem frühen 19. Jahrhundert eingebunden.

Als Beispiel für Romane dieses Typs kann hier Bernhard Voigts Romantrilogie *Der Südafrikanische Lederstrumpf* aus den 1930er Jahren dienen, über die Werner Tabel in seiner Darstellung zur deutschen Kolonialliteratur über Südwestafrika feststellt, daß ihr »trotz der einfachen Erzählweise und unkomplizierten Handlung [...] eine beträchtliche Darstellungskraft« innewohne.[112] In der Romantrilogie, die als Voigts Hauptwerk gelten kann, wird ein »ewiger Kampf« deutscher Siedler mit »Wildnis« und »Wilden«, ein Kampf um »Selbstbestimmung« und »Freiheit« von der Mitte des 19. Jahrhunderts bis zum Beginn der 1920er Jahre evoziert.[113] Die Kriege der Jahre 1904/1907 erscheinen in diesem Text als letzte Gefährdung deutscher Herrschaft, die gewaltsame Unterdrückung und Vernichtung der Herero und Nama als Voraussetzung einer die Wildnis endgültig kultivierenden Tätigkeit deutscher Farmer und Siedler.

Bernhard Voigt (1878-1945), der Autor jener bis 1945 mehrfach nachgedruckten Trilogie – einzelne Abschnitte erschienen in den 1940er Jahren auch als Feldpostausgaben[114] und Jugendbuchbearbeitungen[115] –, war ab 1908 Lehrer in Windhuk gewesen und hatte dort zwischenzeitlich das Amt des kaiserlichen Schulinspektors bekleidet. Im Auftrag des Kaiserlichen Gouvernements von Deutsch-Südwestafrika hatte Voigt im Jahr 1913 aus verschiedenen Publikationen bekannter Kolonialautoren eine »Heimatkunde« über Deutsch-Südwest zusammengestellt und ediert.[116] Neben dem *Südafrikanischen Lederstrumpf* waren insbesondere auch seine Romane *Die Buren*[117] (1930) – der Roman wurde bereits im Publikationsjahr in

---

112 Tabel: Die belletristische Literatur über die Kolonial- und Mandatszeit Südwestafrikas, a. a. O., hier S. 76.
113 Siehe zu Voigts »Südafrikanischem Lederstrumpf« ausführlich weiter unten Kapitel *5.2.2.1 Lederstrumpf in Deutsch-Südwest: Das Individuum im Existenzkampf*.
114 Voigt, Bernhard: Die Vortrecker. Eine Erzählung, Potsdam o.J (=Voggenreiter Feldposttaschenheft 7).
115 Voigt, Bernhard: Im Schülerheim zu Windhuk. Deutsche Jungen in Steppe und Busch, Berlin 1943.
116 Deutsch-Südwestafrika – Land und Leute. Eine Heimatkunde für Deutschlands Jugend und Volk, hrsg. im Auftrage des Kaiserlichen Gouvernements von Deutsch-Südwestafrika von Bernhard Voigt, Stuttgart 1913.
117 Voigt, Bernhard: Die Buren. Südafrikanisches Grenzerbuch, Berlin 1930.

fünf Auflagen nachgedruckt – und *Das Herz der Wildnis*[118] (1940) große Publikumserfolge. Darüber hinaus verfaßte Voigt Sachbücher[119] und Heftromane[120] zu kolonialen Themen.

In der umfangreichen Jugendliteratur mit kolonialer Thematik, die vor 1945 erschien – exemplarisch soll hier auf die Bücher von Max Orth[121] und Meno Holst[122] verwiesen werden – kommt dem Völkermord an den Herero und Nama weitgehend die gleiche Bedeutung zu wie in den Romanen vom Typ des *Südafrikanischen Lederstrumpfs*.

Texte, die sich ausschließlich der Schilderungen der Feldzüge gegen die Herero und Nama widmen, erschienen seit Mitte der 1920er Jahre vornehmlich als Groschenhefte in den Heftreihen »Spannende Geschichten«[123], »Die Kolonien rufen«[124] oder insbesondere der »Ko-

---

118 Voigt, Bernhard: Das Herz der Wildnis. Ein Roman aus Deutsch-Südwest-Afrikas ersten Tagen, Reutlingen 1940. Auch von diesem Roman erschien 1943 eine »Frontbuchhandelsausgabe für die Wehrmacht«.
119 Voigt, Bernhard: Schutztruppler in Südwestafrika, Potsdam 1939; ders.: Cecil Rhodes. Der Lebensraum eines Briten, Potsdam 1939.
120 Voigt, Bernhard: Bahnbrecher der Wildnis, Reutlingen 1929 (=Aus weiter Welt 69).
121 Max Orth verfaßte zahlreiche Heft- und Jugendromane mit kolonialer Thematik, darunter eine fünfbändige Mädchenbuchreihe: Sprung in die Welt. Ein deutsches Mädel fährt nach Südwest, Berlin/Leipzig 1939; Sonne über Klapproths Farm, Berlin/Leipzig 1940; Sturm über dem Land, Berlin/Leipzig 1941; Die junge Farmerin, Berlin/Leipzig 1942; Das ewige Lied »Heimat«, Berlin/Leipzig 1943.
122 Zum Beispiel: Holst, Meno: Heinos Abenteuer in Südwest, Berlin/Leipzig 1937, oder: Dieter und Hans im Amboland, Potsdam 1942. Die Bücher von Meno Holst wurden nach 1945 von dem inzwischen nach Bad Godesberg umgezogenen Voggenreiter-Verlag wieder aufgelegt und konnten sich bis in die 1950er in den Buchhandlungen halten. Die Abenteuer von »Dieter und Hans« etwa erlebten 1950 die vierte Auflage.
123 Etwa Wülfing, Walther: Orlog in Deutsch-Südwest. Erzählung aus dem Hereroaufstand, Gütersloh o.J. (=Spannende Geschichten 48). Walther Wülfing publizierte später – neben weiteren Texten mit kolonialer Thematik wie den in der Reihe »Ringendes Deutschtum« erschienenen Band: Die deutschen Südwester. Die Geschichte eines Kolonialkämpfers, Reutlingen o.J. (ca. 1939) – auch Freikorps und SA-Romane. Vgl.etwa: Wülfing, Walther: Peter Krafts Kampf um Blut und Boden. Erzählung von Frontsoldaten, Freikorpskämpfern und SA-Männern, Reutlingen 1935.
124 Musch, Erich: Hendrik Witboi – Der Napoleon der Hottentotten. Der letzte König von Namaland, Reutlingen o.J. (=Die Kolonien rufen 3), oder Orth, Max: Der letzte Ritt. Zum Tode des Leutnants von Trotha im großen Hot-

lonial-Bücherei«.[125] Als Autoren jener Groschenhefte firmierten dabei häufig »Kolonialpioniere« und »Alte Afrikaner« wie eben Bernhard Voigt, Hans Schomburgk, Julius Steinhardt, Josef Viera oder auch Paul Leutwein – Sohn des ehemaligen Gouverneurs von Deutsch-Südwestafrika –, der in den Jahren 1940/41 mehrere Groschenhefte in der Kolonial-Bücherei publizierte, die den »Herero-Krieg« thematisierten: *Kampf um die Onjatiberge*,[126] *Hereros zu den Waffen*[127] und *Kesseltreiben am Waterberg*.[128] Alle drei Groschenhefte Leutweins greifen auf Passagen seines unveröffentlichten Romanentwurfs *Im Banne Afrikas* aus den 1920er Jahren zurück.[129] Dieselben Passagen hat Paul Leutwein auch in dem unter dem Titel *Afrikanerschicksal* erschienenen Buch über seinen Vater verwendet.[130]

4.3 Die Rezeption des Völkermords in der Literatur nach 1945

Nach 1945 war die Vernichtung der Herero und Nama zunächst in beiden deutschen Staaten für lange Zeit überhaupt kein Thema literarischer Texte noch geschichtswissenschaftlicher Forschungsarbeiten. In Konversationslexika der ersten Jahrzehnte nach dem

tentotten-Aufstand in Deutsch-Südwestafrika, Reutlingen o.J. (=Die Kolonien rufen 7).
125 So zum Beispiel: Hauptmann, Hans Jürgen: Das stumme Haus an der Steppe. Zwei Deutsche im Kampf gegen Hereros, Berlin o.J. (=Kolonial-Bücherei 6); Hanstein, Otfried von: Der Meldereiter von Omaruru. Schicksal deutscher Farmer während des Hereroaufstandes in Südwest, Berlin o.J. (=Kolonial-Bücherei 19); Faust, Bernhard: Sieben gegen Fünfhundert. Die heldenhafte Verteidigung der Feste Namutoni, Berlin o.J. (=Kolonial-Bücherei 40).
126 Leutwein, Paul: Kampf um die Onjatiberge. Gouverneur Leutweins letzter Feldzug, Berlin o.J. (=Kolonial-Bücherei 37).
127 Leutwein, Paul: Hereros zu den Waffen. Die Niederwerfung der Aufstände in Deutsch-Südwestafrika im Jahre 1904, Berlin o.J. (=Kolonial-Bücherei 44).
128 Leutwein, Paul: Kesseltreiben am Waterberg. Tatsachenbericht über den Herero-Krieg in Deutsch-Südwestafrika, Berlin o.J. (=Kolonial-Bücherei 66).
129 Leutwein, Paul: Im Banne Afrikas. Romantisches Geschichtsbild des alten Wild-Südwestafrika. Unveröffentlichtes Romanmanuskript, BArch Koblenz, N 1145, Nachlaß Paul Leutwein, Vorl. 4.
130 Leutwein, Paul: Afrikanerschicksal. Gouverneur Leutwein und seine Zeit, Stuttgart/Berlin/Leipzig 1929.

Zweiten Weltkrieg finden sich unter dem Stichwort »Herero« Einträge, die – abgesehen von ihrer extremen Knappheit – dadurch auffallen, daß sie mit keinerlei Informationen über die deutsche Vernichtungsstrategie aufwarten. So werden die Herero im *Neuen Herder* als »Viehzüchtervolk im Damaraland (Südwestafrika), mit Bantusprache u. hamit. Kulturelementen« beschrieben, das »vor etwa 200 Jahren vom oberen Sambesi« gekommen sei. Der Eintrag endet lakonisch mit den Worten: »nach den H.aufständen 1904/05 endgültig unterworfen; noch etwa 18.000 Köpfe.«[131]

Ganz entsprechend, wenn auch mit anderer Schlußfolgerung lautet der Eintrag in *Das Bertelsmann Lexikon in vier Bänden* (1963): »Herero (Ovaherero, Damara), Großviehzüchtervolk im Damaraland SW.-Afrikas, aus Bantunegern u. Hamiten entstanden; rd. 29.000 Menschen, zur Hälfte in Reservaten. Sie verloren im H.-Aufstand (1904) ihr Vieh und ihre Stammesgliederung.«[132] Was sich hinter der Formel »endgültig unterworfen« verbirgt, verschweigt der *Neue Herder* genauso wie das *Bertelsmann Lexikon* mit der Phrase »Sie verloren im H.-Aufstand (1904) ihr Vieh und ihre Stammesgliederung«, nämlich die zielgerichtete, ja gerade auf den »Verlust« der physischen Existenz und kulturellen Eigenständigkeit angelegte Strategie der Deutschen Schutztruppen.

Eine neuerliche literarische Auseinandersetzung begann erst gegen Mitte der 1960er Jahre. So erschienen – wohl nicht zufällig parallel zu der einsetzenden historischen Aufarbeitung der Kolonialkriege 1904-1907[133] – zunächst in der DDR Jugendbücher über den Völkermord an den Herero. Ein frühes Beispiel ist Ferdinand Mays Jugendroman *Sturm über Südwest-Afrika. Eine Erzählung aus den Tagen des Hereroaufstandes*[134] aus dem Jahr 1962. Bemerkenswert an diesem, von einer marxistisch programmierten Kapitalismuskritik geprägten Roman ist, daß erstmals in einem fiktionalen Text über den Herero-Krieg die Perspektive der Erzählung von

---

131 Der Neue Herder. 3 Bde., Freiburg i. Br. 1949.
132 Das Bertelsmann Lexikon in vier Bänden, Gütersloh 1963.
133 Drechsler: Südwestafrika unter Deutscher Kolonialherrschaft. Der Kampf der Herero und Nama gegen den deutschen Imperialismus (1884-1915), a. a. O.; Bley: Kolonialherrschaft und Sozialstruktur in Deutsch-Südwestafrika, a. a. O.
134 May, Ferdinand: Sturm über Südwest. Eine Erzählung aus den Tagen des Hereroaufstandes, Berlin (Ost) 1962.

den Europäern zu den Afrikanern wechselt und der Versuch unternommen wird, den Krieg wie auch den Völkermord als Teil der Geschichte der Herero zu begreifen. Dies sollte später auch der in Namibia geborene Giselher W. Hofmann in seinem 1994 unter dem Titel *Die schweigenden Feuer* erschienenen, an traditionelle Formen des historischen Romans anknüpfenden »Roman der Herero«[135] versuchen. In Mays Roman wird zudem die Formel »Herero-Aufstand« umcodiert, bezeichnet sie doch nun – darin ganz ähnlich den Arbeiten des Historikers Horst Drechsler – den gerechtfertigten Befreiungskampf unterdrückter Völker gegen den Imperialismus. In dieser Logik geraten Mays Hereros allerdings zu schwarz lackierten Proletariern, die sich gegen die Ausbeutung durch weiße Kapitalisten erheben.

Während May und Hofmann einen konventionell realistischen Erzählstil nutzen, um Kritik an der Kolonialideologie und ihren Folgen für die autochthone Bevölkerung zu üben, versuchte der in den 1970er Jahren mit Agitprop-Gedichten und Erzählungen über die APO hervorgetretene Uwe Timm in seinem Roman *Morenga*[136] aus dem Jahr 1985 die gewaltgenerierenden Konstruktionen kolonialer Rede und die Gewaltsamkeit kolonialer Praxis offenzulegen. Die Erzählkonzeption Timms ist überaus avanciert: In den Text, der in seinem Hauptstrang die Erlebnisse des Armeeveterinärs Johannes Gottschalk während der Feldzüge gegen die Herero und Nama sowie insbesondere während des Kriegs gegen Morenga erzählt, werden dokumentarische Materialien aus Chroniken, Heeres- und Reiseberichten integriert, womit sich Passagen der Erzählung der Form des Dokumentarromans annähern. Die gewaltlegitimierenden – und auch vernichtende Gewalt und Genozid legitimierenden – Konstruktionen, wie sie sich in der Kolonialliteratur finden, werden von Timm durch die kunstvolle Montage von fiktionaler Erzählung und dokumentarischem Material offengelegt.[137]

---

135 Hofmann, Giselher W.: Die schweigenden Feuer. Roman der Herero, Wuppertal 1994.
136 Timm, Uwe: Morenga. Roman, Köln 1985.
137 Zur Erzählstruktur von Timms *Morenga* vgl.: Hielscher, Martin: Sprechende Ochsen und die Beschreibung der Wolken. Formen der Subversion in Uwe Timms Roman *Morenga*, in: Sprache im technischen Zeitalter 41, Heft 168, 2003, S. 463-471.

Daß jedoch auch eine Erzählung im Kolonialstil, also eine Erzählung die sich – anders als Gerhard Seyfrieds Roman *Herero*,[138] der in seinem angestrengt und anstrengend realistischen Stil unwillkürlich Erzählmuster und Stereotypen des Kolonialromans reproduziert – deutlich und absichtsvoll an die Muster des Kolonialdiskurses um 1900 anlehnt, noch bis heute weitgehend ungebrochen möglich ist und erfolgreich sein kann, zeigt ein Roman aus dem Jahr 1999, der den Hererokrieg eigentlich nur als Moment der Spannungserzeugung in der Erzählung nutzt. Der Text, auf den ich mich hier beziehe, stammt von Kai Meyer, der zu den gegenwärtig erfolgreichsten deutschen Mystery- und Fantasy-Autoren zählt.[139] Unter seinen Romanen finden sich – um die thematische Bandbreite von Meyers Textproduktion zumindest anzudeuten – so suggestive Titel wie *Die Muschelmagier* (2004), *Das steinerne Licht* (2002), *Tor zwischen den Welten* (2001), *Teuflisches Helloween* (2000), *Der Schattenesser. Ein unheimlicher Roman im alten Prag* (1996) oder *Die neue Historia des Dr. Faustus* (1996) – wobei es sich bei den genannten Titeln zu einem Teil um Bände ganzer Romanzyklen handelt. Seine bekannteste Publikation ist allerdings der Superbestseller *Die Alchimistin* aus dem Jahr 1998.

Der Roman, der im Kontext literarischer Codierungen des Herero-Kriegs von Interesse ist, trägt den schönen Titel *Göttin der Wüste* und beginnt wie ein klassischer Kolonialroman, integriert nach und nach Elemente einer Mystery-Erzählung, um schließlich als eine Art Fantasyroman zu enden. Erzählt wird die Geschichte einer jungen deutschen Frau namens Cendrine Muck, die im Jahr 1903 in die Kolonie Deutsch-Südwest reist, um dort als Kindermädchen auf einer großen Farm der deutschen Siedlerfamilie Kaskaden zu arbeiten.

Der Text wartet mit zahlreichen Versatzstücken des Kolonialromans auf: Enttäuschung über die Kargheit des Landes bei der Ankunft in Swakopmund und der Weiterreise über Windhuk zum

---

138 Seyfried, Gerhard: Herero. Roman, Berlin 2003.
139 So weist das *Verzeichnis lieferbarer Bücher* gegenwärtig unter dem Autor Kai Meyer insgesamt circa 70 Treffer aus, darunter allerdings einige Ausgaben desselben Textes in verschiedenen Verlagen und verschiedene Hörbücher. Für einen Autor, der 1969 geboren wurde, sind mehr als 70 lieferbare Titel dennoch eine ungewöhnlich stattliche Zahl.

Anwesen der Farmerfamilie Kaskaden; das Ringen mit der kargen Landschaft und die Urbarmachung der Wildnis; aber auch die Bedrohung von Kultur und Gemeinschaft der Weißen durch die Eingeborenen, die zugleich die Überwindung von Differenzen innerhalb der bedrohten Gemeinschaft der Weißen begünstigt. Der »Hereroaufstand« – der für die eigentliche Handlung keinerlei Bedeutung hat – erscheint allein als dramatisches Element der Schilderung einer zugespitzten Bedrohungssituation: »Okahandja wurde von Herero belagert, die einen waffenstarrenden Ring um die Ansiedlung geschlossen hatten. Der zehnköpfige Schutztrupp war niedergemacht, die Farmen im Umland verwüstet worden.«[140] In dieser Situation der Bedrohung durch das Fremde werden die eingeschlossenen Weißen auf der Farm Kaskaden, unter denen zuvor Differenzen und Klassenvorurteile zwischen Herren und Bediensteten bestanden hatten, zu einer Gemeinschaft: Die Bediensteten werden, »während irgendwo dort draußen mordende und brandschatzende Herero-Horden umherzogen,«[141] fest in den Familienverband der Kaskadens aufgenommen, womit Meyer an ein zentrales Grundmuster der kolonialen Rede über die Etablierung und Bewahrung kollektiver Identität anschließt.

In einer Zusammenschau der literarischen Darstellungen der Kolonialkriege der Jahre 1904 bis 1907 und über die Vernichtung der Herero und Nama läßt sich also feststellen, daß der größte Teil der Texte zu diesem Thema unmittelbar in den Jahren 1904 bis 1915 erschienen ist, während das Thema nach dem Ersten Weltkrieg – trotz einer Konjunktur der Kolonialliteratur in den 1920er und 1930er Jahren – in den Hintergrund trat. Literarische Texte, die sich kritisch mit der deutschen Kolonialpolitik und den Vernichtungsmaßnahmen gegen Herero und Nama auseinandersetzen, erschienen überhaupt erst nach 1945. Allerdings steht – trotz Uwe Timms engagiertem Versuch – auch eine literarische De-Konstruktion des bis zu diesem Zeitpunkt produzierten Wissens über die Vernichtung der »Schwarzen« immer noch aus.

---

140 Meyer, Kai: Die Göttin der Wüste. Roman, München 2001 (zuerst 1999), S. 150.
141 Ebd., S. 153.

5. Vernichtung als Arbeit an Geschichte, Kultur und Identität

Bereits oben ist festgestellt geworden, daß in den zeitgenössischen Darstellungen des Krieges der Jahre 1904-1907 die absichtsvolle Vernichtung der Herero nicht ausgeblendet, sondern mit Argumenten legitimiert wurde, die auf Vorstellungen einer notwendigen Gesetzmäßigkeit des historischen Prozesses und eines Kampfes um die Etablierung und Bewahrung kollektiver deutscher Identität in einer Siedlungskolonie rekurrierten. Diese zwei zentralen Argumentationsstränge zeigen sich im zeitgenössischen Diskurs eng miteinander verwoben, ja oftmals vollständig miteinander verschränkt. In einem analytischen Zugriff, der insbesondere die Wirksamkeit von als allgemein gültig geltenden Wissensmustern in diesen Argumentationslinien – über die eine grundsätzliche Gegensätzlichkeit und Exklusivität von Europäern und Afrikanern entworfen und die Vernichtung der Afrikaner legitimiert wird – de-konstruieren sowie ihre diskursiven Dispositive re-konstruieren will, sollen diese beiden zentralen Aspekte zunächst isoliert betrachtet werden. Auf diese Weise wird es möglich, die verschiedenen Diskursstränge herauszuarbeiten, die in die legitimatorischen Argumentationen eingegangen sind, ja, die diese Argumentationen erst ermöglicht beziehungsweise hervorgebracht und validiert haben. Im Zentrum der Betrachtung soll hierbei die Komplexität des zeitgenössischen legitimatorischen Diskurses stehen, die soziale Reichweite dieser Argumentation sowie die Rückbindung an gültige Wissensmuster, die nicht zuletzt über wissenschaftlich gestützte *Wahrheiten* verifiziert wurden.

5.1 Der Prozeß der Geschichte

In einem 1895, also bereits knapp zehn Jahre vor dem Krieg in Südwestafrika unter dem Titel *Durch Afrika von Ost nach West* erschienenen Reisebericht von Gustav Adolf Graf von Götzen (1866-1910), dem späteren Gouverneur von Deutsch-Ostafrika (1901-1906), der auch führend an der Niederschlagung des »Maji-Maji-Aufstandes« 1905/06 beteiligt war,[1] findet sich eine Passage, die als prototypisch für die Legitimation kolonialer Expansion und für die Anwendung radikaler Gewalt im Kontext dieser Expansion gelesen werden kann: »Oft hört man [...] den Einwurf: mit welchem Recht aber drängt man sich jenen Wilden auf und erzieht ihnen künstlich neue, unbekannte Lebensbedürfnisse an? Mit welchem Recht erklärt man seine Besitzrechte über ihre Gemeinwesen, und warum hat man den ›glücklichen Frieden‹, der dort herrschte, bevor die Kultur dort hinkam, gestört? Nun, ich meine, man braucht als Antwort auf solche Fragen nicht erst anzuführen, dass die christliche Religion mit dem Gebot ›Gehet hin in alle Welt und lehret alle Völker‹ das Hineintragen des Christenthums und der ihm stets folgenden Civilisation in jene Länder vorschreibt, man braucht auch nicht an das Naturgesetz des ›survival of the fittest‹ zu erinnern, um ein Verschwinden oder ein Anpassen solcher Völker an höhere Gesittung zu verstehen. Man braucht nur einfach die Gegenfrage zu stellen: ob es wohl gerecht ist, dass jene Menschen, die nichts zur Fortentwicklung der Menschheit thun, die unproduktiv und träge ihr Leben führen, alleinige Besitzer und Bewohner von ungeheueren, fruchtbaren Ländern bleiben sollen, in denen neben ihnen noch Millionen anderer Menschenkinder ihren Lebensunterhalt finden könnten, während in der civilisierten Welt der Raum von Jahr zu Jahr enger wird für Alle, die da produciren, arbeiten und dafür leben wollen?«[2]

Die Argumentationsstruktur dieser Passage ist so charakteristisch wie paradigmatisch für koloniale Dikurse um 1900. So fällt zunächst auf, daß ein möglicher Einwand gegen die Legitimität der kolonialen Expansion zum Anlaß genommen wird, diese zu begründen und für gerechtfertigt zu erklären. Die Diskussion über

---

1 Seine Erinnerungen an den Maji-Maji-Aufstand hat Götzen schriftlich niedergelegt in: Götzen, Gustav Adolf von: Deutsch-Ostafrika im Aufstand 1905/06, Berlin 1909.

2 Götzen, Gustav Adolf von: Durch Afrika von Ost nach West. Resultate und Begebenheiten einer Reise von der Deutsch-Ostafrikanischen Küste bis zur Kongomündung in den Jahren 1893/94, Berlin 1895, S. 35.

die Legitimität des kolonialen Projektes wird somit scheinbar in den kolonialen Diskurs selbst verlagert. Die Gegenposition fungiert dabei allerdings ausschließlich als auslösendes Moment: Eigengewicht wird ihr nicht zugestanden, sie wird nicht diskutiert, sondern widerlegt. Bereits die Wendungen »Nun, ich meine, man braucht als Antwort auf solche Fragen nicht erst anzuführen, dass« und »Man braucht nur einfach die Gegenfrage zu stellen«, mit denen die eigene Argumentation eingeleitet wird, sugerrieren, daß eine Gegenargumenation im Grunde gar nicht notwendig sei, da die kolonialkritische Position offensichtlich außerhalb eines gültigen sozio-kulturellen Wissens argumentiere, an das umgekehrt der pro-koloniale Diskurs anschließe. Der mittels dieser Wendungen hergestellte Verweis auf gültiges Wissen, wird dann auf der semantischen Textebene wiederholt: Als Antwort auf einen möglichen Einwand werden in der zitierten Passage drei für die kollektive Rede über koloniale Expansion typische Argumente angeführt, die auf jeweils unterschiedliche, um 1900 virulente Diskurse verweisen. Zunächst rekurriert Götzen zur Begründung kolonisatorischer Expansion mittels eines Zitats von Matthäus 28,19 (»Gehet hin in alle Welt...«) auf den christlichen Missionsauftrag. Dieses theologisch-missionarische Muster wird dabei unmittelbar an ein kulturevolutionistisches Argument gekoppelt, da, so die Argumentation des Textes, Mission und Zivilisation stets untrennbar miteinander verbunden seien. Die Zivilisierung der »Wildnis«, die Forcierung eines Gesetzes kultureller Höherentwicklung, werden auf diese Weise theologisch fundiert. Auffällig ist dabei, daß das kultur-evolutionistische Argument eines zivilisatorischen Fortschritts zudem über das zitierte Schlagwort vom »survival of the fittest« mit einem dem sozialdarwinistischen Diskurs entlehnten biologistischen Muster verschränkt wird: Die »Anpassung an höhere Gesittung«, also ein Sozial- oder Kulturevolutionismus, wird als »Naturgesetz« entworfen. Als drittes, und in Götzens Argumentationsstrategie zentrales Legitimationsmuster wird ein im weitesten Sinne geschichtsphilosophisches Argument angeführt: Die »Eingeborenen« der kolonisierten und noch zu kolonisierenden Regionen tragen nichts zur Fortentwicklung der Menschheit und damit zum Fortschritt der Geschichte bei. Diesem geschichtsphilosophischen Muster weist Götzen besondere Evidenz zu, da es als Begründung für die Notwendigkeit des »Verschwinden[s] oder [...] Anpassen[s] solcher Völker an höhere Gesittung« bereits allein ausreiche.

Mit diesem Argument schließt Götzen an die in universalhistorischen Entwürfen seit der Aufklärung virulente Idee von einer einzigen, universal gültigen Geschichte an, in deren Zentrum der handelnd gestaltende Mensch stehe – wobei sich mit dem Begriff »Mensch« durchaus exklusive Vorstellungen verbanden, etwa eine weiße Hautfarbe, Kultur, Bildung usw. – und die zudem auf ein bestimmtes, festumrissenes Ziel zulaufe: die »allgemeine Humanität« bei Herder,[3] auf die Weltgesellschaft der vernunftgeleiteten Weltbürger bei Kant,[4] auf die der »geistreichen Denker« und »gebildeten Weltmänner« Schillers[5] oder später, bereits unter dem Einfluß biologistischer Diskurse, auf die möglichst hohe »intellectuelle Entwickelung« der Menschheit bei Eduard von Hartmann.[6]

Gemeinsam ist diesen unterschiedlichen Ansätzen, daß die Geschichte von Völkern, die nichts zum Vollzug des Naturplans der Geschichte beitrügen, grundsätzlich als, wie Kant es in der *Idee zu einer allgemeinen Geschichte in weltbürgerlicher Absicht* (1783) formuliert hatte, episodisch betrachtet wird.[7] Bedeutsamkeit und Wertigkeit jeder einzelnen Geschichte werden allein an ihrem Beitrag zum Vollzuge jenes angenommenen Geschichtsprozesses gemessen.[8] Die Virulenz dieser Vorstellung um 1900 und ihre Wirkungsmäch-

---

3 Herder, Johann Gottfried: Werke in zehn Bänden, hrsg. von Martin Bollacher et al., Bd. 6: Ideen zur Philosophie der Geschichte der Menschheit [1782-1788], Frankfurt am Main 1989.
4 Kant, Immanuel: Idee zu einer allgemeinen Geschichte in weltbürgerlicher Absicht [1783], in: ders.: Werke, hrsg. von Wilhelm Weischedel, Darmstadt 1983. Bd. 9: Schriften zur Anthropologie, Geschichtsphilosophie, Politik und Pädagogik, Erster Teil, S. 33-52.
5 Schiller, Friedrich: Was heißt und zu welchem Ende studiert man Universalgeschichte [1789], in: Schillers sämtliche Werke in zwölf Bänden, Stuttgart o.J. [um 1900] (=Cotta'sche Volksbibliothek), hier Bd. 10: Prosaische Schriften (erste und zweite Periode), S. 240-256.
6 Hartmann, Eduard von: Philosophie des Unbewußten [1869]. 3 Bde., Leipzig (11., erweiterte Auflage) 1904.
7 Kant: Idee zu einer allgemeinen Geschichte in Weltbürgerlicher Absicht, a. a. O., S. 48.
8 Vgl. in diesem Kontext auch Dabag, Mihran: Genozid und Weltbürgerliche Absicht. Perspektiven, in: Weltbürgertum und Globalisierung, hrsg. von Norbert Bolz, Friedrich A. Kittler und Raimar Zons, München 2000, S. 43-70.

tigkeit sind nicht zu unterschätzen.⁹ So notierte beispielsweise der Historiker Kurt Breysig im März 1896 während einer Reise nach Erfurt, durchaus in enger und absichtsvoller Anlehnung an Herders Entwurf einer »Universalgeschichte der Bildung der Welt«, formuliert in dessen *Journal meiner Reise im Jahr 1769*, hinsichtlich einer zu konzipierenden Universalgeschichte: »Für die universale Geschichte aber denke ich mir als die wichtigste Aufgabe: Die großen Entwicklungsphasen in ihrem Charakter zu erkennen – [...] die innersten Errungenschaften der Literatur, des Rechts, der Religion, der Kunst aufzuspüren – im tollen Wirrwarr der politischen Geschichte das Allgemeine abzuschöpfen (niemals einzelne Kriege, einzelne Könige schildern wie die bisherige Historie, sondern das Typische finden). [...] Aber die geistige Kultur würde mich am meisten anziehen. [...] Alle bisher links liegen gelassenen Kulturvölker – Chinesen, Inder, Altmexikaner – heranzuziehen. [...] Schwarze – nicht.«¹⁰ Bemerkenswert an dieser kurzen Passage ist, jenseits der homogenisierenden universalhistorischen Vision, daß die »Schwarzen« und damit die afrikanische Geschichte mit der schlichten Elipse »Schwarze – nicht« aus dem Ensemble historisch bedeutsamer Entwicklungen und Geschehnisse exkludiert werden.

Eine prototypische Festschreibung hatte dieses Argumentationsmuster in Georg Wilhelm Friedrich Hegels zwischen 1822 und 1831 entstandenen *Vorlesungen über die Philosophie der Geschichte* erfahren, in denen eine vollständige Vor-Geschichtlichkeit, wenn nicht gar Geschichtslosigkeit Afrikas konstatiert wird: »Denn es [Afrika] ist kein geschichtlicher Weltteil, es hat keine Bewegung und keine Entwicklung aufzuweisen, und was etwa in ihm, das heißt, in seinem Norden geschehen ist, gehört der asiatischen und euro-

---

9 Kristin Platt hat dies überzeugend in einer Analyse geschichtsphilosophischer Texte von Theodor Vischer, Heinrich von Treitschke und Wilhelm Dilthey gezeigt. Platt, Kristin: Über das Vorübergehende in der Geschichte: Gestaltung, Tod und Vernichtung in der Begründung historischer Kontinuität. Vortrag, gehalten auf der Tagung »Die Machbarkeit der Welt« in der Katholischen Akademie »Die Wolfsburg«, Mülheim/Ruhr, 27.-29. November 2003. Vgl. hierzu auch: Platt: Fichte als Pfadfinder, a. a. O., hier insbes. S. 93-98.
10 Breysig, Kurt: Aus meinen Tagen und Träumen. Memoiren, Aufzeichnungen, Briefe, Gespräche, aus dem Nachlaß, hrsg. von Gertrud Breysig und Michael Landmann, Berlin 1962, S. 92f.

päischen Welt zu. [...] Was wir eigentlich unter Afrika verstehen, das ist das Geschichtslose und Unaufgeschlossene, das noch ganz im natürlichen Geiste befangen ist«.[11] Parallel zu dieser Festschreibung ihrer Geschichtslosigkeit und eng mit ihr verbunden wurde auch eine spezifische Kulturlosigkeit afrikanischer Völker konstatiert. Bereits mehr als ein halbes Jahrhundert vor Hegels Ausführungen über die Geschichtslosigkeit der schwarzafrikanischen Völker hatte mit Immanuel Kant ein anderer kanonisierter deutscher Philosoph die Kulturfähigkeit afrikanischer Völker als überaus fragwürdig beschrieben, somit ihren möglichen Beitrag zur Entwicklung der Geschichte zurückgewiesen, um über diesen Aspekt schließlich zugleich ein Differenzkriterium zwischen Völkern konstatiert. So führte er in den zuerst 1764 in Königsberg erschienenen Beobachtungen über das Gefühl des Schönen und Erhabenen aus: »Die Negers [sic!] von Afrika haben von der Natur kein Gefühl, welches über das Läppische stiege« und konstatierte in Anschluß an David Hume, »daß unter den Hunderttausenden von Schwarzen [...], obgleich deren sehr viele auch in Freiheit gesetzt werden, dennoch nicht ein einziger jemals gefunden worden, der entweder in Kunst oder Wissenschaft, oder in irgend einer anderen rühmlichen Eigenschaft etwas großes vorgestellt habe, obgleich unter den Weißen sich beständig welche aus dem niedrigsten Pöbel empor schwingen, und durch vorzügliche Gaben in der Welt ein Ansehen erwerben.«[12] Den Unterschied zwischen Weißen und Schwarzen entwirft Kant nicht als einen graduellen, etwa als Unterschied zwischen Kulturtechniken, sondern als einen prinzipiellen, als einen Unterschied hinsichtlich der Kulturfähigkeit, der ebenso groß sei »als der Farbe nach«.[13] »Kultur«, und zwar die Kultur des aufgeklärten Europa, wird zum Maßstab eines Welt-

---

11 Hegel, Georg Wilhelm Friedrich: Philosophie der Geschichte, Stuttgart 1989, S. 163.
12 Kant, Immanuel: Über das Gefühl des Schönen und Erhabenen, in: ders.: Werke, hrsg. von Wilhelm Weischedel, Darmstadt 1983, Bd. 2: Vorkritische Schriften bis 1768, Zweiter Teil, S. 825-884, hier S. 880.
13 Ebd.

bürgertums,[14] an dem Völker und Gemeinschaften gemessen und gewertet werden.

Dieses hier nachgezeichnete geschichtsphilosophische Argumentationsmuster wird in Götzens Text durch den Aspekt des Lebensraumes ergänzt, ein Zentralmotiv des Kolonialdiskurses seit Mitte des 19. Jahrhunderts,[15] das im Titel von Hans Grimms 1926 erschienenem Roman *Volk ohne Raum*[16] seine größte Popularisierung erfahren sollte.[17] Bedeutsam ist zudem, daß Götzen eine Konsequenz der von ihm als zivilisatorische Arbeit beschriebenen Kolonisation im »Verschwinden oder Anpassen« der kolonisierten Völker erkennt, wobei dem »Verschwinden« allein dadurch, daß es zuerst genannt wird, implizit eine Priorität vor der Möglichkeit einer Anpassung zugeschrieben wird.

Festzuhalten ist an dieser Stelle zunächst, daß in der zitierten Passage Kolonialismus und schließlich auch koloniale Gewalt in eine als allgemein gültig gesetzte Entwicklung eines universalen, auf den kulturellen Fortschritt der Menschheit angelegten Geschichtsprozesses eingeordnet werden. Das »Verschwinden« der »Schwarzen« wird als ein mögliches und gerechtfertigtes Element im Vollzuge jenes Geschichtsprozesses beschrieben, als Beschleunigung eines ohnehin unabwendbaren Sterbens der Völker am Rande der Geschichte.

Bedeutsam ist zudem, daß Götzen seine Argumentation an verschiedene sozial relevante Diskurse anbindet, um die eigenen Ausführungen mittels einer Technik des Verweises zu validieren, ja das koloniale Programm geradezu aus diesen Diskursen zu deduzieren: Indem Götzen dem Kolonialdiskurs Muster allgemein gültiger

---

14 Vgl. zu diesem Aspekt der aufklärerischen Konzeption des Weltbürgertums nochmals: Dabag: Genozid und weltbürgerliche Absicht, a. a. O., hier insbes. S. 64ff.

15 Vgl. zum Konzept des »Lebensraums«: Köster, Werner: Die Rede über den »Raum«. Zur semantischen Karriere eines deutschen Konzepts, Heidelberg 2001, und Wolter: »Volk ohne Raum«, a. a. O.. Vgl. zur Bedeutung dieses Konzeptes im deutschen Kolonialdiskurs Noyes: Colonial Space a. a. O. Siehe ferner auch Honold: Raum ohne Volk, a. a. O. Zur Übertragbarkeit dieses kolonialen Lebensraumkonzeptes vgl.: Ketelsen: Der koloniale Diskurs und die Öffnung des europäischen Ostens im deutschen Roman, a. a. O.

16 Grimm: Volk ohne Raum, a. a. O.

17 Vgl. hierzu insbesondere Wolter: »Volk ohne Raum«, a. a. O.

gesellschaftlicher Diskurse inkorporiert, wird die koloniale Rede zu einem Teil kollektiver Rede.

Götzens Argumentation steht nicht wie ein Monolith in der Diskurslandschaft um 1900. Vielmehr ähneln zahlreiche zeitgenössische Texte zum Kolonialismus dieser Argumentation bis zur Austauschbarkeit. Die Gültigkeit dieser Wissensmuster war um 1900 dabei nicht ausschließlich auf kolonialistische, ja nicht einmal auf rechtskonservative und ausdrücklich nationalistisch gesinnte Kreise beschränkt. Auch in Verlautbarungen der eher kolonialkritisch gesinnten Linken des Reiches finden sich analoge Argumentationsstrukturen, und zwar selbst dort, wo eine »koloniale Eroberungspolitik« ausdrücklich verurteilt wird. In einem kurzen Text zum Thema *Der Sozialismus und die Kolonialfrage*,[18] den der sozialdemokratische Reichstagsabgeordnete Eduard Bernstein im Jahr 1900 in den eher dem rechten Flügel der SPD nahestehenden, aber keineswegs genuin kolonialpropagandistischen *Sozialistischen Blättern* publizierte, wird dem »Kolonialchauvinismus« eine deutliche Absage erteilt und die Sozialdemokratie zum »natürliche[n] Anwalt der Eingeborenen«[19] erklärt. Dies hinderte Bernstein allerdings nicht daran, zuvor festzustellen, daß »die höhere Kultur gegenüber der niedern stets das größere Recht auf ihrer Seite [hat], ja, die Pflicht, sich jene zu unterwerfen. [...] So interessiert [sic!] die Vertreter niederer, ursprünglicher Kulturen für den Ethnologen sein mögen, so wird der Soziologe sich keinen Augenblick besinnen, ihr Zurückweichen vor den Vertretern höherer Kultur für notwendig und weltgeschichtlich gerecht zu erklären.«[20] Auch Bernstein weist dem Kolonialismus eine Legitimität zu, die er aus dem notwendigen Fortschritt einer einheitlichen Weltgeschichte schließt. Auffällig ist zudem, daß den kolonisierten Völkern kein Existenzrecht um ihrer selbst Willen zugesprochen wird: Ihre Anwesenheit in den Kolonien, ihre Existenz erscheint allein aufgrund eines – bei Bernstein zudem in der Möglichkeitsform formulierten – Interesses der Ethnologen gerechtfertigt, das aber den Notwendigkeiten des Geschichtspro-

---

18 Bernstein, Eduard: Der Sozialismus und die Kolonialfrage, in: Sozialdemokratie und Kolonieen, hrsg. von Alfred Mansfeld, Berlin 1919, S. 58-59 (zuerst in: Sozialistische Monatshefte, 1900, S. 549-561).
19 Ebd., S. 59.
20 Ebd., S. 58.

zesses untergeordent wird.²¹ Für »keineswegs notwendig« hält Bernstein dagegen, daß der Prozeß der Geschichte, »das Zurückweichen von Kultur vor Kultur [...] mit dem Verschwinden der minder entwickelten Rassen und Nationalitäten verbunden« sein müsse.²² Ausgeschlossen oder kritisiert wird die Möglichkeit des »Verschwindens« der »Eingeborenen« jedoch nicht – und bleibt somit auch hier als letztlich »weltgeschichtlich gerechtfertigte« Konsequenz des kolonialen Programms legitim.

In der zeitgenössischen Literatur über den »Herero-Krieg« wird diese Argumentationsstruktur, die hier anhand der in gänzlich verschiedenen sozio-kulturellen Kontexten stehenden Texte von Götzen und Bernstein de-konstruiert worden ist, dann auch typisch für die Legitimation der Genozidpolitik in literarischen Texten. So zum Beispiel in dem erwähnten Roman *Peter Moors Fahrt nach Südwest* von Gustav Frenssen, der sich als Ausgangspunkt einer weiterführenden Analyse anbietet. Dies nicht allein deshalb, weil es sich, wie weiter oben gezeigt, bei diesem Text um die erfolgreichste zeitgenössische Publikation zum »Herero-Aufstand« handelt, er also bereits aufgrund seiner Auflagenstärke als sozial relevant, repräsentativ oder paradigmatisch gelten kann – ohne dabei der irrigen Idee aufsitzen zu wollen, daß ein vielgekauftes zugleich ein vielgelesenes Buch sein muß. Im Kontext der Beschäftigung mit dem »Herero-Aufstand« wird den Schilderungen in Frenssens Roman –

---

21 Ganz analog zu dieser Argumentation sollte im Jahr 1910 Leonhard Schultze über die Vernichtung der Herero und Nama sowie über die »Inwertsetzung« der Überlebenden reflektieren: »Der Ethnolog [sic!] mag es beklagen, daß ein so charakteristisch ausgeprägtes Stück Menschentum, wie es die einzelnen Stämme Deutsch-Südwestafrikas, besonders die Herero und Hottentotten in ihrer körperlichen, geistigen und politischen Eigenart darstellten, einst erinnerungslos eingeschmolzen sein wird, um, mit dem Zeichen des Reichsadlers und des christlichen Kreuzes versehen, mit der Aufschrift „farbige Arbeiter" wieder neu in Kurs gesetzt zu werden. Der Kampf um unsere eigene Existenz läßt aber keine andere Lösung zu. Arbeit ist zugleich für jene die einzige Rettung; wer nicht arbeiten will, kommt auch bei uns unter die Räder; wir haben keinen Grund, in Afrika sentimentaler zu sein, als wir in Europa sind. Die wir auf dem Grabe jener Rassen unsere Häuser bauen, sollen es nur doppelt so streng mit der Pflicht nehmen, für den Fortschritt der Kultur, das ist für die größte Auswertung aller Daseinsmöglichkeiten, in diesem Neuland kein Opfer zu scheuen.« Vgl.: Schultze: Südwestafrika, a. a. O., S. 295.

22 Ebd.

bis heute – zudem auffallend häufig ein hoher Grad der Authentizität zugeschrieben,[23] was insofern erstaunlich ist, als in *Peter Moors Fahrt nach Südwest* explizit ein Aspekt entwickelt wird, der in nahezu allen anderen zeitgenössischen Publikationen zum Thema als Legitimationsstrategie zwar bedeutsam, jedoch eher implizit enthalten ist: Die Ereignisse des Jahres 1904 werden in den Prozeß einer allgemeinen, geschichtsmythologisch fundierten Kulturevolution eingeordnet.

Gegen Ende des Romans, die Herero sind bereits in das Sandfeld »abgedrängt«, wird ein Gespräch zwischen dem Protagonisten und seinem kommandierenden Oberleutnant geschildert, ein Gespräch, welches das Ziel und den Kulminationspunkt des gesamten Romans darstellt. Der Oberleutnant begründet die Vernichtung der Herero mit den Sätzen: »Diese Schwarzen haben vor Gott und Menschen den Tod verdient, nicht weil sie die zweihundert Farmer ermordet haben und gegen uns aufgestanden sind, sondern weil sie keine Häuser gebaut und keine Brunnen gegraben haben. [...] Gott hat uns hier siegen lassen, weil wir die Edleren und Vorwärtsstrebenden sind. [...] Den Tüchtigeren, den Frischeren gehört die Welt. Das ist Gottes Gerechtigkeit.«[24]

In dieser kurzen, häufig zur Illustration und Entlarvung einer Kolonialideologie herbeizitierten,[25] in ihrer Argumentationsstruktur und ihrer sprachlichen Präsentation jedoch selten detailliert analysierten Passage finden sich genau die drei Diskursstränge, die anhand von Götzens Reisebericht *Durch Afrika von Ost nach West* dargestellt wurden. Allerdings werden sie in Frenssens Roman, anders als bei Götzen, vollständig miteinander verschränkt, um die

---

23 So benennt etwa Walter Nuhn Frenssens Roman als eine seiner wichtigsten »Quellen« für die Rekonstruktion der Ereignisse: »Häufig wurde von mir auch als Quelle Gustav Frenssens Werk ›Peter Moors Fahrt nach Südwest‹ benutzt. Obwohl als Roman geschrieben, ist dieses Buch als Tatsachenbericht zu werten [...]. Die Ereignisse, die handelnden Personen und die geographischen und topographischen Gegebenheiten werden in Frenssens Werk [...] wirklichkeitsgetreu und ungeschminkt wiedergegeben [...].« Nuhn: Sturm über Südwest. Der Herero-Aufstand 1904, a. a. O., S. 356.
24 Frenssen: Peter Moors Fahrt nach Südwest [1906], a. a. O., S. 200.
25 Vgl. etwa: Bennighoff-Lühl: Deutsche Kolonialromane, a. a. O., S. 132; Melber: Kontinuitäten totaler Herrschaft, a. a. O., S. 99f.; Wassink: Auf den Spuren des deutschen Völkermords in Südwestafrika, a. a. O., S. 162f.

Vernichtung der Herero zu rechtfertigen. So wird zunächst das Argument, die Vernichtung sei eine Vergeltungsaktion, zurückgewiesen: Es seien nicht der Aufstand gegen den Kolonialherrn und auch nicht die Ermordung deutscher Farmer, die die Vernichtungspolitik rechtfertigen. Mit diesem Argument wird die Darstellung explizit vom aktuellen, konkreten zeithistorischen Kontext abgekoppelt. Bedeutsam ist in diesem Zusammenhang, daß hiermit die zu Beginn des Romans geschilderte Motivation für die Teilnahme des Protagonisten am Feldzug umgekehrt und korrigiert wird. Dieser hatte sich zum Seebataillon gemeldet, nachdem ihm vom Aufstand in Südwestafrika berichtet worden war: »»Hast du schon gelesen?‹ Ich sagte: ›Was denn?‹ Er sagte: ›In Südwestafrika haben die Schwarzen feige und hinterrücks alle Farmer ermordet, samt Frauen und Kindern.‹ Ich weiß ganz gut in der Erdkunde Bescheid; aber ich war erst doch ganz verwirrt und sagte: ›Sind diese Ermordeten deutsche Menschen?‹ – ›Natürlich,‹ sagte er: ›Schlesier und Bayern und aus allen andern deutschen Stämmen, und auch drei oder vier Holsteiner. Und nun, was meinst Du, wir vom Seebataillon ...‹ [...] ›Wir müssen hin!‹ sagte ich.«[26] Während zu Beginn des Romans eine mögliche Begründung für den Feldzug also durchaus als Reflex auf die konkreten Geschehnisse entworfen wird, wird eine solche Argumentation in der zentralen Passage des Romans ausdrücklich zurückgewiesen. An die Stelle des Bezugs auf das Geschehen tritt dagegen eine Rahmung, auf die ein Argument verweist, das dem geschichtsphilosophischen Diskurs entlehnt ist: Die »Schwarzen«, so der Text, tragen nichts zur Entwicklung der Menschheit und zum Fortschritt des Geschichtsprozesses bei.

Dieses geschichtsphilosophische Argumentationsmuster wird nun allerdings nicht mit dem christlichen Missionsauftrag verbunden, sondern mit einem anderen, jedoch ebenfalls im weitesten Sinne »religiösen« Argument gestützt, das wiederum mit Argumenten verwoben wird, die auf einen sozial- beziehungsweise kulturevolutionistischen Diskurs rekurrieren. Es sei Gottes Wille, daß die »Edleren«, »Vorwärtsstrebenden«, »Tüchtigeren« und »Frischeren« siegen und die Inferioren untergehen. Mittels Inversion wird eine Proposition der Bergpredigt zitiert: In der Argumentation von

---

26 Frenssen: Peter Moors Fahrt nach Südwest [1906], a. a. O., S. 6.

Frenssen, der evangelischer Landpfarrer gewesen war, bevor er sich nach dem Erfolg seines Romans *Jörn Uhl* (1901) ein Leben als freier Schriftsteller leisten konnte, sei es »Gottes Gerechtigkeit«, daß dem »Tüchtigen«, der Gewalt anwendet und den »inferioren Schwarzen« vernichtet, die Welt gehört – der Wortlaut in Matthäus 5,5 hingegen: »Selig, die keine Gewalt anwenden; / denn sie werden das Land erben.« Mit dieser Inversion postuliert Frenssen einen modernisierenden Paradigmenwechsel zu einer historisch und zivilisatorisch notwendigen Handlungsethik, in der die Anwendung von Gewalt als Vollzug des gottgewollten Geschichtsprozesses legitim sei. Zugleich wird der postulierte Paradigmenwechsel, den er aus dem Prozeß der Geschichte deduziert, mit einer sakralen Aura, der Aura des heiligen Wortes umgeben.

Die Organisation dieser argumentativen Tiefenstruktur auf der Textoberfläche – das verwendete Lexikon, die Syntax und die Metaphorik – sind ebenfalls auffällig und bedeutsam – und sie sind charakteristisch für den gesamten Roman. Durch eine pejorativ-distanzierende Verwendung des Demonstrativpronomens (»diese Schwarzen«) werden die Herero entindividualisiert und als eine klar zu identifizierende, exemplarische Gruppe festgeschrieben. In der Argumentationsstruktur der Textstelle erscheint ihre über die Hautfarbe konnotierte »Rasse« als bestimmend für die Gruppenzugehörigkeit. Die Hautfarbe dient als paradigmatisches Distinktions- und Definitionsmerkmal.

Durch die explizite Entkopplung der Vernichtung von jedem konkreten historischen Kontext wird das Geschehen auch ent-emotionalisiert, da eine persönliche Involviertheit der agierenden »Weißen« zurückgewiesen wird. Das an diese Stelle tretende kulturevolutionistische Argument wird nicht abstrakt, nicht theoretisch formuliert, sondern über ein in sich geschlossenes, ebenso allgemeines wie primordial natürlich erscheinendes Bild codiert und illustriert: Sie haben »keine Häuser gebaut und keine Brunnen gegraben.« Dieses Bild nimmt eine frühere Passage des Romans wieder auf, in der die Fähigkeit der »Weißen«, Häuser zu bauen und Brunnen zu graben, als unhintergehbares Differenzkriterium gegenüber den »Schwarzen« gesetzt und als Voraussetzung für die Zugehörigkeit zu einer menschlichen Gesellschaft entworfen wird.[27] Die auffallend in die Vergangenheit zurückweisende Metaphorik (die Brunnen werden nicht gebohrt, sondern gegraben) konnotiert ein unproduktives Nomadentum[28] der »Schwarzen«, das spätestens seit Herder zusammengelesen wird mit einer spezifischen Kulturlosigkeit,[29] die im zwangsläufigen historischen Prozeß des Fortschritts der Menschheit ihr Verschwinden beziehungsweise ihre Vernichtung notwendig mache und rechtfertige. Darüber hinaus leistet das Bild einen Anschluß an die Programmatik des Siedlerkolonialismus: Die Weißen werden Häuser bauen und Brunnen graben, das Land zivilisieren und fruchtbar machen.[30]

Dieses, wie oben bereits gezeigt, aus der philosophischen Tradition abgeleitete kulturevolutionistische Argumentationsmuster

27 Dort hatte ein »Alter Afrikaner« doziert: Die Schwarzen »mögen erst mal lernen, was wir aus uns selbst erfunden hätten: Wasser stauen und Brunnen machen, graben und Mais pflanzen, Häuser bauen und Kleider weben. Danach mögen sie wohl einmal Brüder werden. Man nimmt niemanden in eine Genossenschaft auf, der nicht vorher seinen Einsatz bezahlt hat.« (Frenssen: Peter Moors Fahrt nach Südwest [1906], a. a. O., S. 68).
28 Vgl. zur literarischen Codierung des Nomadentums sowie zur Differenzierung zwischen Seßhaftigkeit/Nicht-Seßhaftig und ihrer Konnotationen insbesondere im ersten Drittel des 20. Jahrhunderts: Gerhard, Ute: Nomadische Bewegungen und die Symbolik der Krise. Flucht und Wanderung in der Weimarer Republik, Opladen 1998. Vgl. in diesem Kontext auch Klaus-Michael Bogdals Überlegungen zur Darstellung und Ausdeutung der Figur des »burgenländischen Zigeuners« in der österreichischen Literatur: Bogdal, Klaus-Michael: Eliminatorische Normalisierung. Lebensläufe von »Zigeunern« in narrativen Texten, in: (Nicht)Normale Fahrten. Faszination eines modernen Narrationstyps, hrsg. von Ute Gerhard, Walter Grünzweig, Jürgen Link und Rolf Parr, Heidelberg 2003, S. 157-167.
29 Vgl. hierzu den Abschnitt »Organisation der afrikanischen Völker« im sechsten Buch von Herders »Ideen zur Philosophie der Geschichte der Menschheit«.
30 Vgl. zur Darstellung des »Kolonialsiedlers« in der deutschen Literatur um 1900 Gerhard, Ute: Eine »gestaute« Masse in Bewegung. Der Siedler in »Deutsch-Südwest« als literarische Figur, in: Sprache im technischen Zeitalter 41, 168, 2003, S. 415-427. Ute Gerhard fokussiert allerdings zuvorderst die »Siedlerfigur« in den Texten Hans Grimms. In einer erweiterten Fassung des Aufsatzes zieht sie vergleichend den Entwurf des Siedlers in Frenssens *Peter Moors Fahrt nach Südwest* hinzu. Vgl.: dies.: Deutsche Kolonialromane zwischen völkischer Heimatliteratur und biopolitischer Narration, in: Afrika – Kultur und Gewalt. Hintergründe und Aktualität des Kolonialkriegs in Deutsch-Südwestafrika. Seine Rezeption in Literatur, Wissenschaft und Populärkultur (1904-2004), hrsg. von Christof Hamann, Iserlohn 2005, S. 127-140.

wird im nächsten Satz der Passage durch zwei weitere Argumente gestützt: durch ein sozialdarwinistisches Muster (»die Edleren und Vorwärtsstrebenden«) und eine religiöse Rechtfertigung (»Gott hat uns hier siegen lassen, weil wir die Edleren und Vorwärtsstrebenden sind«). Die Argumentation kulminiert in einer Proposition, die das bürgerlich-protestantische Tugendideal »Tüchtigkeit« mit einem rudimentären Sozialdarwinismus verschränkt und diese beiden Kriterien zu Legitimationsinstanzen des Kolonialismus erhebt. Denn über die Form des schlichten Aussagesatzes wird die universelle Gültigkeit eines Naturgesetzes festgeschrieben: »Den Tüchtigeren, den Frischeren gehört die Welt.«

Die Abstraktion vom konkreten Kontext, die in dieser Passage vorgenommen wird, die Einordnung des Geschehens in ein allgemeines, dem teleologischen Verlauf der Geschichte inhärentes Gesetz von Rassenkampf und Zivilisationsprozeß sowie die Tendenz, das Geschehen in Südwestafrika in ein für diesen allgemeinen Prozeß charakteristisches Ereignis umzudeuten, sind paradigmatisch für die Gesamtstruktur des Romans.[31] So wird die Handlung nur vage geographisch und zeitlich verortet.[32] Ortsnamen fallen eher beiläufig, die agierenden Personen bleiben bis auf wenige Ausnahmen anonym – selbst der Name »Moor« fällt im gesamten Roman nur zwei Mal. Das Wort »Herero« findet im gesamten Text keine Ver-

---

31 Das gilt, wie an anderer Stelle gezeigt werden soll, auch für seine formalen Strukturen und die Entwicklung des Plots. Vgl. hierzu ausführlich das Kapitel »*Peter Moors Fahrt* in die Volksgemeinschaft. Das Kollektiv im Existenzkampf« weiter unten.
32 Joachim Warmbold vermutet, daß Frenssen es bei diesem Vagheiten belassen habe, um Ungenauigkeiten vorzubeugen, die aus seiner weitgehenden Unkenntnis der südwestafrikanischen Landschaft hätten resultieren können – Frenssen hatte die Kolonie Südwestafrika ja niemals besucht: »Für Frenssen, der das Land nur aus den Berichten anderer kannte, war es leichter und sicherer, die Truppenverbände nach Himmels- und Windrichtungen zu lenken und den Schauplatz in Abständen von vier Wochen zu wechseln, als möglicherweise mit unrichtigen Namen und Daten Missfallen zu erregen.« (Vgl.: Warmbold: Deutsche Kolonial-Literatur, a. a. O., S. 103f.). Bei dieser Einschätzung, die sicherlich einen wichtigen Effekt von Frenssens Erzählstrategie beobachtet, werden allerdings diese Erzählstrategie selbst und ihre Zielsetzungen unterschätzt, ja weitgehend außer acht gelassen. Vgl. auch hierzu weiter unten das Kapitel »*Peter Moors Fahrt* in die Volksgemeinschaft. Das Kollektiv im Existenzkampf«.

wendung. Hingegen ist durchgängig von »den Schwarzen«, »den Feinden« oder »dem feindlichen Volk«[33] die Rede.

Bedeutsam ist zudem, daß Frenssen in seinem Roman diese Argumentationslinien über die Sprecherpositionen mit besonderer Autorität versieht. Es ist der kommandierende Oberleutnant, der in seiner »gelehrten, bedächtigen Weise«[34] den einfachen Soldaten – durchaus auch im philosophischen Sinne des Begriffs – »aufklärt«.

Diese hier de-konstruierten Argumentations- und Autorisationsstrategien sind im hohen Maße typisch für die deutsche Kolonialliteratur über den Hererokrieg, wenn von der Vernichtungsstrategie die Rede ist: »Es war ein blutiger Tag, der am Waterberg; er entschied aber endlich über das Los der stolzen Herero. Was nicht in der Schlacht fiel, das trieben wir in die Durststrecken hinein. Verschwindend wenige sind entkommen. Ein grausiges Ende!«[35] Mit diesen Worten läßt die um 1900 renommierte Kinder- und Jugendbuchautorin Henny Koch[36] in ihrer zuerst 1910 unter dem Titel *Die Vollrads in Südwest* erschienenen, überaus erfolgreichen »Erzählung für junge Mädchen« den Bericht eines Schutztrupplers über die Verfolgung der Herero in das Sandfeld der Omaheke-Steppe enden. Dieses »grausige Ende« der Herero bewegt nun die junge Protagonistin der Erzählung, die vierzehnjährige Johanna,

---

33 Vgl. beispielsweise: Frenssen: Peter Moors Fahrt nach Südwest [1906], a. a. O., S. 136 oder S. 145.
34 Ebd., S. 199.
35 Koch: Die Vollrads in Südwest, a. a. O.
36 Henny Koch (1854-1925) gehörte lange Zeit zu den meistgelesenen Autorinnen von Mädchenbüchern. Neben ihren eigenen Romanen und Erzählungen, die teilweise zunächst als Fortsetzungsromane in der illustrierten Mädchenzeitschrift *Das Kränzchen* erschienen, übersetzte sie auch Romane und Erzählungen aus dem Amerikanischen, u.a. Arbeiten von Mark Twain (ihre Übersetzung von *Huckleberry Finns Abenteuer und Fahrten* aus dem Jahr 1890 wurde noch in den 1970er Jahren im Goldmann-Verlag nachgedruckt). Zahlreiche Arbeiten Henny Kochs waren große belletristische Erfolge, manche ihrer Bücher wurden in mehrere Sprachen übersetzt. Ihre erste eigenständige »Erzählung für junge Mädchen«, die unter dem Titel *Papas Junge* zunächst 1901 als Fortsetzungsroman in *Das Kränzchen* erschien und 1905 als Buch publiziert wurde (Koch, Henny: Papas Junge. Eine Erzählung für junge Mädchen, Stuttgart/Berlin/Leipzig 1905), sollte ihre insgesamt erfolgreichste Publikation werden (im Jahr 1939 erschien die Erzählung in 91. Auflage). *Die Vollrads in Südwest* ist Henny Kochs einziger Roman mit einer kolonialen Thematik.

genannt Hanna oder Hänsel, die Legitimität der Kriegführung der Deutschen Schutztruppe zu hinterfragen. Auf ihre mit »zitternder Stimme« vorgetragene Frage »Hatten wir dazu ein Recht?« wird sie von ihrem Vater belehrt, indem dieser die Vernichtung der Herero in den Kontext eines als universell gültig gesetzten Gesetztes einordnet: »Das Recht, das schon gilt, solange die Welt steht, und erst mit ihr vergehen wird: Das Recht des Tüchtigeren und Fleißigeren. Wie ein roter Faden zieht es sich durch die ganze Natur.«[37]

Bemerkenswert an dieser Passage ist nicht allein, daß Henny Koch hier in der Verschränkung von Geschichts- und Naturgesetzen, die nicht etwa auf das Recht des Stärkeren, sondern auf das »Recht des Tüchtigeren und Fleißigeren« gründen würden, ein sozialdarwinistisches Muster zitiert, um ein Ereignis zu erklären und eine Politik der Vernichtung zu legitimieren. Über den Rekurs auf dieses Muster wird diese Politik als historisch legitim gesetzt, die Politik der Vernichtung erscheint geradezu durch die Geschichte selbst legitimiert. Die »Gültigkeit« jenes »Gesetzes der Geschichte« wird dabei einerseits offen formuliert, andererseits wird seine »Gültigkeit«, wie in Frenssens *Peter Moor*, durch die Konstellation der Sprecherpositionen und die den jeweiligen Sprechern über ihre Stellung innerhalb einer sozialen Gruppe (der Familie) zugewiesene Autorität verdeutlicht. Zweifel an der Rechtmäßigkeit der Vernichtungspolitik meldet allein ein vierzehnjähriges Mädchen an: Eine Minderjährige, unerfahrene Person weiblichen Geschlechts, die sich zudem der Fragwürdigkeit der eigenen Position bewußt zu sein scheint. Denn ihren Einwand kann sie nur mit zitternder Stimme vortragen. Die Position dessen, der die Legitimität der Vernichtungspolitik formuliert, ist eine innerhalb einer Familienkonstellation genuin mit Autorität versehene Position: Es ist der Vater (männlich, erfahren, Familienvorstand), der seine Tochter über die historische Rechtmäßigkeit der Politik in Südwestafrika aufklärt.

Gerade im Kontext einer »Erzählung für junge Mädchen« ist diese Konstellation von großer Evidenz. Die Empathie der weiblichen Protagonistin und Identifikationsfigur, ihr aus der Perspektive der dominanten Figur vordergründiges Mitleid mit den vernichteten Herero scheint die impliziten Leserinnen zunächst auch zur Iden-

---

37 Ebd.

tifikation mit dieser Position aufzufordern. Die Antwort des Vaters als einer wissenden Autoritätsfigur richtet sich somit nicht allein an die Protagonistin des Textes, sondern zugleich an die impliziten Leser(innen), deren noch unaufgeklärtes Wesen nicht über die Einsicht in die grundlegenden Gesetzmäßigkeiten von Geschichte und Natur verfügt.

Ein anderes Verfahren, die Ereignisse in Deutsch-Südwestafrika durch einen Rekurs auf die Geschichtsphilophie als historisch gerechtfertigt zu erklären, findet sich in Dorrit Zürns *Ovita*[38] (Otjihereo=Krieg) betitelten Roman über den »Hererokrieg«, der 1909 unter dem Pseudonym »Orla Holm« erschien: Hier wird dem Roman ein »geschichtsphilosophisches« Motto vorangestellt, das als »Leitmotiv aller Kolonialpolitik«[39] bezeichnet wird: »Die Weltgeschichte arbeitet ja nicht mit Moral, sondern mit Notwendigkeiten und Interessen. Diese werden durch die menschlichen Leidenschaften [...] für die große, das Dasein der Menschheit beseelende Entwicklungsidee nutzbar gemacht. Es ist so eine geschichtsgesetzliche Notwendigkeit gewesen, daß Amerika gefunden, erobert, besiedelt und die eingeborene Bewohnerschaft unterjocht und geradezu ausgerottet werden mußte, damit der Europäismus seine Kulturherrschaft über den Erdball antreten und feststellen konnte. Da half und hilft kein sentimentales Mitleid mit dem ›Letzten der Mohikaner‹.«

Das Motto entstammt dem geschichtsphilosophischen Essay *Der letzte Sonnensohn*[40] des Kunst- und Literaturhistorikers Johannes Scherr (1817-1886). Die von Zürn zitierte Passage postuliert bereits mittels einer deduzierenden, Stringenz suggerierenden und folgelogischen Argumentation, die in schlichte, im Indikativ gehaltene Aussagesätze gefaßt ist, einen allgemeinen Wahrheitsanspruch. Durch das eingefügte »ja« in dem einleitenden Satz »Die Weltgeschichte arbeitet ja nicht mit Moral« wird diese Aussage als ein allgemeines Wissensmuster und als ein Apriori jeder historischen Analyse codiert, das über jeden Zweifel und über jede Diskussion erhaben sei. Möglichen »moralischen« Einwänden wird mit zwei ineinander greifenden Antwortstrategien begegnet: So werden

---

38 Holm: Ovita, a. a. O.
39 Holm: Ovita, a. a. O., unpaginierte Seite.
40 Scherr, Johannes: Der letzte Sonnensohn, in: ders.: Menschliche Tragikomödie. 12 Bde., Leipzig o.J., Bd. 3, S. 5-56, hier S. 55.

ihnen rationale Argumente wie »Notwendigkeiten« und »Interessen« entgegengestellt. Zugleich werden sie auf die Ebene eines »sentimentalen Mitleids« verwiesen: Sie verkennen, so die Logik des Textes, die »weltgeschichtlichen Notwendigkeiten« und erscheinen somit als irrational.

Das Postulat einer Gültigkeit, das, wie gezeigt, dem Text des Mottos bereits selbst inhärent ist, wird von Dorrit Zürn durch den Nachsatz »Ein Leitmotiv aller Kolonialpolitik« noch einmal verdoppelt und schließlich durch die Romanhandlung, die dem Motto nach- beziehungsweise untergeordnet wird, illustriert. Romanhandlung und Motto erscheinen somit in einem Verhältnis wechselseitiger Beglaubigung: Das vorangestellte Motto erklärt die Handlung des Romans und damit den Kolonialkrieg und die Vernichtung der Herero; umgekehrt werden die in den Propositionen des Mottos postulierten »weltgeschichtlichen Notwendigkeiten« gerade durch die Story des Romans »bewiesen«.

In Adolf Fischers 1915 erschienenem Riesenessay *Menschen und Tiere in Deutsch-Südwest*[41] wird dieses geschichtsphilosophische Legitimationsmuster dann ähnlich offen und explizit wie in Frenssens *Peter Moor* auf die Vernichtung der Herero übertragen: »Es war der Kampf zwischen alter und neuer Zeit. [...] Von Süden und Norden erfolgte der Druck auf Farbige und Wild. Sie wurden vernichtet oder in Grenzland gedrängt. Den Deutschen trifft keine Schuld. Er war der zufällige Erbe des Feldes, das längst vor ihm im Todeskampf lag. Dieselbe Kraft, die ihn [den Deutschen] zur Herrschaft brachte, fegte das Alte, Schwache, Seltsame in Afrika vom Platz.«[42]

Auch hier wird die Vernichtung der »Eingeborenen« als zwangläufiges Ergebnis der historischen Entwicklung gedeutet, in der den deutschen Kolonialherren die Rolle des Vollstreckers eines Planes der Geschichte zugeschrieben wird. Im Gegenzug werden die Völker Südwestafrikas über ihre Bereitschaft, in ihr als historisch notwendig festgeschriebenes Schicksal einzuwilligen, charakterisiert: So wertet Fischer das »Geschick« der Herero als »erschütternd«, da sie,

---

41 Fischer, Adolf: Menschen und Tiere in Deutsch-Südwest, Stuttgart/Berlin 1914. Siehe ausführlich zu Adolf Fischer und seinen Publikationen das Kapitel *Koloniale Entwürfe von (kollektiver) Identität*.
42 Ebd., S. 92f.

»todesgemut vor den Feuerschlünden der modernen Zeit oder in der grausigen Dürre des Sandfeldes« starben, während die Nama, die Entscheidung – so Fischer – zweihundert Jahre zuvor hätten suchen müssen, »um in Ehren unterzugehen«. Ihr »Schicksal« zu Beginn des 20. Jahrhunderts wertet er daher als einen »verspäteten Tod«, der jeder Tragik entbehre.[43]

In diesem Kontext ist ebenfalls eine Passage aus Frenssens Roman *Peter Moors Fahrt nach Südwest* bedeutsam, in der geschildert wird, wie während der Verfolgung der Herero im Sandfeld eine Gruppe von »hilflos verschmachtenden«, noch lebenden, aber bereits von Fliegen bedeckten Greisen, Verwundeten, Frauen und Kindern aufgebracht wird, die als pars pro toto für ein zum Tode bestimmtes, aber nicht sterben könnendes Volk stehen. Ihnen werde nun – so Frenssen – von den deutschen Schutztrupplern und ihren Treibern »zum Tode verholfen«.[44] Was zunächst wie eine euphemistische Wendung erscheinen mag, kann als Metapher für einen, den evolutionistischen Deutungen universalhistorischer Entwürfe inhärenten Humanitätsgedanken gelesen werden, in dem das Töten der »Eingeborenen« zum philanthropischen Gnadenakt umgedeutet wird.

Auch diese Argumentationslinie schließt an Vorbilder der deutschen Geschichtsphilosohie an. Schon ein knappes halbes Jahrhundert zuvor hatte der bereits erwähnte Eduard von Hartmann[45] in seiner zuerst 1869 erschienenen, später immer wieder erweiterten

---

43 Ebd., S. 92.
44 Frenssen: Peter Moors Fahrt nach Südwest [1906], a. a. O., S. 162.
45 Eduard von Hartmann (1842-1906) war zunächst Offizier gewesen und hatte sich später als Privatgelehrter, Essayist und philosophischer Schriftsteller einen Namen gemacht. Beeinflußt von Hegel, Schelling und Schopenhauer entwickelte er eine neovitalistische Philosophie. Bedeutsam an Hartmanns Denksystem ist die Einbeziehung biologistischer Evolutionstheorien, wobei er sich dezidiert gegen Darwin wandte, dessen Idee des Zufälligen im Evolutionsprozeß als einer Anpassung an die Lebensbedingungen er ablehnte. Diesem Gedanken setzte Hartmann die Vorstellung entgegen, daß sich die Evolution planmäßig vollziehen würde. Diese Planmäßigkeit versuchte er im Begriff des *Unbewußten* zu fassen, das die Geschichte und die Evolution bestimme. Sein Hauptwerk, in der Hartmann dieses System umfassend umwickelt, ist die dreibändige *Philosophie des Unbewußten*. Die philosophischen Schriften Hartmanns, die bisweilen der spekulativen Philosophie zugerechnet werden, erfreuten sich in der zweiten Hälfte des 19. Jahrhunderts sowie zu Beginn des 20. Jahrhunderts großer Popularität.

und schließlich auf drei Bände angewachsenen *Philosophie des Unbewußten* diesen Gedanken programmatisch formuliert. Hartmann folgert aus dem von ihm entworfenen allgemeinen Kulturevolutionismus »mit dem Endziel einer möglichst hohen intellectuellen Entwickelung« der Menschheit das notwendige Aussterben der »inferioren Menschenracen, welche als stehen gebliebene Reste früherer [...] Entwicklungsstufen bis heute fortvegetirt haben.«[46] Da ihr Verschwinden – wie Götzen es formulieren wird – als ein notwendiges Gesetz der Geschichte beschrieben wird, sei »keine Macht der Erde« dazu im Stande ihre »Ausrottung [...] aufzuhalten.«[47] Folglich liege in dem Versuch, »den Todeskampf der aussterbenden Wilden künstlich zu verlängern«, genausowenig Menschlichkeit, wie »dem Hunde, dem der Schwarz abgeschnitten werden soll, ein Gefallen damit geschieht, wenn man ihn allmählich Zoll für Zoll abschneidet.«[48] Wahrhaft philanthropisches Verhalten bestehe im Gegenteil darin, die Ausrottung der von Geschichtsprozeß und Evolution zum Untergang verurteilten Völker aktiv zu beschleunigen.[49] Als probate Mittel empfiehlt Hartmann die Unterstützung der Mission, die unwillentlich bereits viel zu diesem »Naturzweck« beigetragen habe, sowie »directe Vernichtungsarbeiten der weissen Race gegen die Wilden«.[50]

So schauderhaft diese Perspektive auch sei, fährt Hartmann fort, so großartig erscheine sie vom teleologischen Standpunkt »im Hinblick auf das Endziel einer möglichst hohen intellectuellen Entwickelung. Man muß sich nur an den Gedanken gewöhnen, daß das Unbewußte durch den Jammer von Milliarden menschlicher Individuen nicht mehr und nicht weniger als von dem ebensovie-

---

46 Hartmann, Eduard von: Philosophie des Unbewußten, Erster Teil: Phänomenologie des Unbewußten, a. a. O., S. 331-333, hier S. 331. Der *Philosophie des Unbewußten* war ein überaus großer Erfolg beschieden: Bis zum Tode Hartmanns im Jahr 1906 erreichte das Buch elf Auflagen, und im Jahr 1913 wurde im Alfred Kröner Verlag Leipzig eine von Wilhelm von Schnehen bearbeitete und stark gekürzte Volksausgabe mit vereinfachtem Text publiziert (Hartmann, Eduard von: Philosophie des Unbewußten. 2 Bde., nach der elften erweiterten Auflage bearbeitet von Wilhelm Schnehen, Leipzig 1913 (=Kröners Volksausgaben)).
47 Ebd.
48 Ebd.
49 Ebd.
50 Ebd.

ler tierischer Individuen sich beirren läßt, sobald diese Qualen nur der Entwickelung und damit seinem Endzweck zugute kommen. [...] Was ist dies Schicksal oder diese Vorsehung denn weiter als das Walten des Unbewußten: des historischen Instinktes bei den Handlungen des Menschen, der solange aushilft, als ihr bewußter Verstand noch nicht reif genug ist, die Ziele der Geschichte zu den seinen zu machen.«

Mit der Vernichtung der »inferioren Menschenracen« werde also kein Verbrechen begangen, sondern ein Beitrag zum Vollzug der Gesetzmäßigkeiten der Geschichte geleistet – was Hartmann in die Formel faßte: Sich »die Ziele der Geschichte zu den seinen zu machen« – und den zum Untergang bestimmten Völkern wird gewissermaßen nebenher ein Dienst erwiesen, indem man ihr Leiden verkürzt.

Weitere 70 Jahre zuvor war ein Gedicht mit dem Titel *Die Frucht am Baume* veröffentlicht worden, in welchem sich die bei Adolf Fischer, Gustav Frenssen und Eduard von Hartmann nachgewiesene Konstruktion metaphorisch formuliert findet:

Ich ging im schönsten Zedernhain
Und hörete der Vögel Lied,
Bewundernd ihrer Farben Glanz,
Bewundernd ihrer Bäume Pracht –
Als plötzlich aus der Höhe mich
Ein Ächzen weckte. Welch Gesicht! –
Ein Käfig hing am hohen Baum,
Umlagert von Raubvögeln, schwarz
Umwölket von Insekten.–
                Als
Die Kugel meines Rohres sie
Verscheucht, sprach eine Stimme: »Gib
Mir Wasser, Mensch! Es dürstet mich.« –

Ich sah den menschenwidrigsten
Anblick. Ein Neger, halb zerfleischt,
Zerbissen; schon ein Auge war
Ihm ausgehackt. Ein Wespenschwarm
An offnen Wunden sog aus ihm
Den letzten Saft. Ich schauderte.
Und sah umher. Da stand ein Rohr
Mit einem Kürbis, womit ihn

Barmherzig schon sein Freund gelabt.
Ich füllete den Kürbis. -»Ach!
Rief jenes Ächzen wieder, Gift
Darein tun, Gift! du weißer Mann!
Ich kann nicht sterben.«[51]

Verfasser dieser Zeilen war der Weimarer Pfarrer Johann Gottfried Herder. Auch in diesem Text, der zu den ironisch »Neger-Idyllen« benannten Gedichten in der 1797 erschienenen zehnten Sammlung der *Briefe zur Beförderung der Humanität* zählt, steht ein einzelner »Schwarzer« für ein zum Sterben bestimmtes, aber nicht sterben könnendes Volk. Allerdings geht der Autor dieser Verse nicht so weit wie es Hartmann oder Frenssen in ihren Texten vorschlagen: Der angesprochene »weiße Mann« beschleunigt das Sterben des zum Tode verurteilten »Schwarzen« nicht aktiv, sondern verläßt ihn, um Hilfe zu holen – eine Bemühung die jedoch nicht von Erfolg gekrönt ist. Der Versuch, das Leben des »Negers« »künstlich zu verlängern« – wie Hartmann formuliert hatte –, erscheint auch in diesem Gedicht als aussichtslos: Als der »Weiße« schließlich zu dem »sterbenden Schwarzen« zurückkehrt, ist dieser bereits tot. Bedeutsam sind nun die abschließenden Zeilen des Gedichtes, in denen nicht etwa die Unmöglichkeit einer Rettung beklagt wird, sondern die mögliche Beschleunigung des Sterbens ebenfalls als humanitärer Akt entworfen wird:

Er war gestorben. – Hatte dich,
Unglücklicher, mein Trank zum Tode
Gestärket, o so gab ich dir
Das reichste süßeste Geschenk.[52]

Ordnet man nun die hier angeführten Textpassagen in umgekehrter Reihenfolge, so können sie als Genealogie einer diskursiven Exklusion der »Schwarzafrikaner« und damit nicht zuletzt als Genealogie eines legitimatorischen Diskurses oder sogar als diskursive Legitimation ihrer Vernichtung gelesen werden, ohne damit Herder bereits eine solche Intention unterstellen zu wollen. Bedeut-

---

51 Herder, Johann Gottfried: Briefe zur Beförderung der Humanität, in: ders.: Werke in zehn Bänden, hrsg. von Martin Bollacher et al., Bd. 7, Frankfurt am Main 1991, S. 674f.
52 Ebd., S. 675.

sam ist jedoch, daß Elemente der Geschichtsphilosophie Herders oder auch Kants und Hegels als herausragende Eckpunkte deutschen »Kultur- und Gedankengutes« – womit nicht auf eine hierarchische Ableitung verwiesen werden soll, sondern auf eine spezifische Breite und Anschlußfähigkeit der Argumentation – in elementarer, möglicherweise auch trivialisierter Form in einem sozio-kulturellen Wissen sedimentiert sind, in Diskursen, in kollektiver Rede zirkulieren, Gültigkeit beanspruchen und politisches Handeln motivieren oder zumindest sinnvoll und legitim erscheinen lassen.

Im Anschluß an den geschichtsphilosophischen Diskurs der Moderne wird in kolonialer Rede eine Linie diskreter Unterscheidung konstruiert »zwischen dem was leben, und dem was sterben muß«,[53] wobei diese Linie in der Logik der Texte als eine Signatur der Geschichte selbst erscheint.

5.2 Exklusive Existenzen

Als Hans Grimm im Vorwort seines 1929 erschienenen *Deutschen Südwester-Buchs* feststellte, daß es »ein unpolitisches koloniales Buch« nicht gäbe[54] – was im Umkehrschluß ja offensichtlich bedeutet, daß grundsätzlich jedem kolonialen Text eine politische Dimension eingeschrieben sei –, hatte er wahrscheinlich nicht zuvorderst eine Bestimmung des Begriffs des »Politischen« im Sinn, wie sie wenige Jahre später Carl Schmitt über eine diskrete[55] »Unterscheidung von Freund und Feind«[56] formulieren sollte. Eine Lektüre deut-

---

53 Foucault, Michel: In Verteidigung der Gesellschaft. Vorlesungen am Collège de France (1975-76), Frankfurt am Main 2001 (zuerst 1999; franz.: Paris 1996), S. 301.
54 Grimm, Hans: Das deutsche Südwester-Buch, Lippoldsberg ⁸1998, S. 7 (zuerst München 1929).
55 »Diskret unterschieden« beziehungsweise »diskrete Unterscheidung« meint hier und im folgenden »eindeutig abgegrenzt«, »abgeschlossen« beziehungsweise. »eindeutige Abgrenzung«, »Abgeschlossenheit«.
56 Schmitt, Carl: Der Begriff des Politischen. Text von 1932 mit einem Vorwort und drei Corollarien, Berlin ⁶1996 (4. Nachdruck der Ausgabe von 1963), S. 26. Zu einer ausführlichen Auseinandersetzung mit Schmitts »Begriff des Politischen« siehe: Balke, Friedrich: Politische Existenz und »bloßes Leben«. Zur Selektivität des Politischen am Beispiel Carl Schmitts, in: Feindschaft, hrsg. von Brehl/Platt, a. a. O., S. 53-70. Vgl. im selben Band

scher Kolonialliteratur – heute, wie oben bereits diskutiert, in aller Regel ausschließlich als triviale Massenware mit einer kolonialagitatorischen Funktion gelesen und in der Peripherie der Entwicklungen einer deutschen Ideen- und Diskursgeschiche verortet – vor der Folie von Schmitts Definition von »politischer Existenz« ermöglicht es zum einen den Blick auf einen zentralen und grundlegenden Aspekt kolonialer Wirklichkeitsentwürfe zu öffnen. Zum anderen ist eine solche Prüfung der Kolonialliteratur jedoch möglicherweise nicht nur für den kolonialen Zusammenhang von Bedeutung, sondern läßt, zunächst hypothetisch formuliert, Rückschlüsse auf die Prozesse der Konstruktion, Distribution und Kontinuierung von Entwürfen individueller und kollektiver Identität im ersten Drittel des 20. Jahrhunderts zu.[57]

Damit soll keinesfalls behauptet werden, koloniale Identitätskonstruktionen, die auf ein »Freund/Feind«-Muster rekurrieren, würden Schmitts These eines primordialen, gewissermaßen anthropologisch begründeten Exklusionsdeterminismus zur Definition des Eigenen bestätigen, wie Carl Schmitt selbst es später anhand eines kolonialen Beispiels, nämlich der Conquista, versuchte.[58] Schmitt liest dabei die koloniale Expansion als eine Verschiebung der »Freundschaftslinien«, an denen Europa ende und die »Neue Welt« begänne: »Hier hörte das europäische Recht, jedenfalls das ›europäische öffentliche Recht‹ auf. Hier endete infolgedessen auch die durch das europäische Völkerrecht bewirkte Hegung des Krieges und wurde der Kampf um die Landnahme hemmungslos.«[59]

Die Untersuchung der Einbindung der Konzepte »Feind« und »Feindschaft« in koloniale Konstruktionen von Identität zeigt, daß die Idee »existentieller Feindschaft« bereits lange vor Schmitt zur

---

auch den Artikel: Palaver, Wolfgang: Vom Nutzen und Schaden der Feindschaft. Die mythischen Quellen des Politischen, in: ebd., S. 71-92.

57 Vgl. zu einer Einordnung Schmitts in den Kontext von Entwürfen kollektiver Identität insbesondere Niethammer, Lutz: Kollektive Identität. Heimliche Quellen einer unheimlichen Konjunktur, Reinbek 2000, S. 77-122.

58 Siehe das Kapitel »Die Landnahme einer Neuen Welt«, in: Schmitt, Carl: Der Nomos der Erde im Völkerrecht des Jus Publicum Europaeum, Berlin ³1988 (zuerst Köln 1950), S. 53-109.

59 EBd. S. 62. Vgl. zu diesem Aspekt auch Rasch, William: Human Rights as Geopolitics. Carl Schmitt and the Legal Form of American Supremacy, in: Cultural Critique Nr. 54, 2003, S. 120-148.

Erörterung kultureller und politischer Gegenwart und Zukunft Deutschlands gehörte; daß die Muster des »Feindes« und der »Feindschaft« längst festgeschrieben, längst als gewußte Wirklichkeit funktional in den Prozeß der Produktion kollektiver Identität eingeschrieben und akzeptiert waren, bevor Schmitt eine dem »Politischen« notwendig vorausgehende Unterscheidung von Freund und Feind als »normativen Befund« deklarierte und in der politischen Theorie salonfähig machte.

In dieser Perspektive erscheinen Schmitts Überlegungen weit weniger innovativ oder gar visionär als vielmehr konventionell, formuliert vor dem Hintergrund eines spezifischen sozio-kulturellen Wissens und in Abhängigkeit von Konventionen der Rede über »politische Existenz« und »kollektive Identität«. Eine Lektüre kolonialer Literatur und der dieser Literatur inhärenten Entwürfe kollektiver Identität vor der Folie eines allgemeinen zeitgenössischen Wissens über kollektive Identität vermag somit deutlich zu machen, daß die Grundparameter kolonialer Wirklichkeitsentwürfe gerade nicht peripher sind, sondern explizit an virulente und als allgemein gültig akzeptierte Diskurse des Zentrums anschließen. Dabei kann die Virulenz und Wirkungsmächtigkeit von Mustern sozio-kulturellen Wissens anhand der Analyse ihrer Übertragung in einen, aus der Retrospektive randständig erscheinenden Diskurs wie dem kolonialen in besonderer Weise verdeutlicht werden.

Diese doch auffällige Konstellation hat zentral damit zu tun, daß zahlreiche der Texte über die Kriege gegen die Herero und Nama – und dies gilt durchaus auch für die sogenannte »Kolonialliteratur« im allgemeinen –, zwar die Kolonien als Setting nutzen und auch ihre Story anhand kolonialpolitischer Themen oder kolonialer Ereignisse entwickeln, im Grunde aber von etwas ganz anderem sprechen: Sie sprechen davon, in Auseinandersetzung und im Kampf mit einer kargen Landschaft und mit unbotmäßigen »Eingeborenen« als einzelner und als Volk zu sich selbst zu finden. Sie sprechen von dem, was »deutsch« ist, beziehungsweise von dem, was es sein oder werden soll. Mit der Schilderung von »Wildnis« und »Wilden« wird somit zugleich das Gegenbild des tätigen, schaffenden und auch sich selbst schaffenden »Deutschen« entworfen. Koloniale Rede ist also, so läßt sich schließen, eingebunden in

Prozesse der Produktion dessen, was man eine kollektive deutsche Identität nennen könnte.

5.2.1 Koloniale Entwürfe von (kollektiver) Identität

Bereits bei einer kursorischen Lektüre kolonialer Texte fällt eine durchgängige Verschränkung mit Mustern der Rede über individuelle und kollektive Identität auf, wobei die Kolonien, insbesondere das Schutzgebiet Deutsch-Südwestafrika, häufig als idealer Rahmen der Verwirklichung individueller und kollektiver Identität entworfen werden. Bereits oben ist darauf hingewiesen worden, daß die Schwierigkeiten, die durch die Kargheit der mit Bodenschätzen anscheinend nicht allzu reich gesegneten und zudem offensichtlich keineswegs unbewohnten südwestafrikanischen Landschaft für die angestrebte umfangreiche Besiedlung entstanden, wiederholt, insbesondere aber zu Beginn der 1890er Jahre zu der Forderung geführt hatten, das Schutzgebiet aufzugeben. Diese Argumentation sollte in der deutschen Kolonialliteratur eine entscheidende und bedeutsame Umcodierung erfahren: Gerade jene »Kargheit« wurde als ideale Bedingung für deutsche Kultur- und Siedlungsarbeit interpretiert, als eine Möglichkeit der Bewährung und der Erfüllung sowie schließlich als Rahmen einer Begründung und Verwirklichung von Identität.

Dieses Programm wird in Wilhelm Volz' Gedicht *Mein liebes Land Südwest*,[60] das 1911 in dem von Emil Sembritzki hausgegebenen *Kolonial-Gedicht- und Liederbuch* erschien, wie folgt formuliert:

Ich liebe dich, du vielgeschmähtes Land
Und lasse andere Übles von dir sprechen;
Ich liebe dich trotz Dornen und trotz Sand,
Mit deinen unabsehbar weiten Flächen!

Da dehnt sich in der Brust das Herz so weit
Und wagt es, seine Schwingen zu entfalten;
Mit sich allein in tiefer Einsamkeit
Kann sein eigne Welt es ausgestalten.

---

60 Volz, W[ilhelm]: Mein liebes Land Südwest, in: Kolonial-Gedicht- und Liederbuch, hrsg. von Emil Sembritzki, Berlin 1911, S. 23f.

Und wie erstarkt an dir die beste Kraft
Wenn einer wagt, mit Dir im Kampf zu ringen;
Und wie genießt er stolz, was er geschafft,
Wenn's ihm gelang, dein Erdreich zu bezwingen.

[...]

Die argumentative Struktur dieses ästhetisch eher bescheidenen, durchgehend in fünfhebigen jambischen Versen mit Kreuzreim gehaltenen Gedichts ist höchst bemerkenswert und, wie noch deutlich werden wird, typisch für die Argumentationsstruktur kolonialer Diskurse. Zunächst wird ein ökonomisch argumentierender Einwand (Kargheit und Unfruchtbarkeit des Landes) gegen das koloniale Projekt zitiert. Auf diese Weise wird die Diskussion um die Legitimität beziehungsweise um den Sinn des kolonialen Projektes scheinbar in den kolonialen Diskurs selbst verlagert. Allerdings dient die Gegenargumentation allein als auslösendes Moment der eigenen Reflexion: es wird nicht diskutiert, sondern entkräftet. Dabei ist auffallend, daß der pro-koloniale Diskurs nicht das ökonomische Argument aufnimmt und eine entsprechende Gegenargumentation entwickelt, sondern zur Entkräftung des ökonomischen Arguments das Diskursfeld wechselt. Dem ökonomischen Einwand wird ein identitätsphilosophisches Argument entgegengesetzt: Im kargen Südwestafrika könne der Einzelne noch ein »Werk« vollbringen, eine »eigene Welt« gestalten und schließlich im »Kampf« mit der Wildnis seine besten Eigenschaften hervorbringen und damit zu sich selbst finden.

Damit schließt der Text nicht zuletzt an einen zentralen und für die koloniale Rede, insbesondere aber für die koloniale Literatur schließlich bestimmenden Aspekt modernisierungskritischer Diskurse um 1900 an. Während in der »Heimat« der Raum immer enger werde, liegen in Südwest »unabsehbar weite Flächen«, die es ermöglichen, sein eigener Herr zu sein. Hans Grimm hat diesen Aspekt nicht allein im Titel seines Romans »Volk ohne Raum« popularisiert, sondern in eben diesem Roman auf die im Kontext kolonialer Rede weniger originelle als vielmehr höchst konventionelle Formel gebracht: »Was heißt leben, Freund? Es lebt der Sieche und lebt der Dieb und lebt die Hure und lebt das Gewürm, das einander

frißt, aber der deutsche Mann braucht Raum um sich und Sonne über sich und Freiheit in sich, um gut und schön zu werden.«[61]
Die sich hier wie in dem zuvor zitierten Gedicht von Volz abzeichnende identitäts- oder gar existenzphilosophische[62] Programmatik läßt sich anhand zahlreicher Beispiele der Kolonialliteratur nachweisen, wobei insbesondere die offensichtlich schlechten geographischen und meteorologischen Verhältnisse Südwestafrikas zum Katalysator für Selbstverwirklichung und Identität stilisiert werden. So zitiert Philalethes Kuhn,[63] während des Herero-Kriegs Stabsarzt bei der Schutztruppe, in seiner 1907 unter dem Titel *Ein Ritt ins Sandfeld*[64] publizierten Schilderung der Verfolgung der Herero aus den »nachgelassenen Fragmenten« eines Buches, das der Schutztruppler Otto Eggers über Südwestafrika habe schreiben wollen: »Jedes Land hat seine besondere menschenbildende Energie. Rauhe Länder bilden energische, tüchtige Bewohner, sie zwingen den Menschen, der in ihnen zu leben hat, alle ihm innewohnende Spannkraft in Anwendung zu bringen, lebendig werden zu lassen, damit er seinen Lebensunterhalt finde. Deswegen ist aus den streitbaren Siedlern, der rauhen, unwirtlichen Mark der Stamm hervorgegangen, der die Kraft hatte, das neue Reich mit Eisen und Blut zu einen. Der Hohenzollernstamm ist in der Mark großgeworden,

---

61 Grimm: Volk ohne Raum, a. a. O., S. 10.
62 Diesen (früh-)existentialistischen Aspekt kolonialer Literatur hat mit Blick auf Hans Grimms *Volk ohne Raum* Uwe-K. Ketelsen nachgewiesen. Vgl.: Ketelsen: Klaustrophobie im Kloster Lippoldsberg, a. a. O., S. 199-215.
63 Philalethes Kuhn (1870-1937) war 1896 bis 1905 als Schutztruppenarzt und Distriktchef in Deutsch-Südwestafrika tätig. Er übernahm 1912 einen Posten als Medizinalreferent in Kamerun. Dort organisierte er, vorgeblich um die Malaria einzudämmen, gemeinsam mit einem weiteren Arzt die rassische Segregation der Stadt Duala. Kuhn, bereits seit 1905 Mitglied der »Gesellschaft für Rassenhygiene«, erhielt im Ersten Weltkrieg eine Professur für Sozialhygiene an der Universität Straßburg. 1926 wurde er Direktor des Hygiene-Instituts in Gießen. Im gleichen Jahr trat er der NSDAP bei. Nach 1933 waren Kuhn und seine Mitarbeiter maßgeblich an der Vorbereitung der »rassenhygienischen« Maßnahmen der Nationalsozialisten beteiligt.
64 Kuhn, Philalethes: Ein Ritt ins Sandfeld von Südwestafrika, in: Deutsch-Südwestafrika – Kriegs- und Friedensbilder. Selbsterlebnisse geschildert von Frau Margarete von Eckenbrecher, Frau Helene von Falkenhausen, Stabsarzt Dr. Kuhn, Oberleutnant Stuhlmann, Leipzig 1907, S. 34-46, hier S. 34.

Bismarck mußte ein Märker sein. Umgekehrt sind auch alle Tropenbewohner nichtsnutzige Schlaraffen«.[65]

Identität wird hier unmittelbar an einen »Kampf ums Dasein« gekoppelt, der um so effektiver sei, je schlechter die Bedingungen sind. Im kargen Südwestafrika, so fährt der Text fort, stecke daher »eine gewaltige Energie«, die »in seiner Unwirtlichkeit« liege, da sie »den Boden für ein tüchtiges, starkes Volkstum« bereitstelle.[66] Die kurze Passage kulminiert in einer Proposition, die über die Form eines schlichten Aussagesatzes die universelle Gültigkeit eines Naturgesetzes suggeriert: »Das Land ist schlecht genug, daß die Deutschen darin deutsch bleiben können.«[67]

Diese Sentenz aus den »nachgelassenen Fragmenten« des Otto Eggers formuliert nicht allein überaus prägnant ein Programm kolonialer Identitätsentwürfe, sondern sie kann als mottohaftes Paradigma kolonialer Rede überhaupt begriffen werden, wobei die Figur »Otto Eggers« bisweilen zu einem Prototyp kolonialer Lebens- und Existenzentwürfe avanciert. Im Vorwort[68] seines zuerst 1914 erschienenen Riesenessays *Menschen und Tiere in Deutsch-Südwest* stellt sich beispielsweise der Autor »Adolf Fischer« explizit in den diskursiven Schlagschatten jenes »Otto Eggers«: »Das Buch hätte Otto Eggers schreiben sollen. Er schien so etwas beabsichtigt zu haben. Es wäre etwas Großes geworden, denn man sagt ihm ein starkes Rüstzeug nach: Fleiß und Können und die große Liebe zum Land«.[69]

Bemerkenswert in dieser Passage ist das Zurücktreten des »Autors« hinter eine Autorität, der eher die Autorenschaft für das zu schreibende »Werk« zugetraut wird. Interessant ist nun, daß diese Eignung, das »Rüstzeug« zur Autorschaft, einerseits mit Fähigkeiten wie »Fleiß und Können« begründet wird, andererseits jedoch mit der »Liebe zum Land«, das den »Fähigkeiten noch keine sichtbare Grenze zog«. Und gerade in diesem Aspekt liege die eigentliche Potenz des südwestlichen Afrika. Denn wer hier überleben wollte, so

---

65 Ebd., S. 34.
66 Ebd.
67 Ebd., S. 35.
68 Dieses Vorwort ist bemerkenswerter Weise nicht nur unpaginiert, sondern wird vollständig aus der Seitenzählung ausgenommen. Die Paginierung beginnt erst mit dem Titelvorsatz des Ersten Teils des Essays mit Seite 1.
69 Fischer: Menschen und Tiere in Deutsch-Südwest (1914), a. a. O., unpaginiert.

»Adolf Fischer«, der habe vieles zugleich sein müssen: »Gesetzgeber, Richter, Verwalter, Jäger, Forscher, Soldat, oft, wie dieser, von ganz besonderem Maß.« Wiederum das modernisierungskritische Argument kolonialer Rede zitierend, fährt Fischer fort, daß gerade durch die »Vielheit der Aufgaben« sämtliche Gaben des Einzelnen geweckt würden, »die sonst ungenutzt bleiben und in der Enge des Berufs ersticken« würden. Während also in der modernen, funktional differenzierten Gesellschaft die vielfältigen Fähigkeiten des Einzelnen durch Berufswahl, Spezialisierung und Rollenanforderungen beschnitten würden, sei im unerschlossenen und dünn besiedelten Südwestafrika die Verwirklichung einer ganzheitlichen Existenz und Identität noch möglich.

Die Parallelen zu Hans Grimms oben zitierter Sentenz wie auch zu dem Gedicht von Volz sind offensichtlich. Anhand der Autorität »Otto Eggers« expliziert der Autor »Adolf Fischer« somit ein basales Muster kolonialer Identitätsentwürfe. Das »Werk« des Otto Eggers aber sei unvollendet geblieben: Es sei im »Großen Aufstand« »gelöscht« worden, als auch sein Leben gelöscht worden sei. Eggers selbst sei dann schnell vergessen worden, »wie mancher andere, der eine Hoffnung war und keine Zeit hatte, sie zu verwirklichen.« Im Anschluß an diese Ausführungen zitiert Fischer die bereits von Kuhn zitierten Sätze jenes Otto Eggers, um sich schließlich in die Nachfolge jenes zur messianischen Lichtfigur des kolonialen Projektes stilisierten Schutztruppenoffiziers zu stellen: Wer, wie Eggers, erkenne, daß die gewaltige Energie der Kolonie Südwestafrika in ihrer Unwirtlichkeit liege, der »sei auf dem rechten Weg« – auf dem Weg nämlich, den Fischer gegangen sei, als er sein erstes Buch schrieb, jenes Buch, dessen Autorenschaft er letztlich Eggers zuschreibt.

Bemerkenswert ist nun, daß dieses Verfahren der Delegation der Autorschaft und des sich-in-die-Nachfolge-Stellens für Fischers gesamtes publizistisches Werk bestimmend bleiben sollte. Dieser Versuch, die eigene Identität im »Werk« zu verwirklichen, ja die »Biographie« mit dem »Werk« als identisch zu entwerfen, macht ihn zu einer der rätselhaftesten und auch interessantesten Figuren im Kontext der Kolonialliteratur – vielleicht sogar zu einer der interessantesten kolonial-literarischen Figuren. Dies insbesondere auch, weil sich anhand der sich hier abzeichnenden Konstellation die

Programmatik kolonialer Identitätsentwürfe in einer radikalen Variante zeigt.

In kolonialliteraturbegeisterten Kreisen wird Adolf Fischer als einer der bedeutendsten Kolonialschriftsteller gehandelt, die sich mit Südwestafrika beschäftigt haben. So schrieb etwa Werner Tabel in seiner in den 1970er Jahren im *Afrikanischen Heimatkalender* erschienenen Artikelreihe zur deutschen kolonialen Literatur über Südwestafrika: »Ein allgemein hochgeschätzter Autor tritt uns in Gestalt des aktiven Schutztruppenoffiziers Adolf Fischer entgegen. Gar mancher Kenner der südwestafrikanischen Literatur gerät ins Schwärmen, wenn dieser Name fällt. Ein vielbelesener Südwester äußerte einmal, [...] es gebe in der Südwesterliteratur nur drei Schriftsteller mit Werken von bleibendem literarischen Wert: Hans Grimm, Gustav Frenssen und eben Adolf Fischer.«[70] Allerdings hat letzterer den Bekanntheitsgrad von Frenssen und Grimm nie erreicht – was nicht zuletzt auch Ergebnis seiner überaus sparsamen Publikationstätigkeit ist.

Über den »Autor« selbst ist – abgesehen von Geburtsjahr (1877) und Geburtsort (Groß Biesnitz im Kreis Görlitz) sowie den Angaben »Fischer, Adolf, Reisen, Major. Kopenhagen, Palaisgade [Palaegade] 2« aus *Kürschners Deutschem Literatur-Kalender 1937/38*,[71] – nichts bekannt, bis auf das, was der Erzähler seiner Texte über den Autor dieser Texte zu sagen vermeint. Denn sein Name erscheint, so stellt Werner Tabel fest, in keiner der offiziellen Darstellungen des Kriegsgeschehens: Weder wird sein Name in der Darstellung des Generalstabs[72] genannt, noch in den Verlust- und Verwundetenlisten oder in Darstellungen anderer Teilnehmer des Feldzugs.[73] Das heißt, das Wissen über den »realen« Adolf Fischer entstammt seinen Texten selbst, die »Biographie« Fischers ist ein Ergebnis der Lektüre seiner Bücher, der Paratext »Autor« und der Text selbst fallen somit – zumindest in dieser Hinsicht – zusammen.

---

70 Tabel: Erlebnisberichte von Forschern und Jägern aus der Kolonialzeit Südwestafrikas, a. a. O., hier S. 106-111.
71 Kürschners Deutscher Literatur-Kalender 1937/38, Berlin/Leipzig 1937, S. 189.
72 Die Kämpfe der deutschen Truppen in Südwestafrika. 2 Bde., a. a. O.
73 Tabel: Erlebnisberichte von Forschern und Jägern, a. a. O., S. 106.

Was erzählen diese Texte – genaugenommen ist es *ein* Text, in dem der Erzähler Fischer über den Autor Fischer berichtet, nämlich die 1930 neubearbeitete Ausgabe jenes Textes, dem die eben untersuchte Verneigung vor Otto Eggers vorangestellt ist – nun über ihren Autor?

Im Alter von 27 Jahren habe dieser als Offizier, der einem jeden das Alte Testament als besten Begleiter im Feld der südwestafrikanischen Wüste empfiehlt,[74] am Krieg gegen die Herero, an ihrer Verfolgung in das Sandfeld und an den nachfolgenden Abriegelungsoperationen teilgenommen, die jedes Entweichen aus der – wie es in *Menschen und Tiere* heißt – »Totenkammer«[75] unterbinden sollten. Auch habe er im Nama-Krieg gekämpft und am Zug des Hauptmann Erckert teilgenommen. 1906 sei »Fischer« mit 29 Jahren[76] Distriktchef im Norden des Schutzgebiets und Kommandant von Namutoni geworden, 1910 habe er die Station Koes an der Kalaharigrenze übernommen und sei schließlich 1912 nach Deutschland zurückgekehrt.[77]

Alles was aus den Jahren nach 1912 über Fischer bekannt ist, sind die Daten der Publikationen und Neuauflagen seiner Texte: Sein erstes Buch *Menschen und Tiere in Deutsch-Südwest* erschien 1914 bei der Deutschen Verlagsanstalt. Ein zweites Buch mit dem Titel *Orient*[78] kam erst sechs Jahre später, also 1920, ebenfalls bei der Deutschen Verlagsanstalt heraus. Die nächste neue Publikation Fischers nach *Orient* ließ dann nicht weniger als fünfzehn Jahre auf sich warten: *Südwester Offiziere*[79] erschien 1935 im Safari-Verlag Berlin.

Abgesehen von diesen drei selbständigen Publikationen ist nur noch ein weiterer Text unter dem Autorennamen Adolf Fischer veröffentlicht worden: Ein 45 Seiten starkes Essay mit dem Titel *Südwester Phantasie*,[80] das 1938 in dem von Paul Ritter herausgegebe-

---

74 Fischer: Menschen und Tiere in Deutsch-Südwest (1914), a. a. O., S. 86f.
75 Ebd., S. 94.
76 Als Geburtsjahr ließe sich also 1877 errechnen.
77 Vgl. hierzu: Fischer, Adolf: Menschen und Tiere in Südwestafrika, Berlin 1930, S. 105ff.
78 Fischer, Adolf: Orient, Stuttgart/Berlin 1920.
79 Fischer, Adolf: Südwester Offiziere, Berlin 1935.
80 Fischer, Adolf: Südwester Phantasie, in: Afrika spricht zu Dir. Selbsterlebnisse deutscher Kolonialpioniere, hrsg. von Paul Ritter, Mühlhausen 1938, S. 11-55.

nen Band *Afrika spricht zu Dir. Selbsterlebnisse deutscher Kolonialpioniere* publiziert wurde – ein Band, der in seinem Erscheinungsjahr drei Nachauflagen erlebte. Bei dieser *Südwester Phantasie* handelt es sich um ein abstruses Stück Prosa, in dem die Kulturkreislehre des Leo Frobenius[81] mit Elementen eines atlantidischen Weltbildes verschmolzen wird und der Erzähler schließlich mutmaßt, daß Atlantis vor den Küsten des heutigen Namibia gelegen habe und die San Nachfahren von Überlebenden des Unterganges von Atlantis seien.

Gestorben sein soll Adolf Fischer im Jahr 1946 – das berichtet nun allerdings nicht der Erzähler in Fischers Texten, sondern der bereits erwähnte Werner Tabel, der sich dabei auf einen Herrn Dr. Schmiedel aus Dortmund-Hörde beruft, welcher sich allerdings wiederum nicht mehr daran erinnern könne, wer ihm dieses Datum zugetragen habe.[82]

Diese hier aufscheinende Aporie eines »biographischen« Kontexts, der möglicherweise kein solcher ist, erscheint überaus instruktiv im Hinblick auf die Lektüren der Fischerschen Publikationen: Fischers erstes Buch ist zugleich auch sein bekanntestes und – so man denn überhaupt davon reden kann – auch erfolgreichstes geblieben. Erstpubliziert 1914 als kartonierte Ausgabe, erlebte es im gleichen Jahr eine textidentische, allerdings nun leinengebundene Zweitauflage. Im Jahr 1930 erschien dann im Berliner Safari-Verlag eine dritte und nun stark veränderte Neuauflage unter einem ebenfalls neuen Titel: nämlich (um 1930 politisch aktuell) *Menschen und Tiere in Südwestafrika*.[83] Aus dieser Neu-Fassung, die bis 1936 drei weitere Nachauflagen (4.-6. Auflage) erlebte, stammen dann auch die wenigen sogenannten biographischen Details, die hier referiert wurden.

Auffällig ist die Makrostruktur dieses Textes und die Veränderungen, die im Zuge der Textüberarbeitung an dieser Makrostruktur vorgenommen wurden. Bei dem Text handelt es sich um einen knapp 300 Seiten starken Riesenessay. Die 1914 erschienene Ur-

---

81 Vgl. etwa: Frobenius, Leo: Kulturgeschichte Afrikas. Prolegomena zu einer historischen Gestaltlehre, Wuppertal (Reprint) ²1998 (zuerst 1933).
82 Tabel: Erlebnisberichte von Forschern und Jägern aus der Kolonialzeit Südwestafrikas, a. a. O., S. 111.
83 Fischer: Menschen und Tiere in Südwestafrika (1930), a. a. O.

fassung, also *Menschen und Tiere in Deutsch-Südwest*, ist zweiteilig angelegt. Der kürzere erste Teil, der mit den Seiten eins bis 97 nur etwa ein Drittel des Buches umfaßt, trägt den Titel »Die Menschen des Feldes«. Dieser erste Teil erzählt vor dem Hintergrund einer zutiefst pessimistischen Geschichtsauffassung die Geschichte des südwestlichen Afrikas seit der Vorzeit als Geschichte eines langsamen Sterbens von Land, Tieren und Menschen, die mit den Jahren 1904 bis 1907 schließlich ihren Abschluß gefunden habe. Der Abschnitt endet mit einer lakonischen Feststellung, die wiederum an den modernisierungskritischen Diskurs um 1900 anschließt: »Die ewig langweilige, ewig heutige Gleichmacherei erstickte in ihrem trüben Brei das alte Leben. Der Teil der Frage hatte keine glückliche Antwort gefunden: Keine Auferstehung wartete der Menschen des Feldes.«[84] Eingeflochten sind in diesen ersten Teil zahlreiche poetisierende Exkurse zu Landschaft und Tierwelt, die absichtsvoll auf eine erkennbare wissenschaftliche Diktion verzichten.

Im fast doppelt so langen zweiten Teil, der den Titel »Die Tiere des Feldes« trägt, fokussiert Fischer insbesondere die Zeit zwischen 1908 und 1914 und beschreibt vor dem Hintergrund des von ihm angenommenen unausweichlichen Niedergangs die Eigenarten einzelner Tierarten und ihre Lebensgewohnheiten, stellt Überlegungen bezüglich ihrer Gesamtzahl an oder diskutiert die Chancen ihres Überlebens.

Dazu gibt es das bereits untersuchte knappe programmatische Vorwort und ein genauso knappes wie höchst disparates Register. In diesem finden sich Einträge wie »Bantu«, »Die ersten Gewehre«, »Hund« (mit den Unterrubriken »Jagdhund«, »Kaffernhund«, »Buschmannhund«), »Kuhantilope«, »Livingston« oder »Madenhacker«. Doch liest man im Register zum Beispiel auch den Eintrag »Menschen des Feldes«, mit dem Verweis auf die Seiten eins bis 97, also auf den gesamten ersten Teil des Essays.

Die Registereinträge erhielten dann für die spätere Neufassung des Textes größte Bedeutung. Dort wird die zweiteilige Struktur der Urfassung aufgehoben und der Text in Kleinkapitel unterteilt, wobei die Einträge des Registers der ersten Ausgabe nun als Kapitel-

---

84 Fischer: Menschen und Tiere in Deutsch-Südwest (1914), a. a. O., S. 97.

überschriften fungieren. In der Neuausgabe von 1930 ist auch das Vorwort der Urfassung gelöscht und durch ein neues, »aktualisierendes« Vorwort ersetzt, in dem der »Verlust« der Kolonie thematisiert ist; zudem ist die Neufassung um einige Passagen erweitert, in denen der »Erzähler« über seine Zeit im Schutztruppendienst berichtet und aus denen die sogenannten biographischen Daten Fischers extrahiert worden sind.

Bedeutsam ist in diesem Kontext, daß die »Biographie« des Autors hier gänzlich im »Werk« aufzugehen scheint, das sich aus den – hier läßt sich wiederum das Vorwort zu *Menschen und Tiere in Deutsch-Südwest* zitieren – »tausend Quellen« speise, die das karge Feld des südwestlichen Afrika für den Kolonisten bereithalte, wobei das »Feld« schließlich vom Kolonisten gänzlich internalisiert wird: »Das Feld fängt dort an«, so resümiert der Erzähler am Ende seines Essays, »wo der Putz aufhört. Da wird die Natur groß und der Mensch klein. Da ist Stille, und die Wünsche des Menschen schweigen. Da ist Einfachheit, und sie löst Zweifel und Bangen des Menschen. Da ist nichts gut und nichts schlecht. Alles ist und hat das gleiche Recht. Aber überall dort ist das Feld, wo in den Herzen Raum für Ehrfurcht ist [...].«[85] An einer anderen Stelle heißt es entsprechend: »Die Kalahari entschädigte ihn. Sie wies ihm den Weg zu sich und zu einem starken Leben.«[86]

Leben, Biographie und Existenz gehen in kolonialen Entwürfen von Identität im Idealfall in jenem »Werk« auf, das im Existenzkampf in karger Landschaft zu vollbringen ist. Werk und Leben werden hier in idealistischer Tradition als deckungsgleich beziehungsweise identisch gesetzt: Das Werk wird zum Identitätsgenerator oder zumindest als solcher inszeniert.

Die in diesem Argumentationsmuster wirksame Verschränkung von Territorium, Existenzkampf und Identität kann als ein Grundmuster kolonialer Rede festgestellt werden. In Fischers 1935 erschienenem Buch *Südwester Offiziere*, in dem jener Otto Eggers übrigens auffälligerweise zwar erwähnt wird, jedoch keine ausführliche Würdigung erfährt, findet dieses Muster dann eine programmatische Engführung mit geradezu existentialistischer Konnotation. Über

---

85 Ebd., S. 291.
86 Ebd., S. 64.

einen Schutztruppenoffizier namens Heinrich Georg Kirchheim liest man dort: »Hingabe ohne Vorbehalt, die mit jeder Pore das Erlebnis in sich aufzunehmen trachtete, machte ihn zu einem Objekt, an dem die Möglichkeiten Afrikas ihre Vielheit zeigen konnten. Er wurde zur Figur in einem Spiel, das von ihm nichts anderes forderte als das Talent, bei Szenenwechsel stets er selbst zu bleiben«.[87]

Aus diesem Grunde, so folgert Fischer, gebühre keinem anderen der »Ehrentitel Afrikaner mehr als ihm [Kirchheim],« denn die Berechtigung, jenen »Ehrentitel« zu tragen, ergebe sich aus der »Übereinstimmung von Ich und Umwelt«.[88] Die hier zu beobachtende, scheinbar paradoxe Konstruktion – eine Übereinstimmung von Ich und Umwelt gerade darin zu erblicken, daß man, herausgefordert durch die unterschiedlichsten Situationen, die die eigene Existenz in Frage stellen, zu sich selbst finde und mit sich selbst identisch werde beziehungsweise bleibe – ist ebenso prototypisch für koloniale Entwürfe individueller und kollektiver Identität.

5.2.2 Verwirklichung von Identität als Erzählmuster

Als Fluchtpunkt kolonialer Tätigkeit wird also die Verwirklichung von »Identität« in einem ewigen Existenzkampf entworfen. Diese Konstruktion ist das Grundmuster kolonialer Entwürfe individueller und auch kollektiver Identität. In zahlreichen, zwischen 1905 und 1945 publizierten Kolonialromanen wird dieses quasi-existentialistische Programm zum Movens der Erzählung, was im folgenden anhand einer kursorischen Lektüre zweier überaus erfolgreicher kolonialer »Entwicklungsromane« exemplifiziert werden soll: Gustav Frenssens *Peter Moors Fahrt nach Südwest* aus dem Jahr 1906 und der 1932 bis 1936 erschienenen Romantrilogie *Der Südafrikanische Lederstrumpf*[89] von Bernhard Voigt.

---

87 Fischer: Südwester Offiziere, a. a. O., S. 151.
88 Ebd.
89 Voigts *Südafrikanischer Lederstrumpf* umfaßt die Bände *Die Vortrecker* (Potsdam 1932), *Die deutsche Landnahme* (Potsdam 1934) und *Die Farmer vom Seeisrevier* (Potsdam 1936). Auszüge des ersten Bandes erschienen 1942 als Feldposttaschenheft, Abschnitte des dritten Bandes überarbeitete Voigt später für eine Jugendbuchausgabe, die 1943 unter dem Titel *Im*

Lederstrumpf in Deutsch-Südwest:
Das Individuum im Existenzkampf

James Fenimor Coopers zwischen 1823 und 1841 erschienene Lederstrumpf-Erzählungen und die Figur des Protagonisten dieser Erzählungen, auf die sich Voigt im Titel seines Romanzyklus' bezieht, stellen einen wichtigen Bezugspunkt deutscher Kolonialerzählungen dar und dienten nicht allein Voigt als Folie seiner Romane. So erschienen neben Voigts Romantrilogie weitere Texte, die bereits im Titel auf Coopers Erzählungen über den Grenzläufer Nathaniel Bumppo verweisen. So hatte Stanislaus von Jezewski (1853-1913) unter dem Namen »Carl Falkenhorst« im Jahr 1897 im Stuttgarter Verlagshaus Kröner ebenfalls eine Romantrilogie publiziert, die den Titel *Ein afrikanischer Lederstrumpf*[90] trug und sich an die »reifere Jugend« richtete. Die Handlung dieses Romanzyklus' ist allerdings, anders als in Voigts Romanen, nicht in Südwestafrika situiert, sondern in der deutschen Kolonie Ostafrika. In einer weniger offenen Anlehnung an Cooper hatte Jezewski, ebenfalls unter seinem Autoren-Pseudonym »Falkenhorst«,[91] bereits drei Jahre zuvor den Titel des ersten Bandes seiner Romanreihe *Jung-Deutschland in Afrika. Kolonial-Erzählungen für jung und alt* gewählt. Im Rekurs auf den als letzten erschienenen (1841), in Folge der Handlung des Romanzyklus jedoch ersten Band von Coopers Lederstrumpferzählungen, der den englischen Titel *The Deerslayer*, in

---

Schülerheim zu Windhuk. Deutsche Jungen in Steppe und Busch im Safari-Verlag publiziert wurde.

90 Falkenhorst, Carl [d.i. Stanislaus von Jezewski]: Ein afrikanischer Lederstrumpf, Stuttgart 1897. Der Romazyklus umfaßt die Bände *Weissbart-Weichherz*, *Der Löwe vom Tanganyika* und *Raubtier-Araber*.

91 Offen bleiben muß, inwiefern das von Jezewski gewählte Pseudonym »Falkenhorst«, das er bei vielen Publikationen ohne die Ausschreibung des Vornamens »Carl« verwendete, selbst bereits eine absichtvolle Anlehnung an den Namen »Falkenauge«, der dem zuvor »Wildtöter« genannten jungen Nathaniel Bumppo von einem sterbenden Indianer verliehen wird, den er im Zweikampf besiegt hat: »[Wildtöter] guter Name für Knaben – armer Name für Krieger. Wird bald ein besserer werden. [...] Auge sicher, Finger ein Blick, – Ziel, Tod – großer Krieger bald. Kein Wildtöter – Falkenauge – Falkenauge – Falkenauge.« Vgl.: Cooper, James Fenimore: Der Wildtöter [1841], in: ders.: Der Lederstrumpf. 5 Bde., Frankfurt am Main 1983, S. 133.

der Übersetzung ins Deutsche *Der Wildtöter* trägt, nannte Jezewski seinen 1894 publizierten Roman *Der Baumtöter*.[92]

Ein solcher Rekurs auf die Titel erfolgreicher Vorbilder erfüllt zwei Funktionen: Einerseits werden die Erzählungen auf diese Weise an eine etablierte literarische Gattung, die des amerikanischen Frontier- und Pionier-Romans, angeschlossen. Die zweite, noch wichtigere Funktion ist die der Normalisierung: Durch den Rückgriff auf eine bekannte und konventionelle Erzählung und auf bekannte und konventionelle Figuren wird die Geschichte über die deutschen Kolonien bereits über den Titel nicht allein hinichtlich ihres Genres, sondern auch hinsichtlich der vom Leser zu erwartenden Geschichte an sozio-kulturelles Wissen zurückgebunden und somit normalisiert.

Diese Normalisierungsfunktion eines Rekurses auf tradierte und populäre Erzählungen, hier beispielsweise auf Coopers Lederstrumpfgeschichten und damit auf die amerikanische Indianerliteratur, findet im übrigen nicht allein über die Titel statt und ist keineswegs auf poetische Texte der Kolonialliteratur beschränkt. So schrieb beispielsweise der Schutztruppenoffizier Burkhard Freiherr von Erffa in seinen an die Familie in Deutschland gerichteten Aufzeichnungen über seine Teilnahme am Feldzug gegen die Herero bezüglich der Schlacht von Omaruru: »Dieses Gefecht bei Omaruru, ein Gefecht, wie es noch keine unserer Kolonien erlebt haben soll, will ich Euch jetzt schildern, solange es noch der letzte Eindruck ist, – die chronologische Erzählung nach täglichen Notizen auf später, wenn ich mehr Zeit habe, verschiebend. Ich schicke einiges voraus, um Euch ein richtiges Bild zu geben: Die Herero sind mit guten Gewehren ausgerüstete, teilweise brilliant schießende Kerls, hauptsächlich Modell 88, Modell 71 und Henry Martini führend. Sehr oft werde ich an Coopers Indianerbeschreibungen erinnert; denkt an sie, so habt Ihr ungefähr das beste Bild von unserem Gegner!«[93]

In dieser Passage wird die Schlacht von Omaruru zunächst als ein im Kontext des deutschen Kolonialismus neues Geschehen um-

---

92 Falkenhorst, Carl [d.i. Stanislaus von Jezewski]: Der Baumtöter. Kameruner Pflanzergeschichten, Dresden/Leipzig 1894 (=Jung-Deutschland in Afrika 1).
93 Vgl.: Erffa, Burkhard Hartmann Axel von: Reise- und Kriegsbilder von Deutsch-Südwest-Afrika, Halle/Saale 1905, S. 58f.

schrieben (»ein Gefecht, wie es noch keine unserer Kolonien erlebt haben soll«), für das noch kein konventionalisiertes Deutungsmuster besteht. Um dieses neue, bisher noch uncodierte Geschehen codierbar zu machen, greift Erffa auf ein vorgängiges, bekanntes und konventionelles Muster der Darstellung »eingeborener« Feinde zurück: auf Coopers Darstellung der nordamerikanischen Indianer. Erffas Rekurs auf ein um 1900 konventionalisiertes Bild des »eingeborenen Kriegers« und die damit einhergehende Übertragung der literarischen Konstruktion amerikanischer Indianer auf die autochthone Bevölkerung Afrikas, hat nicht allein eine signifizierende, sondern auch calmierende Funktion: Der Krieg gegen die afrikanischen »Eingeborenen« ist in den bekannten Konventionen der Rede über »Eingeborenenkriege« zu schildern, das heißt die Ungewißheiten des gegenwärtigen Geschehens werden durch konventionalisierte Gewißheiten überblendet und somit entschärft.

Der Rekurs auf die Coopersche Lederstrumpffigur ist aber auch im Kontext der hier zu untersuchenden Frage nach den kolonialdiskursiven Entwürfen von Identität und Existenz bedeutsam. Denn ein Motiv ist, unabhängig von den geschilderten Episoden aus dem *French and Indian War* (1753-1759), der Phase nach der amerikanischen Unabhängigkeit und dem beginnenden Vordringen der Weißen nach Westen, den Cooperschen Lederstrumpf-Erzählungen grundlegend eingeschrieben: Die Figur Nathaniel Bumppo lebt in kulturferner »Wildnis« unter »Wilden«, ausgesetzt den Gefahren des Frontier und der »Gefahr« einer Assimilation an die Lebensgewohnheiten der Indianer, die – auch bereits bei Cooper – als Bedrohung von Bumppos Identität als Weißer geschildert werden. Nicht umsonst betont Nathaniel Bumppo über die fünf Bände des Romans hinweg beinahe notorisch immer wieder die Reinheit seines Blutes, seine Kultur und den christlichen Glauben – kurz seine Identität als weißer Mann, die er in seiner Existenz in einer identitäts- und existenzbedrohenden Fremde stets zu bewahren verstanden habe.

Auch in Voigts *Südafrikanischem Lederstrumpf* sind die Fragen nach »Identität« und »Existenz« zunächst weniger explizit Thema des Plots, als daß sie über die Makrostruktur der Erzählung und die Zeichnung der Figuren deutlich werden. Erzählt wird die Geschichte der Kolonisierung des südlichen Afrikas von den ersten

Burentrecks in den 1830er Jahren, über die »deutsche Landnahme« – so der Titel des zweiten Romanteils – in Südwestafrika, die »Eingeborenenaufstände« in den 1890er Jahren und von 1904 bis 1907, den »Verlust« der deutschen Kolonien im Zuge des Ersten Weltkriegs bis hin zur Schilderung des Lebens deutscher Farmer in den frühen 1920er Jahren unter dem Mandat der Südafrikanischen Union.

Die Erzählstruktur ist dabei – insbesondere in den ersten beiden Teilbänden – durchgehend episodisch, wobei die einzelnen Episoden kaum miteinander verbunden sind. Die Handlungsträger kommen und gehen, eine Vielzahl von Personen, Orten und Namen werden dem Leser vorgestellt und geraten in Vergessenheit. In dem mehr als 330 Druckseiten umfassenden ersten Band, der den Titel *Die Vortrecker* trägt, scheint die Handlung keinerlei Entwicklung aufzuweisen, sondern auf der Stelle zu treten: Ein »ewiger Kampf« burischer und (zunächst allerdings nicht gerade zahlreicher) deutscher Siedler mit »Wildnis« und »Wilden«, ein Kampf um »Selbstbestimmung« und »Freiheit von britischer Vorherrschaft« wird evoziert, jedem Schritt voran auf dem Wege zur Besiedlung folgt ein Rückschritt, jeder Gründung einer Farm folgt ihre Zerstörung durch »Eingeborene«, jeder Zerstörung folgt ein Weiterziehen der Überlebenden und der Versuch einer Neugründung, der wieder die Zerstörung folgt und so weiter, bis (im zweiten Band des Romans) dieser »ewige Kampf« in der Etablierung der deutschen »Schutzherrschaft« in Südwestafrika mündet; er scheint in den »Eingeborenenkriegen« der 1890er Jahre und der Jahre 1904 bis 1907 noch einmal auf, um dann aber – zumindest für eine Weile – einer gesicherten deutschen Kolonialherrschaft zu weichen.

Zusammengehalten wird die Erzählung der ersten beiden Teilbände durch die Figur eines deutschen Grenzläufers namens Fritz Heller – später »Starkherz«[94] oder »Lederstrumpf« genannt: Der erste Teilband setzt mit der Ankunft des gerade 20jährigen Fritz Heller im südlichen Afrika ein, sein Tod im Alter von über 90 Jahren steht am Ende des zweiten Teils. Allerdings erfüllt diese Figur nur über die ersten 110 Seiten des ersten Bandes wirklich die Funktion eines »Protagonisten«, eines Handlungsträgers, danach (also

---

94 Bemerkenswert hinsichtlich der Intertextualität deutscher Kolonialliteratur ist, das einer der Protagonisten im ersten Band von Falkenhorsts *Ein afrikanischer Lederstrumpf* den Namen »Weichherz« trägt.

über weitere 600 Seiten bis zum Ende des zweiten Teilbandes) ist sie Nebenfigur – Beobachter, Begleiter, oftmals nur zufällig Beteiligter. Während die äußere Handlung dieser beiden Bände, die also einen Zeitraum von mehr als 70 Jahren umspannen, eine Vielzahl von Ereignissen und – insbesondere im zweiten Teil – auch Entwicklungen und Veränderungen aufweist, ist die Figur des Fritz Heller auffallend statisch.

Die »Entwicklung« Hellers von »Fritz« zu »Starkherz«, vom »Greenhorn« zum »Lederstrumpf« oder, ins Kolonialprogrammatische verschoben, vom »unerfahrenen Europäer« zum »alten Afrikaner«, vollzieht sich in atemberaubender Geschwindigkeit, für ihre Schilderung wird kaum das erste Drittel der *Vortrecker* aufgewendet. Der gerade in Afrika eingetroffene Heller wird dabei über einen Rekurs auf Eichendorffs *Taugenichts* charakterisiert: Ein romantischer Tunichtgut, der mit der Geige in der Hand in die Welt hinauszieht. Diese Charakterisierung wird allerdings nicht allein implizit konnotiert, sondern gleich zu Beginn des Romans offen hergestellt. Noch bevor Heller bei der evangelischen Missionarsfamilie eintrifft, zu der er von seiner Familie geschickt wird, damit man ihm dort »sein Hauptlaster« – die romantische Schwärmerei – austreibe,[95] erhält der Missionar einen Brief, in dem sein zukünftiger Zögling als »wahrer Taugenichts«[96] geschildert wird, der nur ein einziges Buch schätze, »das er immer bei sich« trage und das die »Lieder eines katholischen Dichters namens Eichendorff« enthalte.[97]

Als Mittel zur Reife entwirft der Roman die unwirtliche afrikanische Wildnis und die »Feindschaft der Eingeborenen«: »[H]arte Arbeit, um das Buschland urbar zu machen«,[98] ist die erste Sprosse auf der Leiter zum »alten Afrikaner«, ein Überfall von »Eingeborenen« auf die Farm, bei der die Arbeit zerstört und zahlreiche »Weiße«, darunter ein blondes Mädchen, in das Heller sich verliebt hatte, erschlagen werden, die zweite Sprosse. In feindlicher Umwelt wird Fritz Heller ein anderer – oder treffender und nur schein-

---

95 Voigt: Die Vortrecker. Der Südafrikanische Lederstrumpf. Bd. 1, a. a. O., S. 11.
96 Ebd., S. 7.
97 Ebd., S. 8.
98 Ebd., S. 11.

bar paradox formuliert: er selbst. Fritz tauscht die Violine – von den »Schwarzen« ohnehin bei einem Überfall bedeutungsvoll in Stücke geschlagen – gegen ein Gewehr ein, legt jede äußere Schwärmerei ab und wird »Starkherz«/»Lederstrumpf«, ein deutscher Grenzläufer, der sich zu einer dauerhaften Existenz in einer existenzbedrohenden, feindlichen Umwelt entschließt, einer Umwelt, in der er zu bestehen hat und die ihn bestätigt. Von diesem Moment an bleibt die Figur völlig statisch, unberührt von allen Ereignissen, die der Roman schildert, selbst dann, wenn sie in diese Ereignisse eingreift oder von ihnen offensichtlich »betroffen« wird, etwa, wenn befreundete Personen zu Tode kommen. Nichts wird »Starkherz« zu einer »Erfahrung«,[99] die seine »Identität«, seine »Existenz« in Frage stellen könnte. Im Gegenteil: Alle denkbaren, in den unzähligen Episoden des Romans geschilderten Anfechtungen oder Bedrohungen werden als Bestätigung des Eigenen entworfen.

Man könnte die episodische Struktur und die Statik der Figur des »Lederstrumpf« schlicht auf ein erzählerisches Unvermögen des Autors zurückführen. Doch läßt sich diese Struktur auch als intendierte Erzählstrategie lesen, ermöglicht sie es doch, anhand einer Romanfigur einen für kolonialdiskursive Konstruktionen von Identität zentralen Aspekt zu illustrieren: »Fritz Heller« wird als Figur entworfen, an der – um nochmals Adolf Fischer aufzugreifen – die Möglichkeiten Afrikas in immer neuen Episoden ihre Vielheit zeigen, als Figur, deren Funktion es ist, bei jedem Szenenwechsel mit sich selbst identisch zu bleiben. Und nicht umsonst wird »Fritz Heller« nach seinem Tod durchaus im Sinne von Fischers oben zitierter Deutung dieses Begriffs »der älteste Afrikaner«[100] genannt.

Es war auch Adolf Fischer, der jenen von Voigt in der Breite seiner Romantrilogie illustrierten Entwurf auf die drakonische und nicht minder pathetische Formel brachte: »Südwest war nicht ein Land bloß der Strenge und Härte, wenn es vielleicht auch die

---

99 Vgl. zum Begriff der »Erfahrung« und zur Abgrenzung gegenüber dem Begriff des »Ereignisses« Platt, Kristin: Über das Reden, die Redenden und die Gefährlichkeit der Erfahrung von Gewalt, in: Reden von Gewalt, a. a. O., S. 9-58, hier S. 24f.; sowie dies.: Genozid und Moderne: Strukturen kollektiver Gewalt im 20. Jahrhundert, a. a. O., hier S. 20f.
100 Voigt: Die deutsche Landnahme. Der Südafrikanische Lederstrumpf. Bd. 2, a. a. O., S. 391.

Strengen und Gehärteten begünstigte. [...] Gewiß aber war Südwest kein Land für Schwache und Unbestimmte. Sie kamen nicht auf diesem Land zu stehen, sondern unter ihm zu liegen. Wie ein Alpdruck lastete es auf ihnen«.[101] Der Einzelne, so die Botschaft kolonialer Texte, muß sich in jenem projizierten ewigen Kampf um das Eigene in einer ihm feindlichen Umwelt bewähren oder untergehen.

Peter Moors Fahrt in die Volksgemeinschaft:
Das Kollektiv im Existenzkampf

Die Frage nach Bestehen oder Untergehen in feindlicher Umwelt ist auch zentraler Aspekt in Gustav Frenssens *Peter Moors Fahrt nach Südwest*. Während Voigt und Fischer zunächst die Existenz des Einzelnen zur Disposition stellen, wird diese bei Frenssen untrennbar mit der Frage nach der Existenz des Kollektivs verschränkt. Auch Frenssen nutzt die Erzählstruktur zur Exemplifizierung der »Existenzfrage«, verlegt jedoch, anders als Voigt, den Prozeß der Einsicht in ein als allgemeingültig entworfenes Paradigma »in« den Protagonisten seines somit deutlicher als »Entwicklungsroman« zu kennzeichnenden Textes hinein.

Die Makrostruktur des Romans, der als Folie zur Entwicklung des Plots die Ereignisse des Jahres 1904 in Südwestafrika nutzt, charakterisierte Frenssen selbst in seinem Lebensbericht wie folgt: Die Erzählung verlaufe »in zwei aufeinanderfolgenden, vollkommen gleichen Wellen [...]: Auszug, im Busch, Not (Katastrophe), Ruhe; wobei [...] die zweite Welle die erste an Gewalt und Fülle der Bilder«[102] überrage. Das von Frenssen geschilderte Erzählschema läßt wohl nicht zufällig das Bauprinzip des doppelten Kursus des höfischen Artusromans assoziieren (Auszug als naiver junger Mann – erster Abenteuerzyklus – 1. Höhepunkt und Krise – zweiter Abenteuerzyklus – Bewährung und erfolgreiche Lösung), eine aus der mittelalterlichen Epik überkommene literarische Form, die den Reifungsprozeß eines Helden und dessen Weg in die Gemeinschaft modelliert, womit zugleich auch das Programm von *Peters Moors Fahrt nach Südwest* umrissen wäre.

---

101 Fischer: Südwester Offiziere, a. a. O., S. 145f.
102 Frenssen: Lebensbericht, a. a. O., S. 144.

Der Roman ist in zwei nahezu gleichlange Abschnitte aufgeteilt, wobei die erste Hälfte des Romans vom Auszug des Protagonisten als Freiwilliger eines Seebataillons nach Südwestafrika anläßlich des »Aufstandes der Eingeborenen« erzählt. Die Motivation für den Aufbruch wird zunächst als eine ausschließlich subjektive entworfen, als ein Ausbruch aus der Enge der Schmiedewerkstatt des Vaters, dessen Geselle dem jungen Moor prognostiziert hatte: »›Siehst Du – da [am Amboß] stehst Du! Und da bleibst Du stehn, bis Du grau wirst‹«.[103] Die Fahrt nach Südwest gerät Peter Moor zur Tortur. Die Begegnung mit der Fremde wird als für den Einzelnen verunsichernd und zerstörerisch charakterisiert, die unwirtliche Wildnis und das ungewohnte Klima zerren an der Physis, die »Masse der Schwarzen« bedroht die Existenz des vereinzelten »Weißen«.

Der erste Teil endet mit den Motiven Verzweiflung und Krankheit, entwirft aber zugleich auch eine Lösung: Die Überwindung der Krise des Einzelnen durch sein Aufgehen im Kollektiv. Das Moment der Einsicht wird geradezu als Epiphanieerlebnis codiert: »Und da, im Schatten einer Veranda, stand eine deutsche Frau; sie hatte ein kleines Kind auf dem Arm. Wie wir hinsahen! Wie wir uns über das helle, saubere Kleid freuten und über das reine, freundliche Gesicht und über das kleine weiße Kind. Wie auf ein Himmelswunder starrten wir auf das, was man in Deutschland alle Tage sehen konnte. Wie die heiligen drei Könige, die aus der Wüste kamen und vom Pferd herab Maria mit ihrem Kinde sahen«.[104] Hier, in einer »Oase des Deutschtums« inmitten der »Wüste«, erlangt der angeschlagene Protagonist die »volle Gesundheit«[105] zurück. Der gesamte zweite Teil des Romans dient zur Bestätigung der Einsicht, daß der Einzelne nur zu sich selbst findet, wenn er seinen Teil zur Etablierung der Volksgemeinschaft beiträgt und sich selbst als einen Deutschen erkennt.

Gestützt wird dieser Entwurf durch die Zeichnung der Charaktere. Die agierenden Personen bleiben bis auf wenige Ausnahmen anonym – selbst der Name Moor findet sich im gesamten Roman nur zweimal –, sie werden über Dienstgrade, Berufsgruppen oder, wie Frenssen es nennt, »Stammeszugehörigkeit« charakterisiert: der

---

103 Frenssen: Peter Moors Fahrt nach Südwest [1906], a. a. O., S. 1.
104 Ebd., S. 111.
105 Ebd., S. 116.

General, der Oberleutnant, der Arzt, »ein Leineweber aus Oberschlesien«,[106] »ein Schornsteinfeger aus Berlin«,[107] der Schwabe, der Bayer, ein Bure. Auch die wenigen, die mit Namen genannt werden, gewinnen keine schärferen Konturen als ihre namenlosen Mitstreiter. Durch eine Bestimmung der Figuren nicht über Charaktereigenschaften, Emotionen oder Aussehen (einziges äußeres Merkmal sind – als Zeichen zunehmender Reife – die »im Busch« stets länger und dichter werdenden Bärte der Männer[108]), sondern über soziale und regionale Zuweisungen und Typisierungen werden sie zu universell gültigen »Mustern«, offen für allgemeine Identifizierungen. Zudem erscheinen sie grundsätzlich nicht als Individuen, sondern als – zunächst potentielle – Teile und Funktionsträger innerhalb eines Kollektivs.

Die Feststellung einer nicht abgeschlossenen Verwirklichung kollektiver Identität, die erst in der kolonialen Auseinandersetzung mit dem existentiell Anderen geschaffen werden kann, ist ein häufiges Motiv kolonialer Belletristik. In Alfred von Winklers Roman *Im Afrikanischen Sonnenbrand*[109] stellt der Protagonist eine mit Frenssens Entwurf vergleichbare Diagnose: »Endlich gegen Mittag durchbrach die Sonne die Nebelschleier, er sank mehr und mehr. Vor unseren Augen tauchten wieder die Sanddünen auf, und siebenhundert Meter vor uns, dicht am Meeresstrande, bot sich Swakopmund unseren neugierigen Blicken dar. Wir waren nicht überrascht, denn wie hätte an dieser freudlosen Küste, die damals höchstens von drei Dampfern monatlich angelaufen wurde, etwas anderes entstehen können, als eine aus ungefähr 20 schmucklosen, langgestreckten Häusern bestehende Niederlassung, die ziemlich regellos angelegt war. – Aber eine Eigentümlichkeit zeigte sie doch. Fast jedes Haus hatte geflaggt. Natürlich schwarz-weiß-rot, so wird jeder denken, denn wir befanden uns ja in einer deutschen Kolonie; aber weit gefehlt, sämtliche Farbentöne des Regenbogens

---

106 Ebd., S. 180.
107 Ebd.
108 »Er war nicht viel älter als ich; es war ihm aber im Busch ein langer starker Bart gewachsen« (ebd., S. 91), oder »Sein Gesicht wurde schmaler und bleicher; aber sein Bart wurde länger und dichter« (ebd., S. 100).
109 Winkler, Alfred von: Im afrikanischen Sonnenbrand, Leipzig o.J. [ca. 1912]. Eine Fortsetzung erschien unter dem Titel: Bleib treu Süd-West! Leipzig o.J. [ca. 1913].

flatterten in der frischen Brise. Ein Bild echter deutscher Einigkeit, beschämend für den ankommenden Reichsdeutschen, lächerlich für den Ausländer.«[110] Erst im Kampf gegen die feindlichen Eingeborenen wird schließlich diese Zersplitterung der deutschen Nation – zumindest im kolonialen Rahmen – überwunden.

Dem Krieg mit den »Eingeborenen«, der in den Texten gemeinhin als unvermeidlicher »Rassenkampf« geschildert wird und der somit als welthistorische Notwendigkeit erscheint, wird also, im zeitgenössischen Diskurs über kollektive Identität in Deutschland durchaus konventionell, eine sozialintegrative Kraft zugeschrieben:[111] »Der wirklich großdenkende Mensch erstarkt im Kampf; ein nationaler Krieg hebt das Volksbewußtsein, vereinigt alle Klassen der Bevölkerung«,[112] verkündet der Protagonist in Dorrit Zürns Roman *Pioniere* angesichts des Krieges gegen die Herero.

Erst die Bedrohung durch das – durchaus im Sinne Carl Schmitts[113] – »existenziell« Andere und die Überwindung oder Substitution des Klassenkampfes durch Rassenkampf begünstigen also die Etablierung einer kollektiven deutschen Identität; sie ermöglichen, um nochmals auf Frenssens Darstellung zurückzukommen, daß aus den Schlesiern, Bayern, Holsteinern, Leinewebern, Schornsteinfegern, einfachen Soldaten, den Offizieren und dem General eine homogene Volksgemeinschaft hervorgeht.

Frenssens Roman entwirft diesen Mechanismus nicht allein als ein für den kolonialen Kontext, sondern zugleich als ein allgemein gültiges, für »die ganze Welt« verbindliches Paradigma. Gegen Ende des Romans läßt Frenssen seinen Protagonisten sinnierend über die weiten Steppen blicken: »Ich hatte während des Feldzugs oft gedacht: ›Was für ein Jammer! [...] Die Sache ist das gute Blut nicht wert.‹ Aber nun hörte ich ein großes Lied, das klang über ganz Südafrika und über die ganze Welt und gab mir einen Verstand von der Sache«.[114]

---

110 Winkler: Im afrikanischen Sonnenbrand, a. a. O., S. 10f.
111 Vgl. hierzu ausführlich Brehl: Krieg der Codes, a. a. O., hier insbes. S. 200-205.
112 Holm: Pioniere, a. a. O., S. 267.
113 Vgl. Schmitt: Der Begriff des Politischen, a. a. O., S. 27.
114 Frenssen: Peter Moors Fahrt nach Südwest [1906], a. a. O., S. 201.

Mit dieser Einsicht ist der Weg frei für die Etablierung eines homogenen Volkskörpers in Identität mit sich selbst und dem Territorium, das dieses Volk sich zum »Lebensraum« macht. Bedeutsam wandelt sich gegen Ende des Romans die karge Steppe in einen Garten, der Boden, der zuvor »so unfruchtbar aussah«, läßt Gras sprießen, und selbst der Dornbusch treibt »dunkelgrüne Blätter und schneeweiße Blüten«[115]: Die homogene Gemeinschaft der »Weißen«, so die Logik des Textes, generiert ein weißes Territorium.[116]

Bemerkenswert ist, daß koloniale Konstruktionen die Existenz eines Feindes nicht allein als konstitutiv für kollektive Identität und politische Einheit der »Weißen in den Kolonien« voraussetzen, sondern, wie es bereits anhand von Frenssens Text verdeutlicht wurde, als ein allgemein – mit Einschränkungen auch für die »Eingeborenen« – gültiges Prinzip entwerfen. Der Geograph Karl Dove beispielsweise übertrug in einem Abriß der geschichtlichen Entwicklung Südwestafrikas dieses Deutungsmuster auf die »eingeborenen« Völker, indem er konstatierte, daß allein die »Rassenfeindschaft« zwischen den »Schwarzen« (gemeint sind die Herero) und den »Gelben« (gemeint sind die Nama) dazu geführt habe, daß »sogar [...] ein Teil der Ovaherero [...] zu einer Art von politischer Einheit« gelangt sei.[117]

Die kurze Passage ist in zweierlei Hinsicht bedeutungsvoll: Einerseits, weil die Gültigkeit eines um 1900 virulenten Wissensmusters exemplifiziert und bestätigt wird, andererseits die Politikfähigkeit der »Eingeborenen« zugleich, wenn nicht zurückgewiesen, so doch implizit eingeschränkt wird. Die Existenz eines Feindes, der die eigene Existenz bedroht, und die diskrete Unterscheidung zwischen »Freund« und »Feind« führten zu politischer Einigung, ja sie sei ihre Vorbedingung, und dies gelte nicht allein für »zivilisierte Völker« im europäischen Kontext. Diese Konstruktion wird als eine übermächtige anthropologische Konstante entworfen, indem die pejorative Verwendung der Präposition »sogar« in der Phrase »sogar die

---

115 Ebd., S. 203.
116 Vgl. hierzu auch: Struck, Wolfgang: Die Lesbarkeit eines Kontinents. Afrika in der deutschen Literatur um 1900, in: Kodikas / Code. An International Journal of Semiotics 22, 1/2, 1999, S. 43-55, hier S. 52f.
117 Dove, Karl: Die Deutschen Kolonien. Bd. 4: Südwestafrika, Berlin/Leipzig 1913, S. 11.

Herero« nahelegt, daß die Gültigkeit dieses Gesetzes selbst dort Bestätigung finde, wo politische Einigung unwahrscheinlich sei: bei den unzivilisierten Völkern Afrikas, obgleich diese jedoch nur zu »einer Art politischer Einheit« finden können. Über die ebenfalls deutlich pejorativ konnotierte attributive Phrase »eine Art« wird die Politikfähigkeit der Herero unmittelbar auf einen minderen Rang verwiesen. In die Bestätigung eines als allgemeingültig gesetzten Prinzips wird zugleich ein positionierendes Differenzkriterium mit pejorativer Konnotation eingeschrieben. Selbst im Moment der Übertragung eines als allgemeingültig gesetzten Musters wird auf das Wissen um ein »existentielles Anderssein« der »Schwarzen« rekurriert.

5.3 Rassenmischung als Indiskretion

Als Voraussetzung von Gemeinschaft und Identität entwerfen koloniale Texte eine radikale Diskretion beziehungsweise Exklusivität von Antagonisten, zwischen denen jedes Verständnis, jede Verständigung unmöglich sei. Jede Annäherung zwischen »Schwarz« und »Weiß« wird als existentielle und fatale Indiskretion projiziert, die – auf beiden Seiten – zu »Bastardisierung«, zu Identitätsverlust, »Verkafferung« und schließlich in den Untergang führe.

Im Kontext dieser in kolonialdiskursiven Entwürfen virulenten Problematik der Konstruktion und Bewahrung von kollektiver Identität in einem als grundsätzlich fremd codierten Umfeld wird die Darstellung und Beschreibung einer Figur in der kolonialen Literatur bedeutsam, die im Kontext kolonialer Wirklichkeitsentwürfe gerade für die Auflösung eindeutiger Unterscheidungen stehen könnte: die Figur des »Halbblütigen«, des »Mischlings«. Während die sogenannte »Mischlingsproblematik« insbesondere nach dem Herero-Nama-Krieg als eines der zentralen Probleme der deutschen Kolonialpolitik eingeschätzt und als Prüfstein deutscher Herrschaftssicherung in den Kolonien diskutiert wurde – mit dem Ergebnis einer forcierten Politik der Rassentrennung, die durch ein Mischehenverbot verwirklicht werden sollte, das zudem mit der Annulierung auch bereits bestehender Mischehen einherging –, finden sich »halbblütige« Figuren als Personen einer literarischen Erzählung, als Protagonisten oder Antagonisten einer Handlung höchst selten.

»Halbblütige Figuren« spielen in der deutschen Afrikaliteratur keine zentrale Rolle – und dies selbst dort nicht, wo das Thema »Rassenmischung« im Mittelpunkt zu stehen scheint. So ist die Gefährdung weißer Männer durch eine den afrikanischen Frauen zugeschriebene Sinnlichkeit das zentrale Motiv in Richard Küas 1911 erschienenem Roman *Vom Baum der Erkenntnis*.[118] Allerdings bleiben die gefährlichen Begegnungen weißer Männer mit schwarzen Frauen seltsam unfruchtbar, so daß der Leser auch in diesem Roman über die Gefahren der Rassenmischung vergeblich nach einem »Mischling« suchen wird.

Eine Ausnahme stellt in diesem Zusammenhang Hans Grimms 1913 erschienene Erzählung *Wie Grete aufhörte ein Kind zu sein*[119] dar, in der mit dem Geschwisterpaar Ellen und Alfred gleich zwei »Halbblütige« ihren Auftritt haben. Diese »präsenten«, gewissermaßen zur Sprache gebrachten »Mischlinge« und ihre Funktion sind bereits aus literaturwissenschaftlicher Perspektive untersucht worden.[120]

Es stellt sich nun allerdings die Frage, warum halbblütige Figuren in der Kolonialliteratur weitgehend fehlen, während doch »Rassenpolitik«, »Mischehe« und schließlich »Rassenmischung«, zeitgenössisch als Themen von hoher Brisanz diskutiert worden sind. Doch läßt sich gerade auch eine Präsenz des »Halbblütigen« in Texten nachzeichnen, in denen das »Problem« der Rassenmischung nicht explizit thematisiert wird, Texte, in denen »Mischlinge« offensichtlich abwesend sind. Denn diese augenfällige »Abwesenheit« wird in jenen Texten wortreich umschrieben, das heißt sie scheint einen überaus festen und präsenten Rahmen zu haben, der im folgenden rekonstruiert werden soll. Dabei läßt sich zeigen, daß diskursiv eine Leerstelle konstituiert wird, daß diese Leerstelle als ein konventionelles und vielsagendes Repräsentationsmuster für den »Halbblütigen« gelesen werden kann und daß das Schweigen, das ihn verhüllt, ein überaus beredtes und somit enthüllendes Schwei-

---

118 Küas, Richard: Vom Baum der Erkenntnis, Leipzig 1911.
119 Grimm, Hans: Wie Grete aufhörte ein Kind zu sein. Eine Erzählung aus Südafrika, Leipzig 1944 (zuerst Frankfurt am Main 1913).
120 Vgl. z.B. Horn, Peter: Die Versuchung durch die barbarische Schönheit. Zu Hans Grimms »farbigen« Frauen, in: Germanisch-Romanische Monatshefte 35, 1985, S. 317-341; Schneider: »Um Scholle und Leben«, a. a. O., hier insbes. S. 125-194.

gen ist: Die Abwesenheit des »Mischlings«, auf die in den Texten so peinlich insistiert wird, konnotiert – in einer Art metaphysischer Dialektik – seine »drohende« Anwesenheit. Dies ist eine Konstellation, die für koloniale Texte über den Hererokrieg als typisch gelten kann und in der zudem ein Muster formuliert wird, daß für eine anschlußfähige Legitimation der Vernichtung des Fremden, des Afrikaners zentral gewesen ist.

Die Vorstellung einer »Rassenmischung« stellt im Kontext kolonialer Wirklichkeitsentwürfe eine Provokation der zwei – wie Foucault in *Die Ordnung des Diskurses* formuliert hat – am stärksten reglementierten Diskursfelder der bürgerlichen Gesellschaft dar: dem der Sexualität und dem der Politik.[121] Mit der Überschreitung moralisch-sexueller Tabus geht, so die Logik dieser diskursiven Konstruktionen, zwangsläufig eine Auflösung politischer Integrität einher. Diese Konstellation ist etwa das zentrale Thema in Richard Küas 1911 erschienenem Roman *Vom Baum der Erkenntnis*.

In den wenigen Texten der Kolonialliteratur, in denen »halbblütige« Figuren die Leerstelle zwischen den exklusiven Existenzen »Schwarz« und »Weiß« ausfüllen, werden diese als das Ergebnis und die Verkörperung eines Tabubruchs charakterisiert, als Figuren die zudem selbst auch keine sozialen Tabus achten. Sie verhalten sich gesellschaftlich wie politisch indiskret und erscheinen als im höchsten Maße sexualisiert und sexuell aggressiv – wie sich etwa an Ellen aus Grimms *Wie Grete aufhörte ein Kind zu sein* demonstrieren läßt. Als Tochter einer »Hottentottin« und eines »Weißen« überschreitet und verletzt Ellen, die als »schön und heiß und heiß und schön und falsch wie die Sünde« beschrieben wird,[122] die sanktionierten Regeln eines rassen- wie eines geschlechtsspezifischen Diskurses.[123] Als farbige Frau wird sie Subjekt dieser extrem reglementierten Diskurse: Sie bemächtigt sich der Sprecherposition, sie autorisiert sich selbst, an diesem Diskurs teilzunehmen und ihn

---

121 Foucault: Die Ordnung des Diskurses, a. a. O., S. 11.
122 Grimm: Wie Grete aufhörte ein Kind zu sein, a. a. O., S. 14.
123 Zu den Konvergenzen kolonialdiskursiver Konstruktionen von »Rasse« und »Geschlecht« vgl. ausführlich: Schneider: »Um Scholle und Leben«, a. a. O. Vgl. in diesem Kontext ferner auch: Zantop: Kolonialphantasien im vorkolonialen Deutschland (1770-1870), a. a. O., hier insbes. S. 61-122, sowie Schülting: Wilde Frauen, Fremde Welten, a. a. O., hier insbes. S. 21-78.

zu führen, sie ist initiativ, sie ist diskurs- und schließlich auch handlungsbestimmend. In diesem Kontext ist die sexuelle Aufgeladenheit dieser Figur vielleicht weniger als männliche Projektion weiblicher Verfügbarkeit zu lesen, denn als eine Projektion männlicher Verführbarkeit und Hörigkeit im Sinne von Klaus Theweleits *Männerphantasien*,[124] nämlich als Provokation der moralischen wie politischen Integrität des weißen Mannes. In politischer Hinsicht verhält sich Ellen gleichermaßen indiskret: Sie bewegt sich in einer Grauzone zwischen den Fronten von »Weißen« und »Schwarzen«, keiner der beiden Gruppen zugehörig oder verpflichtet, beide Gruppen gegeneinander ausspielend und damit schließlich ihren eigenen Untergang provozierend.

Schlimmer noch als die mögliche Bedrohung der eigenen Existenz von Außen durch die »Eingeborenen« erscheint in kolonialen Entwürfen kollektiver Identität die drohende Möglichkeit ihrer Korrumpierung und Zerstörung von innen: durch eine Infragestellung der eindeutigen Zuordnung, durch Hybridisierung von biologischem und kulturellem Erbe. Während die »Eingeborenen« also als mögliche Bedrohung geschildert werden, erscheint der »Mischling«, selbst dort, wo er sich nicht figürlich repräsentiert findet, als drohende Möglichkeit.

Mit dieser Figur schließt der Kolonialroman an Muster der populären Reise-, Indianer- und Abenteuerliteratur des 19. und frühen 20. Jahrhunderts an, womit erneut die interdiskursive Verschränkung der Grundparameter des Kolonialdiskurses mit um 1900 allgemein akzeptierten Wissensmustern deutlich wird. So findet sich die anhand von Grimms *Wie Grete aufhörte ein Kind zu sein* skizzierte Konstruktion einer notwendigen Diskretion der »Rassen« und der Entwurf einer mit dieser Konstruktion einhergehenden Zukunftslosigkeit der Rassenmischung auch in Coopers Lederstrumpf-Zyklus. Nicht allein, daß der Protagonist dieser Erzählungen peinlichst auf seiner Rasseneinheit und seinem kulturellen Kapital insistiert, noch deutlicher wird dieses Konstrukt anhand des Verhaltens und Schicksals der Nebenfiguren. Offen durchgespielt werden die Möglichkeit und das Scheitern einer »Rassenmischung« von Wei-

---

124 Theweleit, Klaus: Männerphantasien. 2 Bde., München 1995 (zuerst 1977/1978). Hier insbesondere Bd. 1: Frauen, Fluten, Körper, Geschichte, S. 311-378.

ßen und Indianern in dem 1826 publizierten Roman *Der letzte Mohikaner*,[125] in der Lederstrumpf gemeinsam mit seinen Gefährten, dem Mohikanerhäuptling Chingachgook und dessen Sohn Uncas, die gerade aus Großbritannien in den Kolonien angekommenen Töchter eines englischen Offiziers vor den mit den Franzosen verbündeten Huronen retten muß.

Bereits das Erscheinungsbild der beiden Mädchen fungiert als gewissermaßen phänotypisches Abbild ihrer gesellschaftlichen Verhaltensmuster und ihrer Positionen, die sie den indianischen Eingeborenen gegenüber einnehmen werden: Alice, die jüngere der beiden Halbschwestern, hat ein »blendend weißes Gesicht [...], schönes goldenes Haar und [...] lichte blaue Augen.«[126] Cora dagegen wird wie folgt beschrieben: »Die Locken dieser Lady waren glänzend schwarz, gleich dem Gefieder des Raben. Ihre Gesichtsfarbe war nicht braun, sondern eher in die Farbe des reichlichen Blutes getaucht, das seine Grenzen zu durchbrechen drohte.«[127] Die jüngere der beiden Halbschwestern – die blonde, zurückhaltende Alice – ordnet sich stets den Regeln der Männerwelt unter und erfüllt die ihr von den gesellschaftlichen Konventionen bestimmte Rolle als Frau. Cora wird nun der blonden, blauäugigen idealisierten Lichtgestalt von Alice nicht allein über die Beschreibung der Äußerlichkeiten diametral entgegengestellt: Als Tochter eines britischen Offiziers und einer Mulattin, ist die dunkelhaarige Cora selbst bereits ein Ergebnis von Indiskretion und verhält sich, ähnlich, wenn auch weniger aggressiv als Ellen in Grimms Erzählung, indiskret. Sie, deren in die »Farbe des reichlichen Blutes [...], das seine Grenzen zu durchbrechen drohte«, getauchte Gesichtsfarbe bereits die Impulsivität und mangelnde Zurückhaltung der jungen Frau symbolisiert, agiert selbstbewußt in der Männerwelt, hinterfragt Entscheidungen und bewegt sich somit stets an den Grenzen der gesellschaftlichen Regeln.

Auch hinsichtlich der Reaktionen auf die Begegnung mit dem Fremden, dem Indianer, zeigen die beiden Frauen deutliche Unterschiede: Während Alice bei der ersten Begegnung mit einem In-

---

125 Cooper, James Fenimore: Der letzte Mohikaner [1826], in: ders.: Der Lederstrumpf. 5 Bde., Frankfurt am Main 1983.
126 Ebd., S. 18.
127 Ebd., S. 19.

dianer zurückschreckt und mit Entsetzen reagiert, zeigt Cora, der »die überraschende Erscheinung des Indianers [...] keinen Laut entlockte, [...] einen unbeschreiblichen Blick des Mitleids [...] während ihr schwarzes Auge den leichten Bewegungen des Wilden folgte.«[128] Diese Reaktionen der beiden Frauen auf ihre erste Begegnung mit Indianern ist prototypisch für ihr gesamtes Verhalten gegenüber den »Eingeborenen«, das schließlich bestimmend wird für ihr Schicksal: Während Alice die Regeln der Rassendiskretion achtet, die Verwicklungen überlebt und am Ende – regelkonform – einen englischen Offizier ehelicht, steht das Schicksal ihrer älteren Halbschwester symbolisch für Konsequenzen der Indiskretion. Denn Cora zeigt nicht allein Mitleid und Bewunderung für die amerikanischen Indianer, sondern beginnt mit dem edlen Indianer Uncas eine romantische Beziehung. Und auch in Coopers Roman führt die Indiskretion in den Tod: Cora und Uncas werden gemeinsam von den Huronen getötet. Die als Naturgesetz entworfene Rassendiskretion, von Cooper zudem als ethisches Gesetz entworfen, duldet auch hier keine Überschreitung.

Die Charakterisierung von »Mischlingen« als Gefährdung eines biologisch und ethisch codierten Gesetzes der Rassentrennung läßt sich auch im Werk des wohl bekanntesten deutschen Autors von Reise- und Indianererzählungen nachweisen: In den Romanen und Erzählungen Karl Mays. In seinen Erzählungen hat die Indiskretion jedoch auch radikale Konsequenzen für die Persönlichkeiten der »Mischlinge« selbst, die mit an Schizophrenie grenzenden, pathologischen Identitätskonflikten geschildert werden.

In einer, zunächst 1896/97 unter dem Titel *Der schwarze Mustang* als Fortsetzungsroman in der Jugendzeitschrift *Der gute Kamerad* publizierten,[129] später in erweiterter Form als eigenständige Publikation erschienenen Erzählung[130] ist diese dem »Mischling« als notwendig zugeschriebene Identitätskrise bereits darüber codiert, daß dieser zwei, einander in der Bedeutung deutlich wider-

---

128 Ebd.
129 May, Karl: Der schwarze Mustang, in: Der gute Kamerad 11, S. 1-28, 1896/97.
130 May, Karl: Der schwarze Mustang, Stuttgart 1994 (= Karl May's illustrierte Werke, hrsg. von Heinrich Pleticha und Siegfried Augstein). Die Erzählung wird heute häufig auch unter dem Titel *Halbblut* nachgedruckt.

sprechende Namen trägt: *Yato Inda*, was der Erzähler mit »Guter Mann« übersetzt,[131] wird er von den Bahnarbeitern genannt, für die er als Scout arbeitet. Sein zweiter Name, den er unter den Komantschen trägt, an die er die Bahnarbeiter verrät, ist *Ik Senanda*, was im Text mit »Böse Schlange« übersetzt wird.[132] Zwischen diesen beiden Polen – dem »Guten Mann« und der »Bösen Schlange« – ist die Persönlichkeit des »Halbbluts« aufgespannt, das zu keiner der beiden Seiten gehört und schließlich den Tod finden muß, weil es sich für keine Seite entscheiden kann.

Wie ergiebig, ja nachgerade aufregend dieses Motiv der Rassenmischung als Gefährdung von Identität für Karl May gewesen sein muß, zeigt der Umstand, daß es mehrmals in seinem Werken auftritt und bisweilen geradezu als Zentralmotiv für die Entwicklung der Story fungiert. In seinem nahezu gleichzeitig mit dem *Schwarzen Mustang* entstandenen dreibändigen Roman *Old Surehand*[133] (1894-1897) steht ebenfalls die Identitätskrise »halbblütiger Figuren« im Mittelpunkt. Allerdings wird das entworfene »Mischlingsproblem« und die damit einhergehende Auflösung von Identität dort auf einer komplexeren Ebene geschildert: Es wird auf eine Familie übertragen und die zwei Persönlichkeiten, die dem »Mischling« aufgrund der Rassenmischung zugeschrieben werden, wird auf zwei Brüder aufgeteilt, die zugleich jedoch die Identitätskrise auch jeweils mit sich tragen.

Im Mittelpunkt der Erzählung steht die Geschichte der Brüder Leo und Fred Bender, Kinder eines Weißen und einer christianisierten Indianerin. Nach dem frühen und gewaltsamen Tode des Vaters wachsen sie getrennt auf, ohne von der Existenz des jeweils anderen und von der eigenen »Halbblütigkeit« etwas zu wissen. Leo Bender, äußerlich eher ein »Weißer«, wächst unter Weißen auf und wird als erwachsener Mann unter dem Namen »Old Surehand« ein berühmter »weißer« Jäger. Sein jüngerer Bruder Fred, der seiner indianischen Mutter ähnelt, wächst unter dem Namen Apanatschka als Indianer unter Indianern auf und gelangt zu Häuptlingswürden. Gemeinsam ist beiden, daß sie nicht vollständig

---

131 Ebd., S. 31.
132 Ebd., S. 47.
133 May, Karl: Old Surehand. 3 Bde., Stuttgart 1994 (=Karl May's illustrierte Werke, hrsg. von Heinrich Pleticha und Siegfried Augstein).

in ihr jeweiliges soziales Umfeld integriert sind und sich auch nicht integrieren lassen, obgleich ihnen ihre Eltern sowie der Umstand der eigenen »Halbblütigkeit« unbekannt sind. Die soziale Fremdheit, das Gefühl seiner Nicht-Zugehörigkeit wird dem »Mischling« also auch dann deutlich, so die Konstruktion der Erzählung, wenn ihm die eigene Herkunft unbekannt ist. Fremdheit und Nicht-Zugehörigkeit des »Halbblütigen« werden nicht als sozialisatorische Effekte beschrieben, sondern als biologisch codierte Fakten.

Aufgrund der ihnen zunehmend bewußt werdenden Krise der eigenen Identität machen sich Old Surehand und Apanatschka schließlich unabhängig voneinander auf, ihre Eltern zu finden, um so ihre Herkunft und Identität zu klären. Nun führt May diese Identitätssuche noch eine Stufe weiter: Auch die indianische Mutter der beiden, die als christliche Indianerin den Namen Emily Bender trug, ist auf der Suche nach ihren Kindern, und auch sie hat eine gespaltene Identität. Denn nach dem Verlust ihrer Familie hat sie sich eine männliche Identität zugelegt und zieht unter dem Namen *Kolma Puschi* als indianischer Krieger einsam durch das Land. Die Verletzung der Diskretion zwischen den Rassen stellt auch, so läßt sich diese Personenkonstellation deuten, die konventionelle Geschlechterordnung in Frage, was ja, wenn auch auf einer anderen Ebene, bereits anhand von Ellen in Grimms Erzählung und von Cora im *Letzten Mohikaner* deutlich geworden ist.

Doch birgt die »Rassenmischung« in Mays Perspektive zugleich auch das aus Grimms *Wie Grete aufhörte ein Kind zu sein* bekannte Solidaritätsproblem. In einer Engführung schildert May, wie in der Auseinandersetzung zwischen »Weißen« und »Indianern« ein Zweikampf die Entscheidung herbeiführen soll. Die Weißen bestimmen Old Surehand als ihren Kämpfer, während die Indianer, wie könnte es in der Logik der Erzählung anders sein, Apanatschka für den Zweikampf bestimmen. Der Rassenkampf gerät so zum Bruderkampf, zu einem Kampf zwischen Brüdern zudem, die von ihrer Verwandschaft selbst nichts wissen, und einem Kampf, der nicht entschieden werden kann: Denn die Überlegenheit des »Weißen« ist durch die Rassenmischung aufgehoben, der Kampf bleibt unentschieden.[134] Die Identitätskrise des einzelnen »Mischlings« wird somit kollektiviert, sie gerät zur Identitätskrise der Rassen und Völker.

Allerdings entwirft May im *Old Surehand* eine andere Lösung für diese Identitätskrise als den Tod der »Mischlinge«. Da eine Solidarisierung mit den Gemeinschaften und eine Rückkehr in die Gemeinschaften für die »Mischlinge« nicht möglich ist, folgt eine Solidarisierung nach innen: Für die wiedervereinte Familie Bender führt der gemeinsame Weg aus den Gemeinschaften hinaus, womit die diskrete Ordnung exklusiver Existenzen wieder hergestellt wird.

Dieses hier präsente Muster, daß in der Auflösung von Eindeutigkeit und der Unmöglichkeit einer Zuordnung die im Grunde größte Gefahr, ja eine Sünde bestehe, läßt sich allerdings nicht etwa nur an vermeintlich randständigen oder trivialen Texten nachweisen. Dieses Muster findet sich, darauf hat Raimar Zons in einer Studie zum »modernen Antisemitismus in Deutschland« aufmerksam gemacht und auf die ideen- und diskursgeschichtliche Tradition jener Vorstellung verwiesen,[135] durchaus auch in den Schriften kanonisierter Autoren wieder – und dies führt vor Augen, an welchem Diskurs die kolonialen Texte teilnehmen, beziehungsweise welcher Diskurs sie überhaupt erst ermöglicht. In Kleists *Katechismus der Deutschen*[136] [1809] etwa heißt es, daß der, welcher liebt, den Himmel während der, welcher haßt, die Hölle verdiene. Der jedoch, welcher weder liebt noch haßt, der verdiene, »die siebente, tiefste und unterste Hölle.« Ähnliches droht – so lesen wir in Dantes *Göttlicher Komödie* – dem, der im Kampfe zwischen Gott und Luzifer unentschieden bleibe. Und in einem der Urtexte des Christentums, der Offenbarung des Johannes, heißt es: »Ich kenne Deine Werke, daß Du weder warm noch kalt bist. Ach, daß du kalt oder warm wärest! Weil du aber lau bist, weder warm noch kalt, werde ich dich ausspeien aus meinem Munde« (Off. 3, 16-17).

---

134 Ebd., Bd. 1, S. 440ff.
135 Zons, Raimar: Selbstverfeindung. Zur Geschichte des Antisemitismus in Deutschland, in: ders.: Die Zeit des Menschen. Zur Kritik des Posthumanismus, Frankfurt am Main 2001, S. 82-101, hier S. 87-89.
136 Kleist, Heinrich von: Katechismus der Deutschen abgefaßt nach dem Spanischen zum Gebrauch für Kinder und Alte, in: ders.: Werke und Briefe in vier Bänden, hrsg. von Siegfried Streller in Zusammenarbeit mit Peter Goldammer und Wolfgang Barthel, Anita Golz, Rudolf Loch, Berlin und Weimar: Aufbau, 1978, Bd. 3, S. 395ff.

Im kolonialen Diskurs wird diese Konstruktion insofern noch einmal radikalisiert, als daß aus der gesetzten Notwendigkeit der Diskretion ein natürliches Interesse jeder Rasse, die eigene Exklusivität zu schützen, gefolgert und eine grundsätzliche Feindschaft zwischen einander bedrohenden Existenzen konstatiert wird. Die Wahrung der Diskretion avanciert im deutschen Kolonialdiskurs zum Existenzkampf, in dem Vernichtung und Völkermord zu legitimen Mitteln werden.

Explizit wird in Dorrit Zürns den Hererokrieg thematisierende Roman *Ovita* dieses Szenario unbedingter Diskretion im »Kampf um [...] Existenz«[137] entworfen. Nicht allein, daß ein unüberbrückbarer Gegensatz zwischen »Schwarzen« und »Weißen« beschrieben wird: Der Text schildert zudem auch ein beiderseitiges Interesse, die Exklusivität der eigenen Existenz zu wahren. Folgelogisch schildert der Erzähler, wie ein »Weißer Mann« – ein zivilisationskritischer, schwärmerischer Wissenschaftler, der um ein Verständis der »Eingeborenen« bemüht ist und glaubt, durch »Rassenmischung« eine neue, bessere Menschheit schaffen zu können – und eine »schwarze Frau«, die ein Kind von ihm erwartet, die ersten Opfer des Krieges werden.[138] Ihr sexuell indiskretes Verhalten bedeutet zugleich eine politische Indiskretion und führt in die Ortlosigkeit: Sie bewegen sich – geographisch wie metaphorisch – zwischen den Fronten, wo sie von den Herero erschlagen werden. Die Konstruktion eines diskreten Verhältnisses von »Schwarz« und »Weiß«, von »Eigenem« und »Fremdem«, schließlich von »Freund« und »Feind« sieht keinen Ort zwischen den Fronten vor.

Gemeinsam ist den geschilderten Entwürfen eine Auflösung der semantischen Trennschärfe zwischen den Begriffen »Anderer«, »Fremder« und »Feind«.[139] Die Begriffe dienen keiner möglichen Differenzierung, ja sie bilden nicht einmal eine Komparationsreihe, sondern werden schlicht synonym verwendet. Der Effekt ist evi-

---

137 Holm: Ovita, a. a. O., S. 275.
138 Ebd., S. 256f.
139 Diese Tendenz ist durchaus – und explizit – auch bei Carl Schmitt präsent: »Der politische Feind [...] ist eben der andere, der Fremde, und es genügt zu seinem Wesen, daß es in einem besonders intensiven Sinne existenziell etwas anderes und Fremdes ist, [...]«, vgl.: Der Begriff des Politischen, a. a. O., S. 27.

dent: Alles, was nicht mit dem Eigenen identisch ist, wird – oder, was der inneren Dynamik dieser Konstruktionen mehr noch entspricht – *ist* a priori ein Feind. Mit der Auflösung der semantischen Trennschärfe wird zugleich die Trennlinie zwischen der eigenen Existenz und dem sie bedrohenden Feind verschärft und manifest: »Position« und »Negation« werden als exklusive Existenzen entworfen, zwischen denen sich – metaphorisch gesprochen – ein Niemandsland der Identitätslosigkeit erstreckt.

5.4 »Vom Oranje zum Kunene / Vom Sambesi bis zum Meer« – Nationaler und kolonialer Diskurs in der Koloniallyrik

Mit dem hier nachgezeichneten Aspekt der Etablierung einer kollektiven deutschen Identität und der Sicherung deutscher Volksgemeinschaft schreiben sich koloniale Texte dezidiert in die nationalen Diskurse des Kaiserreichs ein.[140] Dieser Entwurf einer Kolonialliteratur als einer patriotischen, vaterländischen oder eben nationalen Literatur wurde im übrigen nicht allein über argumentative Anschlüsse an Muster nationaler Diskurse signifiziert, sondern auch über Verfahren intertextueller Verweise auf formaler Ebene, etwa durch den formalen Rekurs auf populäre Beispiele patriotischer und nationaler deutscher Literatur seit der Wende zum 19. Jahrhundert. Beispielhaft ist hier die von Hans Görke gedichtete *Südwestafrikanische Landeshymne*,[141] die auf einen der am häufigsten von der deutschen »Koloniallyrik«[142] als Vorbild verwendeten Texte rekurriert: auf Heinrich Hoffmann von Fallerslebens *Lied der Deutschen* aus dem Jahr 1841. In enger struktureller, formaler und argumentativer Anlehnung an die erste Strophe des »Deutschlandlieds« – das bekanntlich erst 1922 durch den sozialdemokratischen Reichspräsidenten Friedrich Ebert per Erlaß zur offiziellen

---

140 Vgl. zum Aspekt der Einbindung des deutschen Kolonialismus in das nationale Projekt des Deutschen Reiches ausführlich Dabag: National-koloniale Konstruktionen um 1900, a. a. O. Vgl. ferner: Kundrus: Moderne Imperialisten, a. a. O., S. 27-44.
141 Görke, [Hans]: Südwestafrikanische Landeshymne, in: Deutsch-Südwestafrika – Land und Leute, a. a. O., S. 1f.
142 Zur deutschen »Koloniallyrik« allgemein vgl. die Studie von Esaïe: »Des Deutschen Feld es ist die Welt!«, a. a. O.

Hymne des Deutschen Reichs erklärt wurde, jedoch bereits Jahrzehnte zuvor den Status einer inoffiziellen Hymne genossen hatte – heißt es in Görkes Gedicht:

Südwestafrika, wir preisen
Dich als neues Heimatland;
Denn mit deutschem Heldenblute
Ist getauft dein gelber Sand.

Vom Oranje zum Kunene,
Vom Sambesi bis zum Meer:
Heilig sei uns diese Erde,
Heilig sei uns deine Wehr!

Auch Emil Sembritzkis Gedicht *Das Lied von den deutschen Kolonien*[143] ist vielleicht weniger aufgrund der formulierten territorialen Visionen von Interesse als vielmehr durch die Anlehnung an ein höchst populäres Beispiel der älteren deutsch-nationalen Poesie, an ein Gedicht aus der Zeit der sogenannten Befreiungskriege:

Was ist des Deutschen Tochterland?
Ist's Kamerun, Dualastrand?
Ist's wo die Ambasbucht sich dehnt?
Ist's wo der Schlund des Loba gähnt?
O nein, o nein, o nein, o nein,
Neu-Deutschland muß wohl größer sein.

[...]

Was ist des Deutschen Tochterland?
So nenne endlich mir das Land!
»So weit die deutsche Flagge weht,
Des Kaisers Macht und Wille geht.
Das soll es sein, das soll es sein,
Das, kühner Deutscher, nenne dein!«

Das Größer-Deutschland soll es sein,
O, Gott vom Himmel, sieh darein
Und gib uns echten, deutschen Mut,
Daß wir es lieben treu und gut.
Das soll es sein, das soll es sein,
Das Größer-Deutschland soll es sein!

---

143 Sembritzki, Emil: Das Lied von den deutschen Kolonien, in: Kolonialgedicht- und Liederbuch, a. a. O., S. 70f.

Bei der Vorlage, die hier im klassischen literaturwissenschaftlichen Sinne parodiert wird, handelt es sich um Ernst Moritz Arndts 1813 entstandenes Gedicht *Des Deutschen Vaterland*.[144] Die »vaterländische« Vision Arndts (»Was ist des Deutschen Vaterland«) wird in Sembritzkis Text durch die Verschiebung der Perspektive auf das »Tochterland« auf die Kolonien übertragen. Umgekehrt wird das koloniale Projekt auf diese Weise als zwangsläufige Fortschreibung des nationalen Projektes konzipiert. Strukturell und formal folgt Sembritzki der Vorlage bis ins Detail: Beide Gedichte weisen eine sechszeilige Strophenform, vierhebige jambische Verse und Paarreime mit männlicher Kadenz auf. Abweichungen finden sich nur in der Anzahl der Strophen (bei Arndt sind es neun, bei Sembritzki nur sieben) und im jeweils fünften Vers jeder Strophe. Während Arndt die ansonsten durchgängige Vierhebigkeit im vorletzten Vers jeder Strophe aufbricht (»O nein! Nein! Nein!« beziehungsweise »Das soll es sein«) und damit dem in diesem Vers artikulierten Einwand Nachdruck und Bestimmtheit verleiht, hat Sembritzki die Vorlage wohl »verbessern« wollen und auch hier vierhebige Verse verwendet (»O nein, o nein, o nein, o nein« beziehungswiese »Das soll es sein, das soll es sein«). Die Schlußstrophe von Sembritzkis Lied von den deutschen Kolonien ist dann bis auf eine Abweichung wortidentisch mit der Vorlage: Das »ganze Deutschland« Arndts wird in Sembritzkis kolonialer Vision in ein »Größer-Deutschland« umcodiert.

In einem Artikel der *Kolonialen Zeitschrift* vom 17.03.1904 formulierte der Schriftleiter des Blattes Alfred Herfurth dieses, um Mihran Dabag zu zitieren, national-koloniale Programm anläßlich der Kämpfe in Südwestafrika wie folgt: »Nicht für die [...] Farbigen, nicht für ihr Wohlergehen [...] haben wir die Kolonien erworben, sondern für uns Weisse und für die Betätigung unserer Nachfahren ausserhalb der heimischen Grenzpfähle.«[145] Daß jenes koloniale Projekt eines »Größer-Deutschland« durchaus die Anwendung von vernichtender Gewalt implizierte, war dem Autor des Artikels nicht

---

144 Arndt, Ernst Moritz: Des Deutschen Vaterland, in: Das Ernst Moritz Arndt Buch. Eine Auswahl der Werke, hrsg. von Curt Elwenspoek, Stuttgart 1925, S. 249-251.
145 Herfurth, A[lfred]: Unsere Missionare, in: Koloniale Zeitschrift 5, 6, 1904, S. 95-97, hier S. 97.

nur bewußt, sondern erschien ihm auch fraglos legitim. So fährt er fort: »Wer uns in dieser Absicht entgegentritt, den müssen wir aus dem Weg räumen.«[146] Analog heißt es im Abschnitt »Die Ursachen des Aufstandes« des Generalstabswerkes zum »Herero-Aufstand«: »Es lag auf der Hand, daß jede ernsthafte Kolonisation an solchen starken Eigenschaften der eingeborenen Stämme Widerstand finden mußte. [...] Der große, unvermeidbare Kampf mit den Eingeborenen mußte früher oder später kommen, wollte anders Deutschland nicht auf eine [...] Erschließung des Landes verzichten. Wer hier kolonisieren wollte, mußte zuerst zum Schwert greifen und Krieg führen – aber nicht mit kleinlichen und schwächlichen Mitteln, sondern mit starker, Achtung gebietender Macht bis zur völligen Niederwerfung der Eingeborenen«.[147]

5.5 Feinde der Kultur

Es schließt sich die Frage an, wie koloniale Texte ein »existentielles Anderssein« der »Schwarzen« codieren, welche Differenzen geschildert und wie diese re-präsentiert werden. Als Ausgangspunkt bietet sich noch einmal Frenssens Roman *Peter Moors Fahrt nach Südwest* an. Hier wird auf drei Ebenen eine Differenz zwischen »Weißen« und »Schwarzen« konstituiert: Eine grundlegende rassische Andersartigkeit, die einen unüberbrückbaren Antagonismus von »Kultur« und »Wildnis« bedinge und – damit zusammenhängend – einen Gegensatz von »Ordnung«[148] und »amorpher Masse«.[149] Der Gegensatz von Ordnung und amorpher Masse wird im Text mehrmals aufgegriffen und vertieft: Die »weißen Truppen« stehen

---

146 Ebd.
147 Die Kämpfe der deutschen Truppen in Südwestafrika. Bd. 1, a. a. O., S. 4.
148 Zur Bedeutung von Ordnungsentwürfen in der Moderne, insbesondere im Zusammenhang mit Vernichtungsprojekten, siehe die grundlegenden Arbeiten von Zygmunt Bauman: Dialektik der Ordnung. Die Moderne und der Holocaust, Hamburg ²1994 (zuerst 1992; engl. Oxford/Ithaca NY 1989), sowie ders.: Moderne und Ambivalenz. Das Ende der Eindeutigkeit, Frankfurt am Main 1995 (zuerst Oxford 1991).
149 Zur Virulenz des Diskurses über »Masse« um 1900 vgl. Böttger, Jan Henning: FeindMasse. Scipio Sigheles Psychologie des Auflaufs und der Massenverbrechen und das Konstrukt »Masse«, in: Feindschaft, hrsg. von Brehl/Platt, a. a. O., S. 226-254.

»in Reih und Glied«, ihre »schwarzen Treiber« dagegen kommen »wild und schreiend« heran.[150] Bei der ersten Begegnung mit »Schwarzen«, noch während der Überfahrt, heißt es: »Denn über beide Borde kam es, mit Katzenschleichen und Schlangengleiten, schwarz und lang und halbnackt [...]«;[151] und während eines Gefechts, an dem der Protagonist teilnimmt, werden die »Schwarzen« so beschrieben: »Nun sah ich auch etwas Fremdes herankommen. In Klumpen lag und kniete und schlich es zwischen den Büschen. Ich sah keinen einzelnen; nur eine Masse«.[152] Die Verwendung der Neutrumform des Personalpronomens (»es«) als Kollektivsingular schreibt die »Schwarzen« – genau genommen: »das Schwarze« – als gestaltlose, nicht näher identifizierbare, fließende Bedrohung fest.

Als Zeichen des konstitutiven Gegensatzes zwischen »Kultur« und »Wildnis« werden im Text die Oppositionspaare sauber/schmutzig, dezent/grell und sittsam/freizügig verwendet. Die Begegnung des »weißen Kulturmenschen« mit der »Wildnis« bringt – wie bereits erwähnt – die Gefahr des Kulturverlusts mit sich, für den nicht zuletzt Hans Grimm den bereits erörterten Begriff »Verkafferung« geprägt hat. So projiziert der Roman die den afrikanischen Frauen zugeschriebene sexuelle Freizügigkeit, die beispielsweise über die im Text als grell geschilderten Farben ihrer Kleider konnotiert wird,[153] als eine Gefährdung der deutschen Soldaten.[154] Als explizites Gegenbild fungiert im Roman die bereits zitierte, als Epiphanieerlebnis codierte Begegnung des Protagonisten mit der weißen Farmerin.

Die Differenz von (weißer) Kultur und (schwarzer) Wildheit wird aber auch Ausgangspunkt für die Formulierung eines Auftrages der »Weißen« zur Kultivierung der Wildnis. Buch und Brief avancieren zu Symbolen und Insignien der Kulturfähigkeit: Sie sind das einzige, was die »Schwarzen« nach der Plünderung weißer

---

150 Frenssen: Peter Moors Fahrt nach Südwest [1906], a. a. O., S. 117f.
151 Ebd., S. 28.
152 Ebd., S. 84.
153 Bereits während der Überfahrt nach Südwestafrika verkündet im Hafen von Madeira der Leutnant: »Ich will Euch was sagen: [...] Es ist nicht alles, was bunt ist, schön und echt« (ebd., S. 23). Und Peter Moor konstatiert beim Anblick der farbigen Kleider und Tücher: »Meine Mutter würde so Buntes niemals anlegen« (ebd., S. 23).
154 Vgl. ebd., S. 46 und S. 113.

Farmen zurücklassen,[155] womit die »Eingeborenen« – in der Logik des Textes – gleichermaßen ihre Unfähigkeit zur und ihre existentielle Bedrohung der »Kultur« unter Beweis stellen.

Festzuhalten bleibt an dieser Stelle zunächst, daß der Roman einen grundsätzlichen Gegensatz zwischen »Schwarzen« und »Weißen« entwirft, der in den Oppositionspaaren »Wildnis/Kultur« und »Ordnung/amorphe Masse« seine Kristallisationspunkte findet und zugleich – wie weiter oben bereits beschrieben – die Geschehnisse in Deutsch-Südwestafrika als ein exemplarisches Ereignis in eine allgemeine Entwicklung des Geschichtsprozesses einordnet. Dieser sei auf die Ausschließung und Überwindung alles Abweichenden und – in seiner Konsequenz – auf die Etablierung einer kulturell homogenisierten germanischen Volksgemeinschaft angelegt. Die Vernichtung der »Schwarzen« (und damit der »Wildnis« und der »amorphen Masse«) wird als notwendiges Element im Vollzuge jenes Geschichtsprozesses beschrieben. In der Argumentation des Textes erscheint sie nicht etwa als ein Mittel der Kriegführung oder als radikale Methode zur Beendigung eines Konflikts. Die Vernichtung selbst ist das Ziel, sie ist sinnvoll an sich und zukunftsorientiert:[156] Sie ist Arbeit an einer homogenen Kultur. Gerade mit dem Aspekt der Zukunftsorientierung, der generationenübergreifenden, homogenisierenden Wirkung, die der Vernichtung zugesprochen wird, und in der Entschlossenheit[157] zur konsequenten Durchführung zeigt Frenssens Roman Argumentationsmuster, die auf die großen Genozide der ersten Hälfte des 20. Jahrhunderts vorausweisen: den jungtürkischen Genozid an den Armeniern im Osmanischen Reich und die Shoah.

---

155 Ebd., S. 62.
156 Vgl. zu diesem Aspekt genozidaler Projekte: Dabag: Genozidforschung. Leitfragen, Kontroversen, Überlieferung, a. a. O., hier S. 23ff.; ders.: Gewalt und Genozid. Annäherungen und Distanzierungen, in: Gewalt. Strukturen, Formen, Repräsentationen, a. a. O., S. 170-186.
157 Vgl. zum Begriff der »Entschlossenheit« in diesem Kontext: Dabag, Mihran: Katastrophe und Identität. Verfolgung und Erinnerung in der armenischen Gemeinschaft, in: Erlebnis – Gedächtnis – Sinn. Authentische und konstruierte Erinnerung, hrsg. von Hanno Loewy und Bernhard Moltmann, Frankfurt am Main/New York NY 1996, S. 177-237, hier S. 187.

So wird die Erschießung eines gefangenen »Schwarzen« mit der Zukunftsorientiertheit des Handelns begründet: »Der kann kein Gewehr mehr gegen uns heben und keine Kinder mehr zeugen, die gegen uns kämpfen [...]«.[158] Auch handeln die deutschen Schutztruppler und Mitglieder der Seebataillone nicht ausschließlich auf Befehl, sondern aus Einsicht in die Notwendigkeit der Vernichtung, aus Entschlossenheit: »Es kam die Meldung, daß etwa fünf Reitstunden weiter noch eine letzte Wasserstelle wäre, an welcher Haufen Feinde säßen. Da wurde beschlossen, daß wir sie da noch vertreiben müßten und wollten. Wenn wir sie dort verjagt hatten, dann blieb ihnen nichts weiter als das Sandfeld«.[159] Notwendigkeit (»vertreiben müßten«) sowie Einsicht und Zustimmung (»und wollten«) entwirft der Text als Handlungsmotive für die Vernichtung eines Volkes.

Die in Frenssens Roman präsente Positionierung einer exklusiven und überlegenen deutschen »Kultur« durch die Setzung des sie existentiell bedrohenden Anderen (im kolonialen Kontext etwa die »Wildnis« beziehungsweise die »Wilden«) muß als eines der in Deutschland zwischen 1890 und 1945 wohl wirkungsmächtigsten und anschlußfähigsten identifikativen Muster gelesen werden. Mitunter wurde der Begriff »Kultur« als ein allein – eben »exklusiv« – auf Deutschland zutreffender reklamiert, während etwa bezüglich Frankreichs und Großbritanniens der Begriff »Zivilisation« benutzt wurde, durch die, in ähnlicher Weise wie im kolonialen Kontext durch die »Wildnis«, die »Kultur« existentiell bedroht werde.

Die im Wilhelminischen Kaiserreich durchaus populäre Vorstellung, »Deutschlands Kultur« müsse gegen die »westliche Zivilisation« (bisweilen heißt es auch »französische Zivilisation und englischer Krämergeist«) verteidigt werden, erlebte während des Ersten Weltkrieges eine besondere Konjunktur: »Was ist zu tun?« – heißt es in einem im November 1914 in der *Neuen Rundschau* erschienenen Essay mit dem Titel *Gedanken im Kriege*[160] – »Man will nicht erlauben, daß wir leben. [...] Seitens unserer westlichen Feinde ist der Krieg ja eben als eine Art Zwangszivilisierung Deutschlands

---

158 Frenssen: Peter Moors Fahrt nach Südwest [1906], a. a. O., S. 199.
159 Ebd., S. 191.
160 Mann, Thomas: Gedanken im Kriege [1914], in: ders.: Essays. Bd. 1: Frühlingssturm. 1893-1918, Frankfurt am Main 1993, S. 188-205, hier S. 202.

gedacht«. Diese Zeilen stammen nicht von Walter Flex oder Ernst Lissauer, sondern von Thomas Mann.[161] Der Aufforderung zur Verteidigung »deutscher Kultur« und Überwindung ihrer »Feinde« wurde in der politischen und in der kollektiven Rede in Deutschland eine sozial-integrative und gesellschaftshomogenisierende Kraft zugeschrieben.

Anders – oder zumindest offensichtlicher – als im skizzierten Gegensatz von »Kultur« und »Zivilisation« impliziert die anhand von Frenssens Roman de-konstruierte Verschränkung biologistischer (Antagonismus der »Rassen«) und kulturalistischer (Antagonismus von »Kultur« und »Wildnis«) Muster, daß der entworfene Gegensatz zwischen »Schwarzen« und »Weißen« nicht etwa auf Geschichte oder Erfahrung beruhe, sondern in ihrer »Natur« angelegt sei. Die perzipierten »Antagonismen« werden auf diese Weise enthistorisiert und zugleich als existentiell charakterisiert, was nicht allein eine Unversöhnlichkeit, sondern auch eine Nicht-Verhandelbarkeit der Antagonismen unterstellt. Der Gegensatz von »Schwarz« und »Weiß« wird zur Existenzfrage, zur Frage von Sein oder Nicht-Sein.

Verschränkungen biologistischer und kulturalistischer Muster zur Signifizierung des Gegensatzes zwischen »Schwarzen« und »Weißen« sind in nahezu sämtlichen kolonialen Texten präsent. So konstatierte Maximilian Bayer, während des Kriegs in Südwestafrika 1904-1907 Hauptmann beim Stab des kommandierenden Generals Lothar von Trotha, die »Eingeborenen« Südwestafrikas seien »ihrer ganzen Veranlagung nach« nicht »geeignet [...] mit der weißen Rasse auszukommen«, da »ihre Abneigung gegen die Kulturarbeit zu groß« sei.[162] Erklärte Bayer die »Abneigung der Eingeborenen gegen die Kulturarbeit« noch verhältnismäßig zurückhaltend und unspezifisch aus deren »ganzer Veranlagung«, so deutete Kurd Schwabe 1907 den Krieg der Jahre 1904 bis 1906 als Teil »einer Periode großer Rassenkämpfe, im Beginn des letzten wütenden

---

161 Mann hat diese Vorstellung einer, ihre Eigenständigkeit und Überlegenheit gegen die »westliche Zivilisation« verteidigenden »deutschen Kultur« mehrmals wiederholt – vgl. dazu den 1915 erschienenen Essay *Gedanken zum Kriege* (ebd., S. 278-282) – und in den *Betrachtungen eines Unpolitischen* (1918) ausgearbeitet.
162 Bayer: Der Krieg in Südwestafrika und seine Bedeutung für die Entwickelung der Kolonie, a. a. O., S. 6.

Widerstands der Unkultur gegen die Kultur.«[163] Den Ursprung dieses »wütenden Widerstands« glaubte er darin zu erkennen, »daß die Auffassungen der Eingeborenen von Staat, Religion und Wirtschaft [...] kulturfeindliche seien«.[164] Auch in Schwabes Text wird der Gegensatz als unüberbrückbar und unvermeidlich entworfen, indem er nachsetzt: »Und diese Kämpfe mußten kommen«.[165]

Ganz entsprechend doziert auch Friedrich Meister in seinem bereits oben angeführten Jugend- und Familienbuch *Muhérero riKárera* über den von ihm als »Rassenkampf«[166] beschriebenen Krieg in Südwestafrika: »In den Herzen aller eingeborenen Bewohner unseres südwestafrikanischen Besitzes lebt ein unbändiger Haß gegen alle Weißen, ein Haß, den kein Taufwasser erlöschen und keine Kultur verschwinden machen wird, solange die Beherrscher dieses Landes eine weiße Haut tragen. Da wir aber nicht schwarz werden wollen und können, und auch nicht gesonnen sind, diesen Besitz jemals wieder aufzugeben, vielmehr die Herrschaft über ihn für alle Zeiten zu behalten gedenken, so muß unsere Haltung den Schwarzen gegenüber stets gekennzeichnet sein durch den Ruf: ›Muhérero rikárera (nimm dich in acht, Herero)!‹«[167] Zwei Aspekte sind an dieser Passage aus Meisters noch im Jahr 1904 erschienenem Jugend- und Familienbuch bemerkenswert: Zwar bezieht sich der Erzähler ausschließlich auf den »Hererokrieg« – die Drucklegung des Buches erfolgte bereits bevor sich die Nama dem Aufstand anschlossen –, doch wird ein »Haß gegen alle Weißen« auf die gesamte autochthone Bevölkerung des Schutzgebietes übertragen: Dieser Haß lebe in den Herzen aller eingeborenen Bewohner. Zudem wird auch hier der Gegensatz von Schwarz und Weiß als existentiell entworfen, da er weder durch Mission noch Kultur aufgehoben werden könne. Zugleich erscheint der Gegensatz als eine Bedrohung der Existenz der »Weißen« und fordert zur Bewahrung von Identität und Herrschaft auf. Da die »Schwarzen« nicht auf die Ebene der »Weißen« gehoben werden könnten, die »Weißen« jedoch auch nicht auf das Niveau der »Schwarzen« hinabsinken

---

163 Schwabe: Der Krieg in Südwest-Afrika 1904-1906, a. a. O., S. 22.
164 Ebd.
165 Ebd.
166 Meister: Muhérero riKárera!, a. a. O., S. 131.
167 Ebd., S. 108.

dürften, klagt der Text eine konsequente und rigorose Haltung gegenüber den »Eingeborenen« ein, für die nun wiederum die Herero als pars pro toto einrücken.

Die Kulturfeindlichkeit der »Schwarzen« wird in den Texten als eine in ihrem Wesen begründete entworfen, ein kulturalistisches Muster von »Feindschaft« über einen biologistischen Diskurs begründet: Die »Eingeborenen« Afrikas, so die Logik der Texte, sind nicht – aufgrund etwa eines möglicherweise verhandelbaren Gegensatzes von Interessen – zu Feinden der Kultur und der »Weißen« geworden, sondern bereits als ihre Feinde geboren.

In *Peter Moors Fahrt nach Südwest* wird dieses Konstrukt konsequent sprachlich realisiert: Das Wort »Herero« findet wie oben gezeigt im gesamten Roman keine Verwendung, dagegen ist durchgängig und synonym von »Schwarzen« und »Feinden« oder »dem feindlichen Volk«[168] die Rede. Bereits bei der ersten Begegnung des Protagonisten mit Herero lautet die Beschreibung knapp: »Als ich an diesem Morgen von ungefähr um das Bahnhofsgebäude herumging, sah ich die ersten Feinde, einen Gefangenen und sein Weib«.[169]

5.6 Feindvernichtung

Im Kontext der skizzierten Konstruktionen, insbesondere im Hinblick auf die angesprochene virulente Vorstellung einer sozialintegrativen, die Nation einenden Kraft der Feindbekämpfung wird die Frage nach den Mitteln und Methoden, die koloniale Texte für die Bekämpfung »feindlicher Eingeborener« entwerfen beziehungsweise legitimieren, besonders bedeutsam.[170] Auffallend ist dabei eine Argumentationsstruktur, mit der die zu ergreifenden Mittel aus der spezifischen Form der oben dargestellten, als unverhandelbar entworfenen Antagonismen deduziert und somit eine Ausnahme von den Regeln, die im Krieg zwischen »zivilisierten« Völkern beziehungsweise Staaten gültig seien, legitimiert und geregelt werden.

---

168 Frenssen: Peter Moors Fahrt nach Südwest [1906], a. a. O., S. 136 oder S. 145.
169 Ebd., S. 43.
170 Vgl. zu Entwürfen kolonialer Kriegführung auch Köppen, Manuel: Im Krieg mit dem Fremden. Barbarentum und Kulturkampf, in: Kolonialismus als Kultur, hrsg. von Honold/Simon, a. a. O., S. 263-287.

In seinem 1900 publizierten Bändchen *Kriegführung in Süd-Afrika* konstatierte der ehemalige Kommandeur der Schutztruppe Curt von François: da es das Ziel der »Eingeborenen« sei, im Krieg den Gegner nicht etwa »von der Scholle zu vertreiben«, sondern ihn »zu vernichten«,[171] lasse sich als einzig mögliche Konsequenz für die Kriegführung der »Weißen« im Kolonialkrieg »als Endziel des Krieges die Vernichtung des Gegners«[172] ableiten, wobei dieses Ziel in jedem einzelnen Gefecht verfolgt werden müsse. Die Regeln des europäischen Krieges, so der Text, sind im »Eingeborenenkrieg« ungültig, weil die »Eingeborenen« selbst diese Regeln nicht beachten. Ziel der »Eingeborenen« im Kriege sei, so François, die Vernichtung des Feindes. Folglich müsse die Feindvernichtung zwangsläufig auch zur Maxime der europäischen Kriegführung gegen die »Eingeborenen« werden. Entsprechend hatte auch François' Nachfolger Theodor Leutwein festgestellt, daß im Kolonialkrieg ein Sieg nicht durch territoriale Gewinne zu erringen sei und daher »sämmtliche strategischen und praktischen Operationen von Hause aus auf Vernichtung des Gegners angelegt sein« müßten.[173]

Durchaus in enger Anlehnung an diese 1899 und 1900 entworfenen Richtlinien für den Kolonialkrieg bemühte sich der bereits erwähnte Maximilian Bayer in einem Vortrag über den »Hererokrieg«, die Vernichtung der »Eingeborenen« zu legitimieren, indem er die Ungültigkeit der Regeln des europäischen Krieges aus den im Kolonialkrieg gänzlich anderen Bedingungen herleitete. Diese Bedingungen würden neue Strategien erfordern, die Bayer jedoch wiederum mit dem Regelapparat europäischer Kriegführung legitimierte: »Wir merkten sehr bald, daß wir [...] sehr wohl Raum gewinnen konnten, ›siegen‹ im europäischen Sinne, denn wenn wir vorgingen, wich der Feind. Damit war uns aber nicht gedient. Wir mußten ihn vernichten. Das Wort ›Vernichten‹ ist indessen im militärischen Sinne zu verstehen. Der Soldat meinet damit nicht

---

171 François, C[urt] von: Kriegführung in Süd-Afrika, Berlin 1900, S. 18.
172 Ebd., S. 44.
173 Leutwein, [Theodor]: Die Kämpfe der Kaiserlichen Schutztruppe in Deutsch-Südwestafrika in den Jahren 1894-1896, sowie die sich hieraus für uns ergebenden Lehren. Vortrag, gehalten in der Militärischen Gesellschaft zu Berlin am 19. Februar 1898, Berlin 1899, S. 5. Vgl. zu Leutweins Darstellung des Hererokriegs: Leutwein, Theodor: Elf Jahre Gouverneur in Deutsch-Südwestafrika, Berlin ²1907 (zuerst 1906).

etwa, daß alles niedergemacht werden soll, sondern nur, daß die Widerstandskraft des Feindes derartig gebrochen werden muß, daß er sich nicht mehr zu neuem Kampfe aufraffen kann. Vernichten konnten wir den Feind in solchem Gelände [...] nicht«.[174] Diese Passage des Vortrags, den Bayer in mehr als 50 deutschen Städten gehalten hat, ist in mehrfacher Hinsicht interessant: So wird mit der Wendung, daß ein Sieg im europäischen Sinn, den Bayer über Raumgewinn definiert, im »Eingeborenenkrieg«, in der feindlichen Umwelt der südwestafrikanischen Steppe zwar möglich, aber nutzlos sei, der »Eingeborenenkrieg« implizit außerhalb der Regeln verortet, die für europäische Kriege Gültigkeit haben sollten. Folglich zeichnet sich, wie bei François, die »Vernichtung« des Feindes als vorrangiges Kriegsziel ab, wobei Bayer jedoch eine Erklärung des verwendeten Begriffs »Vernichten« nachreicht, um diesen aus dem Kontext eines hegemonialisierten, über Carl von Clausewitz geprägten militärischen Diskurses herzuleiten[175] und somit die anderen Regeln für den Kolonialkrieg wiederum an die Traditionen einer europäischen Theorie des Krieges anzuschließen: »Vernichten« bedeute, nicht alles auszulöschen, sondern die militärische Widerstandskraft des Feindes zu brechen.

Bedeutsam ist, daß François, Leutwein und Bayer die Kriegführung in den Kolonien außerhalb der Regeln, die für Kriege »zivilisierter« Völker Gültigkeit haben sollten, verorten und dies mit den unvergleichbaren geographischen Bedingungen und mehr noch mit der Kriegführung der »Eingeborenen« begründen.

Diese Konstruktion ist keine Ausnahme, sondern schließt an Konventionen des um 1900 herrschenden Diskurses über den Krieg an – und wird gerade dadurch anschlußfähig. Zudem hatten – und spätestens hier werden die Interdependenzen von diskursiv

---

174 Bayer: Der Krieg in Südwestafrika und seine Bedeutung für die Entwikkelung der Kolonie, a. a. O., S. 23.
175 Clausewitz, Carl von: Vom Kriege, mit einer Einführung von Graf von Schlieffen, Berlin ⁸1914. Vgl insbes. den Abschnitt »Vernichtung der feindlichen Streitkräfte«, eBd. S. 556f. Allerdings hatte Clausewitz den Begriff »Vernichtung« explizit mit einer doppelten Konnotation verwendet: »Vernichtung der feindlichen Streitkräfte ist das Mittel zum Ziel. [...] Verschiedene Gesichtspunkte, welche dabei möglich sind: 1. nur soviel zu vernichten, als der Gegenstand des Angriffs erfordert; 2. oder so viel, als überhaupt möglich ist [...]«; ebd., S. 556.

produziertem Wissen und politisch-militärischer Praxis offenbar – diese Konstruktionen durchaus Konsequenzen in völkerrechtlichen Vereinbarungen und militärischen Strategien. So hatte etwa Theodor Leutwein vor dem Hintergrund seiner »Erfahrungen« mit der Kriegführung der »Eingeborenen« eine Übertragung der Genfer Konventionen auf den Kolonialkrieg explizit abgelehnt, da eine Anwendung jener humanitären Regelungen auf die Kriegführung gegen »Eingeborene« zwangsläufig eine Verletzung der Humanitätspflicht »gegen die eigenen Landsleute«[176] bedeute.

Im Rahmen der ersten Haager Friedenskonferenz[177] im Jahr 1899 hatten Argumente, analog den von François oder Bayer vorgetragenen, zu Ausnahmeregelungen geführt, etwa den Einsatz von sogenannten Dum-Dum-Geschossen betreffend. Während man sich also bemühte, den Krieg zwischen »zivilisierten« Mächten zu regeln und zu »humanisieren«, wurde zugleich die Ausnahme von der Gültigkeit dieser Regeln geregelt. So wurde grundsätzlich festgestellt, daß die mit dem Status völkerrechtlicher Verbindlichkeit beschlossenen drei Haager Deklarationen und die in ihnen enthaltenen Verbote – des Abwurfs von Projektilen oder Explosionswaffen aus Luftfahrzeugen, des Gebrauchs von Dum-Dum-Geschossen und der Verwendung von Geschossen, die erstickende oder giftige Gase verbreiten – »nur Kraft haben sollen für Kriege unter den Signaturmächten und sofort aufhören wirksam zu sein, wenn eine Nichtsignaturmacht am Kriege teilnimmt«.[178]

Da die »Eingeborenen« der europäischen Kolonien nicht zu den »Signaturmächten« gehörten, standen sie a priori nicht unter dem Schutz der Konvention. Über diese allgemeine Ausgeschlossenheit der »Eingeborenen« aus dem Rahmen der Verbindlichkeit völkerrechtlicher Vereinbarungen zur Kriegführung hinaus wurde das Verbot von Dum-Dum-Geschossen für den Fall eines Kolonialkrieges explizit aufgehoben. Die Argumente, die insbesondere

---

176 Zitiert nach Bley: Kolonialherrschaft und Sozialstruktur in Deutsch-Südwestafrika, a. a. O., S. 101.
177 Zu den Haager Friedenskonferenzen von 1899 und 1907 vgl. Dülffer, Jost: Regeln gegen den Krieg? Die Haager Friedenskonferenzen von 1899 und 1907 in der internationalen Politik, Berlin u.a. 1981.
178 Vgl. Zorn, Philipp: Die beiden Haager Friedenskonferenzen von 1899 und 1907, Berlin u.a. 1915 (=Handbuch des Völkerrechts. Bd. 3.2, hrsg von Fritz Stier-Somlo, Berlin u.a. 1915), S. 12.

der britische General John Ardagh für die Notwendigkeit einer solchen Ausnahme anführte, konvergieren in ihrer Struktur deutlich mit den geschilderten Argumentationen deutscher Kolonialoffiziere. Während sich in einem Krieg zwischen »zivilisierten« Mächten ein verwundeter Soldat aus der Schlacht zurückziehe, sei dies bei den »Wilden« nicht der Fall: »Auch wenn er zwei- oder dreimal getroffen ist«, so Ardagh, »hört er nicht auf, vorwärts zu marschieren, ruft nicht die Sanitäter, sondern geht weiter, und bevor irgendjemand Zeit hat, ihm zu erklären, daß er die Entscheidungen der Haager Konferenz handgreiflich verletze, schneidet er einem den Kopf ab«.[179]

Ardagh, der hier an das zeitgenössisch überaus konventionelle Muster einer weitgehenden »Schmerzunempfindlichkeit der Schwarzafrikaner« anschließt, konnte sich im übrigen durchaus des Einverständnisses deutscher Kolonialfunktionäre sicher sein. So formulierte Theodor Leutwein in dem bereits zitierten Vortrag: »Auf Europa angewendete Lehren bietet daher der Afrikanische Krieg von allen Waffengattungen der Artillerie am wenigsten; höchstens haben wir dort die Erfahrung gemacht, daß die beste Wirkung von einem ausgiebigen Schrapnelschuß zu erwarten ist und daß daher das Kaliber unter ein gewisses Maß nicht herabgehen darf. Das Gleiche gilt übrigens auch für die Gewehre. Die Eingeborenen sind gegen den Schmerz viel weniger empfindlich als wir und vermögen auch schwere Wunden ohne äußeren Nachtheil zu ertragen. [...] Im Ganzen ist das Gewehr 88 den Eingeborenen gegenüber sozusagen zu human.«[180]

Die sich abzeichnende Argumentation ist so einfach wie drastisch: Weil der Feind im Kolonialkrieg die völkerrechtlichen Vereinbarungen nicht kennt und daher nicht befolgen kann, steht er auch nicht unter ihrem Schutz. Die Konsequenzen allerdings sind weitreichend: Die »wilden Völker« Afrikas werden über ein zirkulär strukturiertes Argument »außerhalb der Regeln der allgemeinen Verbindlichkeiten verortet«,[181] der Status ihrer Exklusivität wird völkerrechtlich festgeschrieben.

---

179 Zitiert nach: Dülffer: Regeln gegen den Krieg?, a. a. O., S. 76f.
180 Leutwein: Die Kämpfe der Kaiserlichen Schutztruppe, a. a. O., S. 13f.
181 Fein: Genozid als Staatsverbrechen, a. a. O., hier S. 39.

Dicht unter der Textoberfläche der Direktiven, die General Lothar von Trotha im August 1904 für den Angriff auf die Herero am Waterberg ausgab, liegt gleich einem Palimpsest die oben skizzierte Programmatik für den »Eingeborenenkrieg«. In seinem 1907 erschienenen Buch *Der Krieg in Südwest-Afrika 1904-06* zitiert Kurd Schwabe Trothas »Direktiven für den Angriff gegen die Herero« wie folgt: »Ich werde den Feind [...] gleichzeitig mit allen Abteilungen angreifen, um ihn zu vernichten. [...] An die Erbeutung von Vieh darf während des Gefechts nicht gedacht werden; alle Kräfte sind zur Vernichtung des kämpfenden Feindes einzusetzen«.[182]

Während von Trotha an dieser Stelle explizit von der »Vernichtung des kämpfenden Feindes« spricht und damit zunächst durchaus an Clausewitz' Formel von der »Vernichtung der feindlichen Streitkräfte« anzuschließen scheint, findet in seinem »Schießbefehl« vom 2. Oktober 1904 eine bedeutsame Verschiebung statt: »Ich der große General der Deutschen Soldaten sende diesen Brief an das Volk der Herero: Die Herero sind nicht mehr deutsche Untertanen. [...] Ich sage dem Volk: [...] Das Volk der Herero muß [...] das Land verlassen. Wenn das Volk dies nicht tut, so werde ich es mit dem Groot Rohr dazu zwingen. Innerhalb der deutschen Grenze wird jeder Herero mit und ohne Gewehr, mit oder ohne Vieh erschossen, ich nehme keine Weiber oder Kinder mehr auf, treibe sie zu ihrem Volk zurück, oder lasse auf sie schießen. Dies sind meine Worte an das Volk der Herero. Der große General des mächtigen Deutschen Kaisers.«[183]

Adressat jener Proklamation ist unmißverständlich das »Volk der Herero« – diese Anrede findet sich fünfmal in der kurzen Passage –, jede Unterscheidung von Status (Kombattant oder Zivilist), Geschlecht oder Alter wird egalisiert. Clausewitz' Programm der »Vernichtung der feindlichen Streitkräfte« wird in eine »Vernichtung des feindlichen Volkes« umcodiert.

Die Realisierung dieses Programmes zur »Vernichtung des feindlichen Volkes« schließlich, der Völkermord an den Herero, so zeigt die Lektüre zeitgenössischer Texte, bedurfte keiner weiteren,

---

182 Schwabe: Der Krieg in Südwest-Afrika 1904-1906, a. a. O., S. 263 und S. 265.
183 Proklamation General Lothar von Trothas, 2.10.1904, BArch Berlin Lichterfelde R 1001/2089, Bl. 7.

nachträglichen Legitimierung, sondern erschien – vor der Folie des skizzierten Wissens um den Naturplan der Geschichte und den Kampf um die Verwirklichung kollektiver Identität – legitim, ja notwendig und heroisch. In der von der Kriegsgeschichtlichen Abteilung des Großen Generalstabs herausgegebenen Darstellung des »Hererofeldzugs« liest man, daß die mit Entschlossenheit[184] forcierte »Vernichtung des Hererovolkes« die »rücksichtslose Energie der deutschen Führung« in glänzendem Lichte« erscheinen lasse.[185] Das Generalstabswerk endet mit dem Zitat einer pathetisch poetisierenden Passage aus einem Text, der am 15. November 1905 in der Tageszeitung *Der Tag*[186] erschienen war, die die Vernichtung zum »Kunststück« deklariert, indem das »Werk der Vernichtung« als Bühnenschauspiel entworfen wird: »Die mit eiserner Strenge monatelang durchgeführte Absperrung des Sandfeldes [...] vollendete das Werk der Vernichtung. Die Kriegsberichte des Generals v. Trotha aus jener Zeit enthielten keine Aufsehen erregenden Meldungen. Das Drama spielte sich auf der dunklen Bühne des Sandfeldes ab. Aber als die Regenzeit kam, als sich die Bühne allmählich erhellte und unsere Patrouillen bis zur Grenze des Betschuanalandes vorstießen, da enthüllte sich ihrem Auge das grauenhafte Bild verdursteter Heereszüge. Das Röcheln der Sterbenden und das Wutgeschrei des Wahnsinns .... sie verhallten in der erhabenen Stille der Unendlichkeit!« – – – – – – – Das Strafgericht hatte sein Ende gefunden. Die Herero hatten aufgehört, ein selbstständiger Volksstamm zu sein«.[187]

Mit der »Vernichtung des Hererovolkes« hatte man verwirklicht, was Curt von François bereits 1900 zwar weniger »poetisch«, dafür

---

184 Vgl. zum Begriff der »Entschlossenheit« in diesem Kontext Dabag: Katastrophe und Identität, a. a. O., S. 177-237, hier S. 187.
185 Die Kämpfe der deutschen Truppen in Südwestafrika. Bd. 1, a. a. O., S. 207.
186 »Der Tag«, ein ehrgeiziges Prestigeprojekt des Scherl-Verlags, das sich an eine gehobene »bildungsbürgerliche« Schicht richtete, war eine der ersten Tageszeitungen, die mit farbigen Abbildungen aufwartete. Auch wenn die Zeitung wirtschaftlich nie ein Erfolg gewesen ist, so ist sie doch als in »bildungsbürgerlichen« Kreisen wirkungsmächtig einzuschätzen.
187 Die Kämpfe der deutschen Truppen in Südwestafrika. Bd. 1, a. a. O. S. 214. Derselbe Wortlaut findet sich auch in dem bereits oben ausführlicher untersuchten, anonym publizierten Band: Meine Kriegs-Erlebnisse in Deutsch-Süd-West-Afrika, a. a. O., S. 114.

um so programmatischer formuliert hatte: »Die freien, unabhängigen [...] Eingeborenenstämme müssen verschwinden«,[188] den »Stämmen, [...] mit denen man im Kriege ist«, müsse man »beständig mit der Truppe auf den Fersen sein, sie ausrotten [...].«[189]

Als notwendige Voraussetzung einer Kultivierung des »wilden« Afrika, das später Ernst Jünger fieberträumend unter den Gleisen der europäischen Eisenbahnen verblassen sah,[190] wird im deutschen Kolonialdiskurs durchgängig die »Niederwerfung der Eingeborenen«, ihr »Verschwinden« oder ihre »Vernichtung«[191] projektiert und prognostiziert. Am Schluß vieler Romane, die den »Herero-Aufstand« thematisieren, hält erst nach der Vernichtung der »Eingeborenen« die Kultur wirklich Einzug in das zuvor öde, finstere Afrika. In *Peter Moors Fahrt nach Südwest* verwandelt sich die Wildnis nach der Vernichtung der »Schwarzen« auf wundersame Weise von selbst in einen blühenden Garten: Die »Gewitter waren [...] tüchtig über die Steppe gefahren und fuhren noch darüber; davon sprießte nun neue Kraft aus der Erde, die so unfruchtbar aussah. In dem langen gelblichen Gras erschienen Blumen und erfüllten die Luft mit ihrem milden, schönen Duft. Der verhaßte Dornbusch bekam dunkelgrüne Blätter und schneeweiße Blüten; manch einer von uns trat heran und pflückte ein buntes Zweiglein von den verhaßten. Die einzelnen großen Bäume schmückten sich mit langstieligen gelben und lilafarbenen Dolden; andre trugen Blüten, die federartig waren und von schneeiger Weiße. Und über all dem frischen Grün und dem herrlichen reinen Weiß und satten Gelb wölbte sich hoch, hoch oben der wolkenlose blaue Himmel«.[192]

Während bei Frenssen mit der Vernichtung der »Eingeborenen«, die auf den letzten dreißig Seiten des Romans nur noch als Staubwolke in der fernen Wüste präsent sind, der Auftrag der Deutschen erfüllt zu sein scheint, projektiert Maximilian Bayer in seinem Roman *Die Rache des Herero* die Vernichtung der unfügsamen »Eingeborenen« als den Beginn und als die Voraussetzung

---

188 François: Kriegführung in Süd-Afrika, a. a. O., S. 54.
189 Ebd., S. 53.
190 Jünger, Ernst: Das Abenteuerliche Herz. Erste Fassung: Aufzeichnungen bei Tag und Nacht, Stuttgart ²1995, S. 28ff. (zuerst Berlin 1929).
191 Meine Kriegserlebnisse in Deutsch-Süd-West-Afrika, a. a. O., S. 114.
192 Frenssen: Peter Moors Fahrt nach Südwest [1906], a. a. O., S. 203f.

für eine die Wildnis endgültig kultivierende Arbeit der Deutschen: »Sieh, wir Deutschen sind jetzt Herren im Lande. Wir werden die Dornensteppe in ein fruchtbares Gebiet verwandeln und im toten Sandfeld Wasser finden. Wir werden die Schätze heben, die unter dem Boden sind, und die Kolonie reich und fruchtbar machen. An Stelle der verdursteten Rinder werden wir bald neue Herden züchten, schöner und zahlreicher, als die früheren gewesen waren. Die Bäume werden wir schonen und die Tiere der Wildnis zähmen und vor Ausrottung schützen. Frieden soll im Lande werden, daß seit Urzeit durch Orlog und Kämpfe verwüstet und entvölkert wurde.«[193] Die wenigen überlebenden »Schwarzen« unterwerfen sich der Gewalt der Sieger. Ihr »Häuptling«[194] fügt sich mit den Worten: »Dann soll der Jammer ein Ende haben. Ihr sollt mein Volk lehren, daß es klug, stark und gut wird, wie ihr Deutschen es seid.«[195]

Die Kultivierung der Wildnis wird in den Texten als langwierige und harte Arbeit beschrieben, die jedoch zur moralischen Reifung des somit direkt an der Kultur arbeitenden Menschen führe. »Wir müssen uns dabei«, so formuliert der Oberleutnant im *Peter Moor* nachdem er die Vernichtung begründet hat, »als einzelne und als Volk, um hohe Gedanken bemühen, damit wir zu der zukünftigen, brüderlichen Menschheit beitragen.«[196] Völkermord wird als Beitrag zur Generierung einer zukünftigen Menschheit stilisiert, zum moralischen Handeln und zu einem Moment sittlicher Reifung. Die Täter begehen kein Verbrechen, sondern führen eine – der Argumentation der Texte zufolge – sinnvolle, moralisch begründete und harte Arbeit aus, die einen sich zwangsläufig vollziehenden, historischen Prozeß kultureller Höherentwicklung beschleunigt. Somit könnte die Passage, mit der Gustav Frenssen fünf Jahre zuvor einen anderen seiner Romane einsetzen ließ, auch als Programm für die literarischen Codierungen des Geschehens in Südwestafrika gelesen werden: »Wir wollen in diesem Buche von Mühe und Arbeit reden [...] denn wir hoffen, an allen Enden und Ecken zu zeigen, daß die Mühe, die unsere Leute sich machen, der Mühe Wert gewesen ist«.[197]

---

193 Steffen: Die Rache des Herero, a. a. O., S. 229f.
194 Ebd., S. 230.
195 Ebd.
196 Frenssen: Peter Moors Fahrt nach Südwest [1906], a. a. O., S. 201.
197 Frenssen: Jörn Uhl, a. a. O., S. 1.

6. Engführung

Über die anhand der Texte exemplarisch re-konstruierten Distinktionsmuster wird im Kolonialdiskurs ein Szenario eindeutiger, unversöhnlicher Antagonismen entworfen. Diese binär strukturierten Argumentationsfiguren fungieren als Grundmuster kolonialer Exklusionsstrategien. In diesem Kontext ist – neben den bereits erörterten Oppositionspaaren Schwarz/Weiß, Natur/Kultur, Wildnis/Zivilisation und Ordnung/amorphe Masse – eine weitere in kolonialer Rede präsente positionierende Begriffsbildung von größter Bedeutung, die in der Kolonialgeschichtsschreibung und selbst in von der *Postcolonial Theory* programmierten Untersuchungen zum *Colonial Discourse* bisher keine Rolle gespielt hat. In Untersuchungen, die sich mit der deutschen Kolonialgeschichte beschäftigen, wird in der Regel zwischen »Europäern« und »Afrikanern« beziehungsweise »indigener Bevölkerung« unterschieden, oder zwischen »Kolonisten« und »Kolonisierten«. Im deutschen Kolonialdiskurs der Jahre 1884-1915 sind *diese* Begrifflichkeiten selten zu finden. In der Rede über die Kolonien wurden, wie geschildert, meistens in einem rassischen Diskurs die Begriffe »Weißer« und »Schwarzer« verwendet. Häufig findet sich jedoch auch eine Unterscheidung – in einem, wie ich meine, wiederum kulturevolutionistischen Diskurs – von »Afrikanern« und »Eingeborenen«, wobei mit dem Begriff »Afrikaner« die europäischen Farmer, Ansiedler und Angehörigen der Schutztruppe bezeichnet wurden, die sich längere Zeit in Afrika aufhielten. Die Bedeutung der Begrifflichkeiten ist evident: Den »Eingeborenen« gehört Afrika – den diskursiven Strukturen folgend – von Anbeginn der Geschichte genausowenig, wie es den einheimischen Tieren gehört. Afrika wird von den Kolonisatoren nicht nur militärisch und ökonomisch in Besitz genommen, sondern auch diskursiv.

Mittels der geschilderten Differenzkonstruktionen kolonialer Rede werden die »Eingeborenen« genaugenommen nicht allein aus den Gültigkeiten allgemeiner Verbindlichkeiten und Normen »hinausgedrängt«, sondern ihre Exklusivität wird schlicht festgestellt. Ihnen wird eine Position zugeschrieben, die sich a priori außerhalb aller Verbindlichkeiten und Normen befindet: Im Kolonialdiskurs wird die kolonisierte Bevölkerung als von Natur aus schutz- und rechtloses »bares Leben« konzipiert, als »Homo Sacer« im Sinne Giorgio Agambens.[1]

Vor diesem Hintergrund ist darauf hinzuweisen, daß die nach 1907 in Reaktion auf den »Herero-Krieg« einsetzenden Bemühungen um die Konstruktion eines »Eingeborenenrechts«[2] nicht als ein Versuch zu werten sind, den rechtsfreien Raum, in dem die »Eingeborenen« verortet werden, etwa durch ein ihnen zugewiesenes eigenes Recht zu kompensieren. Vielmehr, so meine ich, muß dieser Ansatz primär als Moment der Fixierung ihrer Position außerhalb des normierten Rechtssystems begriffen werden: Das »Eingeborenenrecht« bedeutet eine rechtliche Kodifizierung der Verortung des eingeborenen »Homo Sacer« in einem ihm eigenen rechtsfreien Raum jenseits allgemein gültiger Normen; es bedeutet eine Verrechtlichung seiner Rechtlosigkeit.

Das Töten der »Eingeborenen« erscheint folgelogisch in kolonialen Texten auch keineswegs als moralisches bzw. ethisches oder gar juridisches Problem. Im Gegenteil: Die Vernichtung des »baren Lebens« wird als Beitrag zur moralischen Reifung des somit direkt an Geschichte, Kultur und Identität arbeitenden Menschen geschildert. So heißt es am Ende von *Peter Moors Fahrt nach Südwest*: »Wir müssen noch lange hart sein und töten; aber wir müssen uns dabei, als einzelne und als Volk, um hohe Gedanken und edle Taten bemühen, damit wir zu der zukünftigen, brüderlichen Menschheit unser Teil beitragen.«[3] Genozid wird als Beitrag zur Generierung einer zukünftigen Menschheit stilisiert und zu einem Moment sittlicher Reifung. Die Vernichtung der ohnehin zum Untergang bestimmten Völker wird so als Beitrag zur »Beförderung der

---

1 Agamben, Giorgio: Homo Sacer. Souveräne Macht und bares Leben, Frankfurt am Main 2002 (zuerst ital. Turin 1995).
2 Vgl. hierzu Böttger: Zivilisierung der Vernichtung, a. a. O., S. 23-53; sowie Sippel, Harald: Der Deutsche Reichstag und das »Eingeborenenrecht«: Die Erforschung der Rechtsverhältnisse der autochthonen Völker in den deutschen Kolonien, in: Rabels Zeitschrift für ausländisches und internationales Privatrecht 61, 3, 1997, S. 714-738.
3 Frenssen: Peter Moors Fahrt nach Südwest [1906], a. a. O., S. 201.

Humanität« entworfen und die Verletzung ethischer Normen, die Überschreitung des Tötungsverbots, mit einer höheren Ethik legitimiert: So erscheint die Vernichtung selbst, wie Mihran Dabag formuliert hat, als moralisches Handeln.[4]

In der Untersuchung der zeitgenössischen Rede über die Herero läßt sich ein komplexes System von Ausschließungsstrategien beobachten, die bei der Frage, warum und wie der Genozid an den Herero denkbar und möglich wurde, zu berücksichtigen sind: Die Einordnung des Geschehens in universale Kontexte (Geschichte, Kultur, Natur) und damit in eine Zukunftsplanung; die Einordnung in Diskussionen um die Konstruktion, Sicherung und Stabilisierung von Identität und Eigenheit der Kolonisatoren; eine Strategie des Versprechens von Volksgemeinschaft, Bewährung, Gesundung, Stärke und damit verbunden eine Einbindung der kolonialen in die nationalen Diskurse des Deutschen Kaiserreichs; Strategien der Entindividualisierung der Opfergruppe (über die Skizzierung einer die Identität der »Weißen« bedrohenden »schwarzen Masse«); schließlich Strategien der Entregelung, der Befreiung von Normen und der Setzung neuer Normen, also der Verortung der Vernichtungspolitik in direkter Beziehung zur allgemeinen Normpolitik der Gesellschaft. Die sprachlichen und argumentativen Muster, die in den Darstellungen und Darlegungen oft miteinander verschränkt werden oder einander gegenseitig durchdringen, lassen die Vernichtung notwendig und legitim erscheinen, da diese zum Vollzug von Prinzipien beitragen sollte, denen eine universelle Gültigkeit zugesprochen wurde. Der Verbreitungsgrad der erwähnten Texte, ihre oben skizzierten diskursiven Dispositive und ihre Rückbindung an gültiges sozio-kulturelles Wissen jener Zeit, lassen dabei sicherlich auf die gesellschaftliche Anschließbarkeit ihrer Argumentation schließen.

Das *Politische*, das Hans Grimm als einen essentiellen Aspekt kolonialer Texte postuliert hatte, besteht eben nicht zuletzt *auch* in den ihnen zugrundeliegenden und in ihnen präsenten radikalen Unterscheidungen und exklusiven Mechanismen der Konstruktion kollektiver Identität – in denen beispielsweise der »Halbblütige« beziehungsweise »Mischling« als nicht tolerierbare, unsagbare Pro-

---

4 Vgl. zu diesem Aspekt Dabag: Katastrophe und Identität, a. a. O., S. 187.

vokation der Integrität eines als identitär entworfenen Volkskörpers erscheinen muß.

Insgesamt zeigt die Analyse der kollektiven Rede über die Kolonialkriege der Jahre 1904 bis 1907, daß die Vernichtung der »eingeborenen« Bevölkerungsgruppen gemäß den Regularien der Konstruktion kolonialer Wirklichkeit gerechtfertigt und notwendig erscheinen konnte. Der Kolonialliteratur kam in diesem Kontext eine wichtige Funktion zu, da hier das Geschehen nicht allein eine breitenwirksame Codierung erfahren hat, sondern die Geschehnisse im Rahmen eines allgemeinen sozio-kulturellen Wissens, im Rekurs auf um 1900 gültige wissenschftliche Paradigmen und unter Verwendung bekannter und konventionalisierter Deutungsmuster und Erzählformen anschlußfähig formuliert wurde. Die Literatur, die als zeitgenössisches Leitmedium die Kolonialkriege thematisierte, war somit nicht ausschließlich, vielleicht nicht einmal zuvorderst ein Mittel der Propaganda, sondern der Sinndeutung. Der explizite Anschluß an ideengeschichtliche Muster, an zeitgenössisch virulente philosophische und identitätstheoretische Parameter (u.a. Frühexistenzialimus), an Elemente der Naturwissenschaften (Evolutionstheorien, Rassenlehren, Hygiene), an militärtheoretische Aspekte, die Strategien der Authentifizierung des Geschilderten (Verweisstrukturen, Autorisierungen des Erzählers durch den Rekurs auf Feldzugsteilnehmer und durch Abbildungen), zudem die Anbindung der Erzählungen an etablierte literarische Formen (Entwicklungsroman, Abenteuer-, Frontier- und Indianerliteratur), ermöglichte die Integration der Geschehnisse in gültige Wirklichkeitsentwürfe, ihre Einbindung in einen akzeptierten Sinnhorizont und die Konstruktion eines sinnvollen, historisch bedeutsamen Ereignisses. Zudem zeigt die anhand der Kolonialliteratur dekonstruierte enge Anbindung, ja Einbindung der Deutungs- und Legitimationsstrategien in zentrale Diskussionen um 1900, daß die Rede über die Kolonialkriege keineswegs als randständig zu beurteilen ist, sondern als grundsätzlich anschlußfähig betrachtet werden muß. Gezeigt werden konnte zudem, daß den zeitgenössisch geprägten Deutungsmustern eine erstaunliche Stabilität zuzuschreiben ist, wie dies anhand ihrer Wirksamkeit bis in die Gegenwart deutlich wird, die nicht allein auf literarische Darstellungen des Kolonialkriegs beschränkt blieb. So zeigt sich, daß das historische Wissen und das Geschichtsbild bezüglich der Kolonialkriege der Jahre 1904 bis 1907 und bezüglich der Vernichtung der Herero nur schwer zu trennen sind von den zeitgenössischen literarischen Codierungen des Geschehens, deren Wahrscheinlichkeit vor dem Hintergund eines – zum Teil bis heute noch – gültigen sozio-kulturellen Wissens und gültiger Narrative sowie durch den expliziten Rekurs auf dieses Wissen und diese Narrative erreicht werden konnte.

Abbildungen
und Bildlegenden

Abbildung 1
Meister, Friedrich: Muhérero riKárera! (Nimm dich in acht, Herero!) oder: Die Schiffsfähnriche. Ein Jugend- und Familienbuch, Leipzig: Abel & Müller 1904.

Abbildung 2
Küas, Richard: Vom Baum der Erkenntnis, Leipzig: List 1911.

Abbildung 3 rechtsstehend

Steffen, Jonk (d.i. Maximilian Bayer): Die Rache des Herero. Eine Geschichte aus dem südwestafrikanischen Kriege, Leipzig: Spamer (3. Aufl.) 1916.

Abbildung 4 unten

Steffen, Jonk (d.i. Maximilian Bayer): Okowi – ein Hererospion? Eine Geschichte aus dem südwestafrikanischen Kriege, Berlin: Weicher 1910.

Abbildung 5

Frenssen, Gustav: Peter Moors Fahrt nach Südwest. Ein Feldzugsbericht. Schulausgabe mit einer Einleitung und Anmerkungen von Heinrich Brinker, Berlin: Grote'sche Verlagsbuchhandlung 1915.

Abbildung 6

Schwabe, Kurd: Der Krieg in Südwest-Afrika 1904-1906, Berlin: Weller 1907.

Bildlegenden

Abbildung 1
Meister, Friedrich: Muhérero riKárera! (Nimm dich in acht, Herero!) oder: Die Schiffsfähnriche. Ein Jugend- und Familienbuch, Leipzig: Abel & Müller 1904.
Friedrich Meister (1841-1918) gehörte zu den erfolgreichsten Jugendbuchautoren des wilhelminischen Kaiserreichs. Neben zahlreichen Reise- und Seefahrerromanen schrieb er Jugendbuchfassungen von Klassikern der »Abenteuerliteratur« wie Coopers Lederstrumpf oder Defoes Robinson Crusoe. Der Buchdeckel des 1904 erschienenen »Jugend- und Familienbuches« *Muhérero riKárera! (Nimm dich in acht, Herero!)*, den der um die Jahrhundertwende populäre Marinemaler Willy Stöwer (1864-1931) gestaltete – bekannt wurde insbesondere seine 1912 entstandene Darstellung des »Untergangs der Titanic« –, visualisiert dem Kolonialdiskurs inhärente, binär strukturierte Muster kolonialistischer Identitätskonstruktionen: Schwarz vs. Weiß, Natur vs. Kultur, Wildnis vs. Zivilisation, Chaos vs. Ordnung. Die Darstellung des »Herero« in diesem Bild zitiert die von Walter Sintenis 1901 als »Wächter« vor dem Afrikahaus der Woermann-Linie in Hamburg gestaltete Bronzestatue, eine stilisierte »afrikanische Kriegerfigur«. Durch das Einrücken dieser bekannten Krieger-Ikone in den Kontext des Krieges in Deutsch-Südwestafrika wird ein konventionalisiertes, abstraktes Bild des »wilden Eingeborenen« und die ihm zugeschriebene »Disposition zum Krieg« auf die im Text geschilderten Ereignisse übertragen.

Abbildung 2
Küas, Richard: Vom Baum der Erkenntnis, Leipzig: List 1911.
Auf dem Buchdeckel des 1911 erschienen Romans *Vom Baum der Erkenntnis* von Richard Küas (1861-1943), dessen Thema die Gefährdung der Integrität des »weißen Mannes« durch eine den »schwarzen Frauen« zugeschriebene ungezügelte Sinnlichkeit, und damit die drohende »Rassenmischung« ist, erfährt der im Kolonialdiskurs zentrale »schwarz-weiß«-Antagonismus eine bemerkenswerte Semantisierung. Der von einem nicht genannten Künstler gestaltete Einband zeigt einen »weißen Mann«, dessen »Weißheit« durch die weiße Uniform signifikatorisch verdoppelt wird. Der »weiße Mann« wird umschlungen von einer nackten »schwarzen Frau«, deren Beine in einen Schlangenkörper übergehen. Die Illustration evoziert ein komplexes Ensemble von Bedeutungen: Im Bild werden typisch exotistische Elemente (Erotisierung der Fremde, Begehren, Faszination der Schlangenbeschwörung) und kolonialdiskursive Muster der Gefährdung des »weißen Mannes« durch die sexualisierte »schwarze Frau« mit einem Rekurs auf die Geschichte des Sündenfalls (Genesis 3) verschränkt, geleistet unter an-

derem durch den Titel »Vom Baum der Erkenntnis« und die Chimäre aus Frau und Schlange. Das dem exotistischen Bildpool entlehnte Motiv der »Schlange« findet sich auf zahlreichen kolonialen Buchdeckeln.

Abbildung 3 und 4

Steffen, Jonk (d.i. Maximilian Bayer): Okowi – ein Hererospion? Eine Geschichte aus dem südwestafrikanischen Kriege, Berlin: Weicher 1910.

Steffen, Jonk (d.i. Maximilian Bayer): Die Rache des Herero. Eine Geschichte aus dem südwestafrikanischen Kriege, Leipzig: Spamer (3. Aufl.) 1916.

Abbildung 3 zeigt den Buchdeckel der 1916 im Spamer Verlag erschienenen dritten Auflage des unter dem Pseudonym »Jonk Steffen« publizierten Romans *Die Rache des Herero* von Maximilian Bayer. Die Erstausgabe des Romans war 1910 ebenfalls unter Pseudonym im Marine- und Kolonialverlag Weicher (Berlin) mit dem Titel *Okowi – ein Hererospion?* (Abb. 4) erschienen. 1936 wurde der Roman unter dem Titel *Ist Okowi treu?* mit aufgelöstem Pseudonym nachgedruckt. Die durch den Safari-Verlag stark redaktionell überarbeitete Neuausgabe des Romans erreichte bis 1941 nochmals sechs Nachauflagen. Maximilian Bayer (1872-1917), während des Kriegs gegen die Herero Hauptmann beim Stab des kommandierenden Generals Lothar von Trotha, hatte nach 1907 eine rege Publikationstätigkeit zu Südwestafrika entwickelt (u.a. Jugendbücher, Erinnerungen, ethnologische Versuche) und erlangte später zudem Bedeutung als Mitbegründer des Deutschen Pfadfinderbundes.

Abbildung 5

Frenssen, Gustav: Peter Moors Fahrt nach Südwest. Ein Feldzugsbericht. Schulausgabe mit einer Einleitung und Anmerkungen von Heinrich Brinker, Berlin: Grote'sche Verlagsbuchhandlung 1915.

Gustav Frenssens 1906 erschienener Roman *Peter Moors Fahrt nach Südwest* war die erfolgreichste Erzählung über den Krieg gegen die Herero. Dem Text, der die Vernichtung der »Schwarzen« als weltgeschichtliche und zivilisatorische Notwendigkeit rechtfertigt, wurde zuerkannt, »Werte« zu transportieren, die man für zentral und bewahrenswert hielt, so daß der Roman als geeignet für die Lektüre in Schulen erachtet wurde. Die Abbildung zeigt den Buchdeckel der Schulausgabe aus dem Jahr 1915, die bis 1927 drei Auflagen erreichte. Die Schulausgabe enthielt den vollständigen Text nebst Einleitung, Abbildungen und Anmerkungen, wobei die Anmerkungen auf Parallelstellen anderer Publikationen zum »Herero-Krieg« verweisen oder bestimmte Schilderungen Frenssens durch die Benennung von Daten, Personen- oder Ortsnamen wiederum »authentifizieren«. Eine ebenfalls annotierte Ausgabe für den Deutschunterricht an US-amerikanischen Schulen war bereits 1914 erschienen, eine schwedische Schulausgabe erreichte zwischen 1908 und 1920 immerhin vier Auflagen.

Abbildung 6
Schwabe, Kurd: Der Krieg in Südwest-Afrika 1904-1906, Berlin: Weller 1907.
Kurd Schwabe, der Autor dieser 1907 im Weller-Verlag (Berlin) erschienenen (populär-)historiographischen Darstellung der Kriegshandlungen der Jahre 1904-1906, war seit 1893 Mitglied der Schutztruppe für Deutsch-Südwestafrika, später dann Stationschef von Swakopmund und Distriktchef von Otjimbingwe und Okahandja. 1900 nahm er an der Expedition nach China zur Niederschlagung des Boxeraufstands teil. Während des Hererofeldzugs in Deutsch-Südwestafrika war er zunächst Adjutant, wurde dann zum Generalstab in Berlin abkommandiert und diente später im Kriegsministerium. Bereits in den 1890er Jahren war er verschiedentlich mit Publikationen über die Kolonie Deutsch-Südwestafrika hervorgetreten. In *Der Krieg in Südwest-Afrika 1904-1906* erklärt er die Ereignisse in der Kolonie wie folgt: »Mögen daher die äußeren Anlässe zu den Aufständen in Südwestafrika und in anderen Kolonien noch so mannigfaltig sein: sie sind belanglos gegenüber der Tatsache, daß wir in Afrika in einer Periode großer Rassenkämpfe, im Beginn des letzten wütenden Widerstands der Unkultur gegen die Kultur stehen. Und diese Kämpfe mußten kommen. Nichts konnte sie in Südwestafrika und nichts wird sie in Zukunft in anderen Gebieten Afrikas verhindern.« (S. 22)

Literaturverzeichnis

Quellentexte

Arndt, Ernst Moritz: Das Ernst Moritz Arndt Buch. Eine Auswahl der Werke, hrsg. von Curt Elwenspoek, Stuttgart 1925.

Bayer, Maximilian: Der Krieg in Südwestafrika und seine Bedeutung für die Entwickelung der Kolonie. Vortrag gehalten in 52 deutschen Städten, Leipzig (21.-25. Tausend) 1907.

Bayer, Maximilian: Die Nation der Bastards, in: Zeitschrift für Kolonialpolitik, Kolonialrecht und Kolonialwirtschaft 8, 9, 1906, S. 625-648.

Bayer, Maximilian: Im Kampfe gegen die Hereros. Bilder aus dem Feldzug in Südwest, Köln 1911 (=Schaffsteins grüne Bändchen 13).

Bayer, Maximilian: Ist Okowi treu? Die Geschichte eines Hererospähers, Potsdam 1936.

Bayer, Maximilian: Mit dem Hauptquartier in Südwestafrika, Berlin 1909.

Bernstein, Eduard: Der Sozialismus und die Kolonialfrage, in: Sozialdemokratie und Kolonieen, hrsg. von Alfred Mansfeld, Berlin 1919, S. 58-59 (zuerst in: Sozialistische Monatshefte, 1900, S. 549-561).

Breysig, Kurt: Aus meinen Tagen und Träumen. Memoiren, Aufzeichnungen, Briefe, Gespräche, aus dem Nachlaß, hrsg. von Gertrud Breysig und Michael Landmann, Berlin 1962.

Clausewitz, Carl von: Vom Kriege, mit einer Einführung von Graf von Schlieffen, Berlin ^{8}1914.

Cooper, James Fenimore. Der Lederstrumpf, 5 Bde, Frankfurt am Main 1983 (zuerst 1823-1841).

Das Bertelsmann Lexikon in vier Bänden, Gütersloh 1963.

Denkschrift über Eingeborenen-Politik und Hereroaufstand in Deutsch-Südwestafrika, in: Stenographische Berichte über die Verhandlungen des Reichstags, 11. Legislaturperiode, I. Session 1903/05, 2. Sessionsabschnitt vom 29. November 1904 bis zum Schluß der Session am 30. Mai 1905, 5. Anlageband (Nr. 498-542), Nr. 518, S. 2757-2804.

Der Kolonialfreund. Kritischer Führer durch die volkstümliche deutsche Kolonial-Literatur, hrsg. von Emil Sembritzki unter Mitwirkung von Dr. E. Buchmann und Rudolf Wagner, Berlin 1912.

Der Neue Herder. 3 Bde., Freiburg i. Br. 1949.

Deutsche Kolonien. Ein Bücherverzeichnis, im Auftrage der Reichsstelle für das Volksbüchereiwesen bearb. und hrsg. vom Institut für Leser- und Schriftumskunde, Leipzig 1937.

Deutsches Kolonial-Lexikon. 3 Bde., hrsg. von Heinrich Schnee, Leipzig 1920.

Deutsch-Südwestafrika – Kriegs- und Friedensbilder. Selbsterlebnisse geschildert von Frau Margarete von Eckenbrecher, Frau Helene von Falkenhausen, Stabsarzt Dr. Kuhn, Oberleutnant Stuhlmann, Leipzig 1907.

Deutsch-Südwestafrika – Land und Leute. Eine Heimatkunde für Deutschlands Jugend und Volk, hrsg. im Auftrage des Kaiserlichen Gouvernements von Deutsch-Südwestafrika von Bernhard Voigt, Stuttgart 1913.

Die deutsche Kolonialliteratur 1884-1895, im Auftrag der Deutschen Kolonial Gesellschaft bearbeitet von Maximilian Brose, Berlin 1897.

Die deutsche Kolonialliteratur im Jahre 1898-1914, hrsg. von der Deutschen Kolonialgesellschaft, bearbeitet von Maximilian Brose und Hubert Henoch, Berlin 1900-1916.

Die Kämpfe der deutschen Truppen in Südwestafrika. 2 Bde., hrsg. vom Großen Generalstab Kriegsgeschichtliche Abteilung 1, Berlin 1906/1907.

Die Rheinische Mission und der Herero-Aufstand. Erlebnisse und Berichte rheinischer Missionare, 4 Hefte, Barmen 1904.

Diel, Louise: Die Kolonien warten! Afrika im Umbruch, Leipzig 1939.

Dinglreiter, Senta: Wann kommen die Deutschen endlich wieder, Leipzig (12.-17. Tausend) 1937.

Diehls, Johs.: Meine Kriegs-Erlebnisse 1870/71. Selbst erlebt und erzählt, Minden in Westf. 1901.

Dincklage-Campe, Friedrich von: Deutsche Reiter in Südwest. Nach persönlichen Berichten bearbeitet von Friedrich Freiherr von Dincklage-Campe, Berlin u.a. 1908.

Dove, Karl: Aus zwei Weltteilen. Dichtungen, Heidelberg 1901.

Dove, Karl: Das Klima des aussertropischen Südafrika mit Berücksichtigung der geographischen und wirtschaftlichen Beziehungen, Diss. Göttingen 1888.

Dove, Karl: Deutsch-Südwestafrika, Berlin ^{2}1914 (=Süsserott's Kolonialbibliothek 5).

Dove, Karl: Deutsch-Südwest-Afrika. Ergebnisse einer wissenschaftlichen Reise im südlichen Damaralande (=Petermanns Mitteilungen aus Justus Perthes' Geographischer Anstalt, Ergänzungsheft 120), Gotha 1896.

Dove, Karl: Die angelsächsischen Riesenreiche, Bd. 1: Das britische Weltreich. Eine wirtschaftsgeographische Untersuchung, Jena 1906.

Dove, Karl: Die angelsächsischen Riesenreiche, Bd. 2: Die Vereinigten Staaten von Nordamerika. Eine wirtschaftsgeographische Untersuchung, Jena 1907.

Dove, Karl: Die deutschen Kolonien. Bd. 1: Togo und Kamerun, Berlin/Leipzig 1909 (=Sammlung Göschen 441).

Dove, Karl: Die deutschen Kolonien. Bd. 2: Das Südseegebiet und Kiautschou, Berlin/Leipzig 1911 (=Sammlung Göschen 520).

Dove, Karl: Die deutschen Kolonien. Bd. 3: Ostafrika, Berlin/Leipzig 1912 (=Sammlung Göschen 567).

Dove, Karl: Die Deutschen Kolonien. Bd. 4: Südwestafrika, Berlin/Leipzig 1913 (=Sammlung Göschen 637).

Dove, Karl: Die Heimkehr des Odysseus. Dramatisches Gedicht in drei Aufzügen. Als Manuskript gedruckt, Berlin 1899.

Dove, Karl: Die Kobra. Südafrikanische Erzählungen, Berlin 1911.

Dove, Karl: Lucia d'Andrea. Komödie in fünf Akten. Als Manuskript gedruckt, Berlin 1903.

Dove, Karl: Lucia d'Andrea. Komödie in fünf Akten, Jena 1906.

Dove, Karl: Studien über Ostafrika. 3 Bde., Stuttgart 1891.

Dove, Karl: Südwestafrika, Berlin 1896.

Dove, Karl: Südwest-Afrika. Kriegs- und Friedensbilder aus der ersten deutschen Kolonie, Berlin 1896.

Dove, Karl: Vom Kap zum Nil. Reiseerinnerungen aus Süd-, Ost- und Nordafrika, Berlin 1898.

Dove, Karl: Wirtschaftliche Landeskunde der deutschen Schutzgebiete. Neuer Wegweiser für die Schutzgebiete des deutschen Reiches in Afrika, Asien, der Südsee mit besonderer Rücksicht auf Lage, Landes- und Volkskunde, Tier- und Pflanzenwelt, Handels- und Wirtschaftsverhältnisse, Leipzig 1902 (=Huberti's moderne kaufmännische Bibliothek).

Drygalski, Irma von: Das brotlose Mahl. Ein Volksschauspiel, Leipzig 1935 (=Reclams Universal-Bibliothek 7300).

Eckenbrecher, Marianne: Was Afrika mir gab und nahm. Erlebnisse einer deutschen Ansiedlerfrau in Südwestafrika, Berlin 1907.

Erffa, Burkhard Hartmann Axel von: Reise- und Kriegsbilder in Deutsch-Südwest-Afrika, Halle/Saale 1905.

Falkenhausen, Helene von: Ansiedlerschicksale. Elf Jahre in Deutsch-Südwestafrika 1893-1904, Berlin 1905.

Falkenhorst, Carl [d.i. Stanislaus von Jezewski]: Der Baumtöter. Kameruner Pflanzergeschichten, Dresden/Leipzig 1894 (=Jung-Deutschland in Afrika. Kolonial-Erzählungen für jung und alt 1).

Falkenhorst, Carl [d.i. Stanislaus von Jezewski]: Ein afrikanischer Lederstrumpf 1: Weissbart-Weichherz, Stuttgart 1897.

Falkenhorst, Carl [d.i. Stanislaus von Jezewski]: Ein afrikanischer Lederstrumpf 2: Der Löwe vom Tanganyika, Stuttgart 1897.

Falkenhorst, Carl [d.i. Stanislaus von Jezewski]: Ein afrikanischer Lederstrumpf 3: Raubtier-Araber, Stuttgart 1897.

Faust, Bernhard: Sieben gegen Fünfhundert. Die heldenhafte Verteidigung der Feste Namutoni, Berlin o.J. (=Kolonial-Bücherei 40).

Fischer, Adolf: Menschen und Tiere in Deutsch-Südwest, Stuttgart/Berlin 1914.

Fischer, Adolf: Menschen und Tiere in Südwestafrika, Berlin 1930.

Fischer, Adolf: Orient, Stuttgart/Berlin 1920.

Fischer, Adolf: Südwester Offiziere, Berlin 1935.

Fischer, Adolf: Südwester Phantasie, in: Afrika spricht zu Dir. Selbsterlebnisse deutscher Kolonialpioniere, hrsg. von Paul Ritter, Mühlhausen 1938, S. 11-55.

Flex, Walter: Der Wanderer zwischen beiden Welten. Ein Kriegserlebnis von Walter Flex, München 1917.

François, C[urt] von: Kriegführung in Süd-Afrika, Berlin 1900.

Frenkel, Wilhelm: Farm Deutschental. Dramatische Dichtung in fünf Aufzügen, Arnstadt 1907.

Frenkel, Wilhelm: Georg Voigt. Eine Erzählung aus der Zeit der Reformation, Altenburg 1897.

Frenkel, Wilhelm: Gott grüße das Handwerk! Eine Erzählung aus der Zeit des dreißigjährigen Krieges, Neustadt 1897.

Frenkel, Wilhelm: Wulf Harrasmüller. Eine Erzählung aus der Zeit des Bauernkriegs, Berlin-Schöneberg 1900.

Frenssen, Gustav: Hilligenlei. Roman, Berlin 1905.

Frenssen, Gustav: Jörn Uhl, Berlin (452.-463. Tausend) 1939 (zuerst: 1901).

Frenssen, Gustav: Lebensbericht, Berlin (7.-11. Tausend) 1941 (zuerst 1940).

Frenssen, Gustav: Peter Moors Fahrt nach Südwest. Ein Feldzugsbericht, Berlin 1906.

Frenssen, Gustav: Peter Moors Fahrt nach Südwest. Ein Feldzugsbericht, Berlin (165. Tausend) 1912.

Frenssen, Gustav: Peter Moors Fahrt nach Südwest. Ein Feldzugsbericht, Berlin (254.-273. Tausend) 1938.

Frenssen, Gustav: Peter Moors Fahrt nach Südwest. Ein Feldzugsbericht, Berlin: Oberkommando der Wehrmacht 1942 (=Soldatenbücherei 34).

Frenssen, Gustav: Peter Moors Fahrt nach Südwest. Ein Feldzugsbericht, Berlin (370.-383. Tausend) 1943.

Frenssen, Gustav: Peter Moors Fahrt nach Südwest. Ein Feldzugsbericht. Mit Zeichnungen von Artur Mrowicka, Berlin 1943 (=Bücher des Frontarbeiters 4).

Frenssen, Gustav: Peter Moors Fahrt nach Südwest. Ein Feldzugsbericht. Schulausgabe mit einer Einleitung und Anmerkungen von Heinrich Brinker, Berlin 1915.

Frenssen, Gustav: Peter Moors Fahrt nach Südwest. Ein Feldzugsbericht, Windhoek 1998.

Frenssen, Gustav: Schwere Kriegstage in Südwest [Auszug aus *Peter Moors Fahrt nach Südwest*], in: Deutsches Lesebuch für Lyzeen und Höhere Mädchenschulen Bd. 6, hrsg. von K. Wacker, Münster 1908, S. 280ff.

Frobenius, Leo: Kulturgeschichte Afrikas. Prolegomena zu einer historischen Gestaltlehre, Wuppertal (Reprint) ²1998 (zuerst 1933).

Geisenheyner, Max: Kulturgeschichte des Theaters, Berlin 1951.

Geisenheyner, Max: Mit »Graf Zeppelin« um die Welt. Ein Bild-Buch, Frankfurt am Main 1929.

Geisenheyner, Max: Petra und Ulla. Ein Volksstück in drei Akten, Leipzig 1935 (=Reclams Universal-Bibliothek 7298).

Geißler, Max: Das Heidejahr. Tagebuch eines Einsiedlers, Leipzig 1911.

Geißler, Max: Der Heidekönig, Leipzig 1919.

Geißler, Max: Führer durch die deutsche Literatur des 20. Jahrhunderts, Weimar 1913.

Geißler, Max: Inseln im Winde. Ein Halligroman, Leipzig 1907.

Götzen, Gustav Adolf von: Deutsch-Ostafrika im Aufstand 1905/06, Berlin 1909.

Götzen, Gustav Adolf von: Durch Afrika von Ost nach West. Resultate und Begebenheiten einer Reise von der Deutsch-Ostafrikanischen Küste bis zur Kongomündung in den Jahren 1893/94, Berlin 1895.

Grass, Günter: Mein Jahrhundert, Göttingen 1999.

Grimm, Hans: Das deutsche Südwester-Buch, Lippoldsberg ^{8}1998 (zuerst München 1929).

Grimm, Hans: Der Zug des Hauptmanns von Erckert, München 1934.

Grimm, Hans: Volk ohne Raum, München (176. bis 200. Tausend der einbändigen Ausgabe) 1933 (zuerst 1926).

Grimm, Hans: Wie Grete aufhörte ein Kind zu sein. Eine Erzählung aus Südafrika, Leipzig 1944 (zuerst Frankfurt am Main 1913).

Gümpell, Jean: Ins Land der Hereros. Erlebnisse eines jungen Deutschen. Erzählung für die reifere Jugend, Berlin 1904.

Gümpell, Jean: Die Wahrheit über Deutsch-Südwest-Afrika, Kassel 1905.

Hanstein, Otfried von: Der Meldereiter von Omaruru. Schicksal deutscher Farmer während des Hereroaufstandes in Südwest, Berlin o.J. (=Kolonial-Bücherei 19).

Hartmann, Eduard von: Philosophie des Unbewußten [1869]. 3 Bde., Leipzig (11., erweiterte Auflage) 1904.

Hartmann, Eduard von: Philosophie des Unbewußten. 2 Bde., nach der elften erweiterten Auflage bearbeitet von Wilhelm Schnehen, Leipzig 1913 (=Kröners Volksausgaben).

Hauptmann, Hans Jürgen: Das stumme Haus an der Steppe. Zwei Deutsche im Kampf gegen Hereros, Berlin o.J. (=Kolonial-Bücherei 6).

Hegel, Georg Wilhelm Friedrich: Philosophie der Geschichte, Stuttgart 1989.

Herder, Johann Gottfried: Briefe zur Beförderung der Humanität, in: ders.: Werke in zehn Bänden, hrsg. von Martin Bollacher et al., Bd. 7, Frankfurt am Main 1991.

Herder, Johann Gottfried: Werke in zehn Bänden, hrsg. von Martin Bollacher et al., Bd. 6: Ideen zur Philosophie der Geschichte der Menschheit [1782-1788], Frankfurt am Main 1989.

Herder, Johann Gottfried: Ideen zur Philosophie der Geschichte der Menschheit, in: Herders Werke. Auswahl in fünfzehn Teilen, hrsg. von Ernst Naumann, Berlin u.a. 1910, Teil 5-8.

Herero-Texte. Erzählt von Pastor Andreas Kukuri, übers. und hrsg. von Ernst Dammann, Berlin 1983.

Herfurth, A[lfred]: Unsere Missionare, in: Koloniale Zeitschrift 5, 6, 1904, S. 95-97.

Hofmann, Giselher W.: Die schweigenden Feuer. Roman der Herero, Wuppertal 1994.

Holm, Orla (d.i. Dorrit Zürn): Ovita. Episode aus dem Hereroland, Dresden 1909.

Holm, Orla (d.i. Dorrit Zürn): Pioniere. Ein Kolonialroman aus Deutsch-Südwest-Afrika, Berlin 1906.

Holst, Meno: Dieter und Hans im Amboland, Potsdam 1942.

Holst, Meno: Heinos Abenteuer in Südwest, Berlin/Leipzig 1937.

Immelmann, Max: Meine Kampfflüge. Selbsterlebt und selbsterzählt von Oberleutnant Max Immelmann, Berlin (51.-100. Tausend) 1916.

Irle, Hedwig: Wie ich die Herero lieben lernte, Gütersloh 1909.

Irle, J[akob]: Was soll aus den Herero werden?, Gütersloh 1906

Jünger, Ernst: Das Abenteuerliche Herz. Erste Fassung: Aufzeichnungen bei Tag und Nacht [1929], Stuttgart ²1995.

Kant, Immanuel: Werke, hrsg. von Wilhelm Weischedel, Darmstadt 1983.

Karow, Maria: Wo sonst der Fuß des Kriegers trat. Farmerleben in Südwest nach dem Kriege, Berlin 1909.

Keding, Paul: Deutsch-Südwest. Ein Schauspiel in 4 Aufzügen, Leipzig 1935.

Keding, Paul: Marta von Greifenthal. Ein Schauspiel, Kassel 1932.

Kleist, Heinrich von: Werke und Briefe in vier Bänden, hrsg. von Siegfried Streller in Zusammenarbeit mit Peter Goldammer und Wolfgang Barthel, Anita Golz, Rudolf Loch, Berlin/Weimar 1978.

Koch, Henny: Papas Junge. Eine Erzählung für junge Mädchen, Stuttgart/-Berlin/Leipzig 1905.

Koch, Henny: Die Vollrads in Südwest. Eine Erzählung für junge Mädchen. Stuttgart ¹⁷1928 (zuerst 1910).

Koloniales Schrifttum in Deutschland, hrsg. im Auftrag des Reichsleiters General Ritter von Epp, München 1941.

Koloniales Schrifttum. Mitteilungen der Deutschen Kolonialbibliothek. 5 Bde., 1938-1942.

Kolonial-Gedicht- und Liederbuch, hrsg. von Emil Sembritzki, Berlin 1911.

Kolonial-Schrifttum, hrsg. vom Werbe- und Beratungsamt für das deutsche Schrifttum beim Reichsministerium für Volksaufklärung und Propaganda in Zusammenarbeit mit dem Kolonialpolitischen Amt der NSDAP, München 1940.

Kolonien im deutschen Schrifttum. Eine Übersicht über deutsches koloniales Schrifttum unter Berücksichtigung nur volksdeutscher Autoren, hrsg. vom Reichskolonialbund. Mit einem Vorwort und einer literarischen Einleitung von Paul Ritter, Berlin 1936.

Kraze, Friede H.: Heim Neuland. Ein Roman von der Wasserkante und aus Deutsch-Südwest, Stuttgart/Leipzig 1909.

Kreutzkamp, Dieter: Namibia. Straßen in die Einsamkeit: Die schönsten Routen zwischen Kalahari und Diamantenwüste, 2. Aufl. München 1999 (zuerst 1994).

Kriegsklänge der Kaiserlichen Schutztruppe in Deutsch-Süd-West-Afrika, hrsg. von Adda von Liliencron, Hamburg 1905.

Küas, Richard: Vom Baum der Erkenntnis, Leipzig 1911.

Lang, Johann: Kasperl als Herero. Burleske in zwei Auftritten. Nach einer älteren Idee, Kempten und München 1909.

Lettenmair, J[osef] G[ünther]: Roter Adler auf weißem Feld. Roman der ersten deutschen Kolonie 1683-1717, Berlin 1938.

Leutwein, Paul: Afrikanerschicksal. Gouverneur Leutwein und seine Zeit, Stuttgart/Berlin/Leipzig 1929.

Leutwein, Paul: Hereros zu den Waffen. Die Niederwerfung der Aufstände in Deutsch-Südwestafrika im Jahre 1904, Berlin o.J. (=Kolonial-Bücherei 44).

Leutwein, Paul: Im Banne Afrikas. Romantisches Geschichtsbild des alten Wild-Südwestafrika. Unveröffentlichtes Romanmanuskript, BArch Koblenz, N 1145, Nachlaß Paul Leutwein, Vorl. 4.

Leutwein, Paul: Kampf um die Onjatiberge. Gouverneur Leutweins letzter Feldzug, Berlin o.J. (=Kolonial-Bücherei 37).

Leutwein, Paul: Kesseltreiben am Waterberg. Tatsachenbericht über den Herero-Krieg in Deutsch-Südwestafrika, Berlin o.J. (=Kolonial-Bücherei 66).

Leutwein, [Theodor]: Die Kämpfe der Kaiserlichen Schutztruppe in Deutsch-Südwestafrika in den Jahren 1894-1896, sowie die sich hieraus für uns ergebenden Lehren. Vortrag, gehalten in der Militärischen Gesellschaft zu Berlin am 19. Februar 1898, Berlin 1899.

Leutwein, Theodor: Elf Jahre Gouverneur in Deutsch-Südwestafrika, Berlin ^{2}1907 (zuerst 1906).

Liliencron, Adda von.: Bis in das Sandfeld hinein. Afrikanisches Zeitbild bis zum Schluß des Jahres 1904 nach Briefen von Mitkämpfern und mit Benützung der Veröffentlichungen des Generalstabs, Stuttgart 1908 (=Deutsche Jugend- und Volksbibliothek 218).

Liliencron, Adda von: Bei der Schutztruppe. Kriegsbild aus Südwestafrika, Mühlhausen in Thüringen o.J. [1907].

Liliencron, Adda von: Entscheidungskampf am Waterberg nach Briefen von Mitkämpfern und mit Benützung der Veröffentlichungen des Generalstabs, Stuttgart 1907 (=Deutsche Jugend- und Volksbibliothek 211).

Liliencron, Adda von: Nach Südwestafrika! Erlebnisse aus dem Hererokrieg nach Briefen von Mitkämpfern, Stuttgart 1906 (=Deutsche Jugend- und Volksbibliothek 208).

Liliencron, Adda von: Unsre Braven. Fünf Bilder aus dem Leben unserer braven Truppen in Südwestafrika, Mühlhausen in Thüringen o.J. [1904].

Liliencron, Detlev von: Gesammelte Werke, Dritter Band: Gedichte, Berlin ^{9}1921.

Liliencron, Detlev von: Gute Nacht. Hinterlassene Gedichte, Berlin 1909.

Mann, Thomas: Betrachtungen eines Unpolitischen [1918], Frankfurt am Main 1995.

Mann, Thomas: Essays, Bd. 1: Frühlingssturm. 1893-1918, Frankfurt am Main 1993.

Marass, F.: Der Deutsche Kolonialroman, phil. Diss., Wien 1935.

May, Ferdinand: Sturm über Südwest. Eine Erzählung aus den Tagen des Hereroaufstandes, Berlin (Ost) 1962.

May, Karl: Der schwarze Mustang, in: Der gute Kamerad 11, S. 1-28, 1896/97.

May, Karl: Der schwarze Mustang [1896/97], Stuttgart 1994 (=Karl May's illustrierte Werke, hrsg. von Heinrich Pleticha und Siegfried Augstein).

May, Karl: Old Surehand [1894-1897]. 3 Bde., Stuttgart 1994 (=Karl May's illustrierte Werke, hrsg. von Heinrich Pleticha und Siegfried Augstein).

Meine Kriegserlebnisse in Deutsch-Süd-West-Afrika. Von einem Offizier der Schutztruppe, Minden (140. Tausend) 1907.

Meister, Friedrich: MuHérero riKárera (Nimm dich in acht, Herero!) oder die Schiffsfähnriche. Ein Jugend- und Familienbuch, Leipzig 1904.

Merensky, Alexander: Europäische Kultur und Christentum gegenüber dem südafrikanischen Heidentum, Berlin 1888.

Metterhausen, Otto: Im Kampf ums Neuland in Südwest. Eine Erzählung aus dem Hereroaufstande, Stuttgart u.a. [10]1920 (zuerst circa 1908).

Meyer, Kai: Die Göttin der Wüste. Roman, München 2001 (zuerst 1999).

Musch, Erich: Hendrik Witboi – Der Napoleon der Hottentotten. Der letzte König von Namaland, Reutlingen o.J. (=Die Kolonien rufen 3).

Orth, Max: Das ewige Lied »Heimat«, Berlin/Leipzig 1943.

Orth, Max: Der letzte Ritt. Zum Tode des Leutnants von Trotha im großen Hottentotten-Aufstand in Deutsch-Südwestafrika, Reutlingen o.J. (=Die Kolonien rufen 7)..

Orth, Max: Die junge Farmerin, Berlin/Leipzig 1942.

Orth, Max: Sonne über Klapproths Farm, Berlin/Leipzig 1940.

Orth, Max: Sprung in die Welt. Ein deutsches Mädel fährt nach Südwest, Berlin/Leipzig 1939.

Orth, Max: Sturm über dem Land, Berlin/Leipzig 1941.

Patzlaff, G.: Die Kolonien und der Kolonialgedanke in der deutschen erzählenden Literatur der Vorkriegszeit, phil. Diss., Greifswald 1939.

Rafalski, Hans: Vom Niemandsland zum Ordnungsstaat. Geschichte der ehemaligen Kaiserlichen Landespolizei in Deutsch-Südwestafrika, Berlin 1930.

Reiterbriefe aus Südwest. Briefe und Gedichte aus dem Feldzuge in Südwest-Afrika in den Jahren 1904-1906, hrsg. von Adda von Liliencron, Oldenburg/Leipzig 1907.

Repititorium der deutsch-kolonialen Literatur 1884-1890, im Auftrag der Deutschen Kolonial Gesellschaft bearbeitet von Maximilian Brose, Berlin 1891.

Rust, Conrad: Krieg und Frieden im Hererolande. Aufzeichnungen aus dem Kriegsjahre 1904, Leipzig 1905.

Salzmann, Erich von: Im Kampf gegen die Herero, Berlin 1905.

Scherr, Johannes: Der letzte Sonnensohn, in: ders.: Menschliche Tragikomödie. 12 Bde., Leipzig o.J., Bd. 3, S. 5-56.

Schiller, Friedrich: Schillers sämtliche Werke in zwölf Bänden, Stuttgart o. J. [um 1900] (=Cotta'sche Volksbibliothek).

Schmitt, Carl: Der Begriff des Politischen. Text von 1932 mit einem Vorwort und drei Corollarien, Berlin ⁶1996 (4. Nachdruck der Ausgabe von 1963).

Schmitt, Carl: Der Nomos der Erde im Völkerrecht des Jus Publicum Europaeum, Berlin ³1988 (zuerst Köln 1950).

Schmitt, Carl: Die Buribunken, in: Summa. Eine Vierteljahresschrift 2, 4, 1918, S. 89-106.

Schultze, Leonhard: Südwestafrika, in: Das Deutsche Kolonialreich. Eine Länderkunde der deutschen Schutzgebiete, hrsg. von Hans Meyer, Bd. 2: Togo, Südwestafrika, Schutzgebiete in der Südsee und Kiautschougebiet, S. 129-298.

Schwabe, Kurd: Der Krieg in Südwest-Afrika 1904-1906, Berlin 1907.

Seeck, Eva: Um Südwest. Ein Schauspiel in 5 Akten aus der Zeit des Krieges 1904/1907 in Deutsch-Südwestafrika, Baden-Baden 1926.

Seyfried, Gerhard: Herero. Roman, Berlin 2003.

Sonnenberg, Else: Wie es am Waterberg zuging. Ein Beitrag zur Geschichte des Hereroaufstandes, Berlin 1905.

Steffen, Jonk (d.i. Maximilian Bayer): Die Rache des Herero. Eine Geschichte aus dem südwestafrikanischen Kriege, Leipzig 1916.

Steffen, Jonk (d.i. Maximilian Bayer): Im Orlog. Südwestafrikanischer Roman, Berlin 1911.

Steffen, Jonk (d.i. Maximilian Bayer): Okowi – Ein Hererospion. Eine Geschichte aus dem südwestafrikanischen Kriege, Berlin 1910.

Steffen, Jonk (d.i. Maximilian Bayer): Die Helden der Naukluft, Berlin 1912.

Stenografische Berichte über die Verhandlungen des Reichstags. XI Legislaturperiode, I Session, erster Sessionsabschnitt, 1903/1904. Vierter Band: Von der 81. Sitzung am 2. Mai 1904 bis zur 100. Sitzung am 16. Juni 1904, Berlin 1904.

Tabel, Werner: Die belletristische Literatur über die Kolonial- und Mandatszeit Südwestafrikas, in: Afrikanischer Heimatkalender, 1974, S. 73-84.

Tabel, Werner: Erlebnisberichte von Ärzten aus der Kolonial- und Mandatszeit Südwestafrikas, in: Afrikanischer Heimatkalender, 1977, S. 35-62.

Tabel, Werner: Erlebnisberichte von Forschern und Jägern aus der Kolonialzeit Südwestafrikas, in: Afrikanischer Heimatkalender, 1976, S. 85-120.

Tabel, Werner: Erlebnisberichte von Journalisten und Schriftstellern aus der Kolonial- und Mandatszeit Südwestafrikas, in: Afrikanischer Heimatkalender, 1978, S. 27-54.

Tabel, Werner: Erlebnisberichte von Soldaten und Siedlern aus der Kolonial- und Mandatszeit Südwestafrikas, in: Afrikanischer Heimatkalender, 1975, S. 81-122.

Timm, Uwe: Morenga. Roman, Köln 1985.

Todt, Herbert: Die deutsche Begegnung in Afrika im Spiegel des deutschen Nachkriegsschrifttum, phil. Diss., Frankfurt am Main 1939.

Trümpelmann, Georg Paul Johannes: Das deutsche schöngeistige Schrifttum über Südwestafrika, in: Veröffentlichung der Wissenschaftlichen Gesellschaft für Süd-West-Afrika, 1931-32, Bd. 4, Windhoek 1933, S. 101-152.

Trümpelmann, Georg Paul Johannes: Südwestafrika im deutschen Schrifttum, in: Afrikanischer Heimatkalender, 1951, S. 41-68.

Voigt, Bernhard: Bahnbrecher der Wildnis, Reutlingen 1929 (=Aus weiter Welt 69).

Voigt, Bernhard: Cecil Rhodes. Der Lebensraum eines Briten, Potsdam 1939.

Voigt, Bernhard: Das Herz der Wildnis. Ein Roman aus Deutsch-Südwest-Afrikas ersten Tagen, Reutlingen 1940.

Voigt, Bernhard: Der Südafrikanische Lederstrumpf, Bd. 1: Die Vortrecker, Potsdam ^{4}1934 (zuerst 1932).

Voigt, Bernhard: Der Südafrikanische Lederstrumpf, Bd. 2: Die deutsche Landnahme, Potsdam ^{4}1941 (zuerst 1934).

Voigt, Bernhard: Der Südafrikanische Lederstrumpf, Bd. 3: Die Farmer vom Seeis-Rivier, Potsdam ^{2}1936 (zuerst 1936).

Voigt, Bernhard: Die Buren. Südafrikanisches Grenzerbuch, Berlin 1930.

Voigt, Bernhard: Die Vortrecker. Eine Erzählung, Potsdam o.J (=Voggenreiter Feldposttaschenheft 7).

Voigt, Bernhard: Im Schülerheim zu Windhuk. Deutsche Jungen in Steppe und Busch, Berlin 1943.

Voigt, Bernhard: Schutztruppler in Südwestafrika, Potsdam 1939.

Warriors, Leaders, Sages, and Outcasts in the Namibian Past. Narratives Collected from Herero Sources for the Michael Scott Oral Records Project (MSORP) 1985/86, hrsg. von Annemarie Heywood, Brigitte Lau und Raimund Ohly, Windhoek 1992.

Was Herero erzählten und sangen. Texte, Übersetzung, Kommentar, hrsg. von Ernst Dammann, Berlin 1987 (=Afrika und Übersee, Beiheft 32).

Weber, Max: Gesammelte politische Schriften, hrsg. von Johannes Winckelmann, Tübingen ^{2}1958.

Winkler, Alfred von: Bleib treu Süd-West!, Leipzig o.J. (circa 1913).

Winkler, Alfred von: Im afrikanischen Sonnenbrand, Leipzig o.J. (circa 1912).

Wülfing, Walther: Die deutschen Südwester. Die Geschichte eines Kolonialkämpfers, Reutlingen o.J. (circa 1939).

Wülfing, Walther: Orlog in Deutsch-Südwest. Erzählung aus dem Hereroaufstand, Gütersloh o.J. (=Spannende Geschichten 48).

Wülfing, Walther: Peter Krafts Kampf um Blut und Boden. Erzählung von Frontsoldaten, Freikorpskämpfern und SA-Männern, Reutlingen 1935.

Sekundärliteratur

Afrika und der deutsche Kolonialismus, hrsg. von Renate Nestvogel und Rainer Tetzlaff, Berlin 1987.
Agamben, Giorgio: Homo Sacer. Souveräne Macht und bares Leben, Frankfurt am Main 2002 (zuerst Turin 1995).
»Die andere Stimme« – Das Fremde in der Kultur der Moderne, hrsg. von Alexander Honold und Manuel Köppen, Köln u.a. 1999.
Ansichten vom Krieg. Vergleichende Studien zum Ersten Weltkrieg in Literatur und Gesellschaft, hrsg. von Bernd Hüppauf, Königstein/Ts. 1984.
Arendt, Hannah: Elemente und Ursprünge totaler Herrschaft, München ⁴1995 (zuerst: New York NY 1951).
Assmann, Aleida: Die Legitimität der Fiktion. Ein Beitrag zur Geschichte literarischer Kommunikation, München 1980.
Bade, Klaus J.: Friedrich Fabri und der Imperialismus der Bismarckzeit. Revolution–Depression–Expansion, Freiburg 1975.
Badenberg, Nana: Von Fährten und Gefährten. Die Geburt der Pfadfinder aus dem Geiste des Kolonialismus, in: Afrika – Kultur und Gewalt. Hintergründe und Aktualität des Kolonialkriegs in Deutsch-Südwestafrika. Seine Rezeption in Literatur, Wissenschaft und Populärkultur (1904-2004), hrsg. von Christof Hamann, Iserlohn 2005, S. 57-84.
Literatur und Kolonialismus I, hrsg. von Wolfgang Bader und Janos Riesz, Frankfurt am Main 1983.
Balke, Friedrich: Politische Existenz und »bloßes Leben«. Zur Selektivität des Politischen am Beispiel Carl Schmitts, in: Feindschaft, hrsg. von Medardus Brehl und Kristin Platt, München 2003, S. 53-70.
Baßler, Moritz: New Historicism – Literaturgeschichte als Poetik der Kultur, in: New Historicism. Literaturgeschichte als Poetik der Kultur, hrsg. von dems., Frankfurt am Main 1995, S. 7-28.
Bauman, Zygmunt: Dialektik der Ordnung. Die Moderne und der Holocaust, Hamburg ²1994 (zuerst 1992; engl. Oxford/Ithaca NY 1989).
Bauman, Zygmunt: Moderne und Ambivalenz. Das Ende der Eindeutigkeit, Frankfurt am Main 1995 (zuerst Oxford 1991).
Beck, Thomas: Die indianisch-europäischen Beziehungen: Der Problem der Integration – ein Essay, in: Europäisch-indianischer Kulturkontakt in Nordamerika, hrsg. von Jürgen Bellers und Horst Gründer, Münster u.a. 1999 (=Geschichte und Kulturen. Zeitschrift zur Geschichte und Entwicklung der Dritten Welt 8), S. 1-26.
Benninghoff-Lühl, Sibylle:: »Ach Afrika! Wär' ich zu Hause!« Gedanken zum deutschen Kolonialroman der Jahrhundertwende, in: Afrika und der deutsche Kolonialismus, hrsg. von Renate Nestvogel und Rainer Tetzlaff, Berlin 1987, S. 83-100.

Benninghoff-Lühl, Sibylle: Deutsche Kolonialromane 1884-1914 in ihrem Entstehungs- und Wirkungszusammenhang, Bremen 1983.

Berger, Peter / Luckmann, Thomas: Die gesellschaftliche Konstruktion der Wirklichkeit. Eine Theorie der Wissenssoziologie, Frankfurt am Main 1969 (zuerst New York NY 1966).

Bhabha, Homi K.: Die Verortung der Kultur, Tübingen 2000 (zuerst London 1994).

Bitterli, Urs: Alte Welt – Neue Welt. Formen des europäisch-überseeischen Kulturkontaktes vom 15. bis zum 18. Jahrhundert, München 1986.

Bitterli, Urs: Die »Wilden« und die »Zivilisierten«. Gründzüge einer Geistes- und Kulturgeschichte der europäisch-überseeischen Begegnung, München 1976.

Bitterli, Urs: Die Entdeckung des Schwarzen Afrikaners. Versuch einer Geistesgeschichte der europäisch-afrikanischen Beziehungen an der Guineaküste im 17. und 18. Jahrhundert, Zürich/Freiburg i. Br. 1970.

Bley, Helmut: Kolonialherrschaft und Sozialstruktur in Deutsch-Südwestafrika 1894-1914, Hamburg 1968.

Bogdal, Klaus-Michael: Eliminatorische Normalisierung. Lebensläufe von »Zigeunern« in narrativen Texten, in: (Nicht)Normale Fahrten. Faszination eines modernen Narrationstyps, hrsg. von Ute Gerhard, Walter Grünzweig, Jürgen Link und Rolf Parr, Heidelberg 2003, S. 157-167.

Bogdal, Klaus-Michael: Historische Diskursanalyse der Literatur. Theorie, Arbeitsfelder, Analysen, Vermittlung, Opladen 1999.

Böttger, Jan Henning: FeindMasse. Scipio Sigheles Psychologie des Auflaufs und der Massenverbrechen und das Konstrukt »Masse«, in: Feindschaft, hrsg. von Medardus Brehl und Kristin Platt, München 2003, S. 226-254.

Böttger, Jan Henning: Zivilisierung der »Vernichtung«. »Hererokrieg«, »Eingeborene« und »Eingeborenenrecht« im Kolonialdiskurs, in: Zeitschrift für Genozidforschung, 4, 1, 2002, S. 23-53.

Bourdieu, Pierre : »Ökonomisches Kapital – Kulturelles Kapital – Soziales Kapital«, in: ders.: Die verborgenen Mechanismen der Macht. Schriften zur Politik und Kultur 1, hrsg. von Margarethe Steinrücken, Hamburg 1992, S. 49-80.

Bourdieu, Pierre: Die feinen Unterschiede. Kritik der gesellschaftlichen Urteilskraft, Frankfurt am Main ^{7}1994 (zuerst 1982; Paris 1979).

Bourdieu, Pierre: Sozialer Raum und »Klassen« / Leçon sur Leçon. Zwei Vorlesungen, Frankfurt am Main ^{3}1995.

Bourdieu, Pierre: Zur Soziologie der symbolischen Formen, Frankfurt am Main 1974.

Brehl, Medardus: »Das Wort schon stockt mir vor Grauen«. Krieg, Gewalt und Sprache im Werk August Stramms, in: Gewalt. Strukturen, Formen, Repräsentationen, hrsg. von Mihran Dabag, Antje Kapust und Bernhard Waldenfels, München 2000, S. 237-259.

Brehl, Medardus: (Ein)Geborene Feinde. Der Entwurf existentieller Feindschaft im Kolonialdiskurs, in: Feindschaft, hrsg. von dems. und Kristin Platt, München 2003, S. 157-177.

Brehl, Medardus: »Ich denke, die haben ihnen zum Tode verholfen.« Koloniale Gewalt in kollektiver Rede, in: Kolonialismus. Kolonialdiskurs und Genozid, hrsg. von Mihran Dabag, Horst Gründer und Uwe-K. Ketelsen, München 2004, S. 185-215.

Brehl, Medardus: Krieg der Codes, in: Reden von Gewalt, hrsg. von Kristin Platt, München 2002, S. 196-226.

Brehl, Medardus: Rassenmischung als Indiskretion. Textliche Re-Präsentationen des »Mischlings« in der Deutschen Kolonialliteratur über den »Hererokrieg«, in: Rassenmischehen–Mischlinge–Rassentrennung, hrsg. von Frank Becker, Stuttgart 2004, S. 254-268.

Brenner, Peter J.: Der Reisebericht in der deutschen Literatur. Ein Forschungsüberblick als Vorstudie zu einer Gattungsgeschichte, Tübingen 1990.

Brenner, Peter J.: Die Erfahrung der Fremde: Zur Entwicklung einer Wahrnehmungsform in der Geschichte des Reiseberichts, in: Der Reisebericht: Die Entwicklung einer Gattung in der deutschen Literatur, hrsg. von dems., Frankfurt am Main 1989, S. 14-49.

Bridgman, Jon M. / Worley, Leslie J.: Genocide of the Hereros, in: Century of Genocide. Eyewitness Accounts and Critical Views, hrsg. von Samuel Totten, William S. Parsons und Israel W. Charny, New York NY/London 1997, S. 3-40.

Bridgman, Jon M.: The Revolt of the Hereros, Berkeley CA u.a. 1981.

Brieler, Ulrich: Blind Date. Michel Foucault in der deutschen Geschichtswissenschaft, in: Michel Foucault – Zwischenbilanz einer Rezeption. Frankfurter Foucault-Konferenz 2001, hrsg. von Axel Honneth und Martin Saar, Frankfurt am Main 2003, S. 311-334.

Brieler, Ulrich: Die Unerbittlichkeit der Historizität. Foucault als Historiker, Köln u.a. 1998.

Brüggenthies, Ursula: Die Pflicht zu töten. Kriegserziehung im Jugendbuch: Peter Moors Fahrt nach Südwest, in: Gift im Bücherschrank. Kinder und Jugendlektüre im Nationalsozialismus, hrsg. von Werner Graf, Berlin/Paderborn 1992, S. 96-111.

Bühl, Walter: Die Ordnung des Wissens, Berlin 1984.

Chickering, Roger: Die Alldeutschen erwarten den Krieg, in: Bereit zum Krieg. Kriegsmentalität im wilhelminischen Deutschland 1890-1914, hrsg. von Jost Dülffer und Karl Holl, Göttingen 1986, S. 20-32.

Christadler, Marieluise: Kriegserziehung im Jugendbuch. Literarische Mobilmachung in Deutschland und Frankreich vor 1914, Frankfurt am Main 1978, S. 248-265.

Christadler, Marieluise: Zwischen Gartenlaube und Genozid. Kolonialistische Jugendbücher im Kaiserreich, in: Aus Politik und Zeitgeschichte (=Beilage zu »Das Parlament«), Nr. B21, 1977 (28.05.1977), S. 18-36.

Chvatík, Kvetoslav: Die strukturalistische Auffassung des Verhältnisses von Kunst und Gesellschaft, in: ders.: Strukturalismus und Avantgarde. Aufsätze zur Kunst und Literatur, München 1970, S. 122-126.

»... da und dort ein neues Deutschland gründen.« Rassismus, Kolonien und kolonialer Gedanke vom 16. bis zum 20. Jahrhundert, hrsg. von Horst Gründer, München 1999.

Dabag, Mihran: Genozid und Weltbürgerliche Absicht. Perspektiven, in: Weltbürgertum und Globalisierung, hrsg. von Norbert Bolz, Friedrich A. Kittler und Raimar Zons, München 2000, S. 43-70.

Dabag, Mihran: Genozidforschung. Leitfragen, Kontroversen, Überlieferung, in: Zeitschrift für Genozidforschung 1, 1, 1999, S. 6-35.

Dabag, Mihran: Gestaltung durch Vernichtung. Politische Vision und generationale Selbstermächtigung in den Bewegungen der Nationalsozialisten und der Jungtürken, in: Die Machbarkeit der Welt. Wie der Mensch sich als Subjekt der Geschichte entdeckt, hrsg. von dems. und Kristin Platt, München 2006.

Dabag, Mihran: Gewalt und Genozid. Annäherungen und Distanzierungen, in: Gewalt. Strukturen, Formen, Repräsentationen, hrsg. von dems., Antje Kapust und Bernhard Waldenfels, München 2000, S. 170-186.

Dabag, Mihran: Katastrophe und Identität. Verfolgung und Erinnerung in der armenischen Gemeinschaft, in: Erlebnis–Gedächtnis–Sinn. Authentische und konstruierte Erinnerung, hrsg. von Hanno Loewy und Bernhard Moltmann, Frankfurt am Main/New York NY 1996, S. 177-237.

Dabag, Mihran: Modern Societies and Collective Violence. The Framework of interdisciplinary Genocide Studies, in: Genocide. Approaches, Case Studies and Responses, hrsg. von Graham C. Kinloch und Raj P. Mohan, New York NY 2005, S. 37-62.

Dabag, Mihran: National-koloniale Konstruktionen in politischen Entwürfen des Deutschen Reichs um 1900, in: Kolonialismus. Kolonialdiskurs und Genozid, hrsg. von Mihran Dabag, Horst Gründer und Uwe K. Ketelsen, München 2004, S. 19-66.

Dabag, Mihran: The Decisive Generation. Self-Authorization and Delegations in Deciding a Genocide, in: Genocide. Approaches, Case Studies, and Responses, hrsg. von Graham C. Kinloch and Raj P. Mohan, New York NY 2005, S. 113-139.

Dabag, Mihran: The Realm of Perspectives. Some Reflections on an interdisciplinary Approach to Genocide Studies, in: International Journal of Contemporary Sociology 39, 2, 2002, S. 177-197.

Das Fremde. Reiseerfahrungen, Schreibformen und kulturelles Wissen, hrsg. von Alexander Honold und Klaus R. Scherpe. Bern u.a. 1999 (=Zeitschrift für Germanistik. Neue Folge, Beiheft 2, 1999).

Derrida, Jacques: Grammatologie. Frankfurt am Main ^{6}1996 (zuerst: 1983; franz.: Paris 1967).

Deutsche Literatur. Eine Sozialgeschichte. 10 Bde., hrsg. von Horst Albert Glaser, Reinbek 1980ff.

Diskurstheorien und Literaturwissenschaft, hrsg. von Jürgen Fohrmann und Harro Müller, Frankfurt am Main 1988.

Djomo, Isaïe: »Des Deutschen Feld, es ist die Welt!«. Pangermanismus in der Literatur des Kaiserreichs, dargestellt am Beispiel der deutsche Koloniallyrik. Ein Beitrag zur Literatur im historischen Kontext, St. Ingbert 1992.

Drechsler, Horst: Aufstände in Südwestafrika. Der Kampf der Herero und Nama 1904 bis 1907 gegen die deutsche Kolonialherrschaft, Berlin (Ost) 1984.

Drechsler, Horst: Südwestafrika unter deutscher Kolonialherrschaft. Die großen Land- und Minengesellschaften (1885-1914), Stuttgart 1996.

Drechsler, Horst: Südwestafrika unter deutscher Kolonialherrschaft. Der Kampf der Herero und Nama gegen den deutschen Imperialismus (1884-1915), Berlin (Ost) 1966.

Drechsler, Horst: The Hereros of South-West Africa, in: The History and Sociology of Genocide. Analyses and Case Studies, hrsg. von Frank Chalk und Kurt Jonassohn, New Haven CT/London 1990, S. 230-248.

Dülffer, Jost: Regeln gegen den Krieg? Die Haager Friedenskonferenzen von 1899 und 1907 in der internationalen Politik, Berlin u.a. 1981.

Eiselen, Gudrun: Südafrikanische Lebensform in Hans Grimms Dichtung, Diss., Tübingen 1951.

Elliott, John H.: Die Neue in der Alten Welt. Folgen einer Eroberung 1492-1650, Berlin 1992.

El-Tayeb, Fatima: Schwarze Deutsche. Der Diskurs um »Rasse« und nationale Identität 1890-1933, Frankfurt am Main/New York NY 2001.

Epstein, Klaus: Erzberger and the German Colonial Scandals, 1905-1910, in: The English Historical Review, Band 74, London 1959, S. 658-667.

Essner, Cornelia: Deutsche Afrikareisende im 19. Jahrhundert. Zur Sozialgeschichte des Reisens, Stuttgart 1985.

Fein, Helen: Genozid als Staatsverbrechen. Beispiele aus Rwanda und Bosnien, in: Zeitschrift für Genozidforschung 1, 1, 1999, S. 36-45.

Feindschaft, hrsg. von Medardus Brehl und Kristin Platt, München 2003.

Fenske, Hans: Ungeduldige Zuschauer. Die Deutschen und die europäische Expansion 1815-1880, in: Imperialistische Kontinuität und nationale Ungeduld im 19. Jahrhundert, hrsg. von Wolfgang Reinhard, Frankfurt am Main 1991, S. 87-123.

Fieldhouse, Donald K.: Die Kolonialreiche seit dem 18. Jahrhundert, Frankfurt am Main 1965 (=Fischer Weltgeschichte Bd. 29).

Fink-Eitel, Hinrich: Die Philosophie und die Wilden. Über die Bedeutung des Fremden für die europäische Geistesgeschichte, Hamburg 1994.

Fischer, Fritz: Bündnis der Eliten. Zur Kontinuität der Machtstrukturen in Deutschland 1871-1945, Düsseldorf ^{2}1985 (zuerst 1979).

Flusser, Vilém: Die kodifizierte Welt, in: ders.: Lob der Oberflächlichkeit. Für eine Phänomenologie der Medien. Schriften 1, hrsg. von Stefan Bollmann und Edith Flusser, Mannheim ^{2}1995.

Flusser, Vilém: Umbruch der menschlichen Beziehungen, in: ders.: Kommunikologie. Schriften Bd. 4, hrsg. von Stefan Bollmann und Edith Flusser, Mannheim 1996.

Flusser, Vilém: Die Schrift. Hat Schreiben Zukunft? Frankfurt am Main 1992 (zuerst Göttingen 1987).

Foucault, Michel: Archäologie des Wissens, Frankfurt am Main [6]1994 (zuerst 1981; Paris 1969).

Foucault, Michel: Die Ordnung der Dinge. Eine Archäologie der Humanwissenschaften, Frankfurt am Main [13]1995 (zuerst 1971; Paris1966).

Foucault, Michel: Die Ordnung des Diskurses, Frankfurt am Main 1991 (zuerst München 1974; Paris 1972)

Foucault, Michel: In Verteidigung der Gesellschaft. Vorlesungen am Collège de France (1975-76), Frankfurt am Main 2001 (zuerst 1999; Paris 1996).

Foucault, Michel: Mikrophysik der Macht. Über Strafjustiz, Psychiatrie und Medizin, Berlin 1976.

Foucault, Michel: Schriften zur Literatur, Frankfurt am Main 1993.

Foucault, Michel: Überwachen und Strafen. Die Geburt des Gefängnisses, Frankfurt am Main 1994 (zuerst 1977; Paris 1975).

Fröhlich, Michael: Imperialismus. Deutsche Kolonial- und Weltpolitik 1880-1914, München 1994.

Fussell, Paul: Der Einfluß kultureller Paradigmen auf die literarische Wiedergabe traumatischer Erfahrungen, in: Kriegserlebnis. Der Erste Weltkrieg in der literarischen Gestaltung und symbolischen Deutung der Nationen, hrsg. von Klaus Vondung, Göttingen 1980, S. 175-187.

Fussell, Paul: The Great War and Modern Memory, Oxford u.a. 1975.

Generation und Gedächtnis, hrsg. von Kristin Platt und Mihran Dabag, Opladen 1995.

Genette, Gérard: Palimpseste, Frankfurt am Main 1993 (zuerst Paris 1982).

Genette, Gérard: Paratexte. Das Buch vom Beiwerk des Buches. Frankfurt am Main 1992 (zuerst Paris 1987).

Genocide and Settler Society. Frontier Violence and Stolen Indigenous Children in Australian History, hrsg. von A. Dirk Moses, New York NY/Oxford 2004.

Genozid und Moderne. Strukturen kollektiver Gewalt im 20. Jahrhundert, hrsg. von Mihran Dabag und Kristin Platt, Opladen 1998.

Gerhard, Ute: Deutsche Kolonialromane zwischen völkischer Heimatliteratur und biopolitischer Narration, in: Afrika – Kultur und Gewalt. Hintergründe und Aktualität des Kolonialkriegs in Deutsch-Südwestafrika. Seine Rezeption in Literatur, Wissenschaft und Populärkultur (1904-2004), hrsg. von Christof Hamann, Iserlohn 2005, S. 127-140.

Gerhard, Ute: Eine »gestaute« Masse in Bewegung. Der Siedler in »Deutsch-Südwest« als literarische Figur, in: Sprache im technischen Zeitalter 41, Heft 168, 2003, S. 415-427.

Gerhard, Ute: Nomadische Bewegungen und die Symbolik der Krise. Flucht und Wanderung in der Weimarer Republik, Opladen 1998.
Geschichte schreiben mit Foucault, hrsg. von Jürgen Martschukat, Frankfurt am Main/New York NY 2002.
Gewald, Jan-Bart: Herero Heroes. A Socio-Political History of the Herero of Namibia, 1890-1923, Oxford/Cape Town/Athens OH 1999.
Gewalt. Strukturen, Formen, Repräsentationen, hrsg. von Mihran Dabag, Antje Kapust und Bernhard Waldenfels, München 2000.
Gewecke, Frauke: Wie die neue Welt in die alte kam, München 1992 (zuerst: Stuttgart 1986).
Grebing, Helga: Arbeiterbewegung. Sozialer Protest und kollektive Interessenvertretung bis 1914, München ²1987 (zuerst 1985).
Greenblatt, Stephen: Die Zirkulation sozialer Energie, in: ders.: Verhandlungen mit Shakespeare. Innenansichten der englischen Renaissance, Frankfurt am Main 1993, S. 9-33.
Greenblatt, Stephen: Wunderbare Besitztümer. Die Erfindung des Fremden: Reisende und Entdecker, Berlin 1994 (zuerst Oxford u.a. 1991).
Grosse, Pascal: Kolonialismus, Eugenik und bürgerliche Gesellschaft in Deutschland 1850-1918, Frankfurt am Main/New York NY 2000.
Gründer, Horst: Christliche Mission und deutscher Imperialismus. Eine politische Geschichte ihrer Beziehungen während der Kolonialzeit (1884-1914) unter besonderer Berücksichtigung Afrikas und Chinas, Paderborn 1982.
Gründer, Horst: Eine Geschichte der europäischen Expansion. Von Entdeckern und Eroberern zum Kolonialismus, Stuttgart 2003.
Gründer, Horst: Genozid oder Zwangsmodernisierung? Der moderne Kolonialismus in universalgeschichtlicher Perspektive, in: Genozid und Moderne. Strukturen kollektiver Gewalt im 20. Jahrhundert, hrsg. von Mihran Dabag und Kristin Platt, Opladen 1998, S. 135-151.
Gründer, Horst: Geschichte der Deutschen Kolonien. Paderborn ⁵2004 (zuerst 1985).
Gründer, Horst: Mission und Gewalt im kolonialen Kontext. Das Beispiel China, in: Kolonialismus. Kolonialdiskurs und Genozid, hrsg. von Mihran Dabag, Uwe-K. Ketelsen und Horst Gründer, München 2004, S. 136-149.
Gründer, Horst: Welteroberung und Christentum. Ein Handbuch zur Geschichte der Neuzeit, Gütersloh 1992.
Gustav Frenssen in seiner Zeit. Von der Massenliteratur im Kaiserreich zur Massenideologie im NS-Staat, hrsg. von Kay Dohnke und Dietrich Stein, Heide 1997.
Hallgarten, Georg W. F.: Imperialismus vor 1914. 2 Bde., München (2. durchgearb. und stark erw. Aufl.) 1963 (zuerst 1951).
Hansers Sozialgeschichte der Literatur vom 16. Jahrhundert bis zur Gegenwart, begründet von Horst Grimminger, München 1980ff.
Harding, Leonhard: Mission und Gewalt. Zum Verhältnis von missionarischem Diskurs, Geschichtsbewußtsein und Gewalt in Rwanda, in: Kolonialis-

mus. Kolonialdiskurs und Genozid, hrsg. von Mihran Dabag, Uwe K.-Ketelsen und Horst Gründer, München 2004, S. 232-260.

Harth, Diertich: Die Geschichte ist ein Text. Versuch über die Metamorphosen des historischen Diskurses, in: Formen der Geschichtsschreibung. Theorie der Geschichte: Beiträge zur Historik 4, hrsg. von Reinhart Koselleck, Heinrich Lutz und Jörn Rüsen, München 1982, S. 452-479.

Hauptmeier, Helmut / Schmidt, Siegfried J.: Einführung in die empirische Literaturwissenschaft, Braunschweig 1985.

Henrichsen, Dag: Herrschaft und Identifikation im vorkolonialen Zentralnamibia: das Herero- und Damaraland im 19. Jahrhundert, Hamburg, Diss., 1997.

Hielscher, Martin: Sprechende Ochsen und die Beschreibung der Wolken. Formen der Subversion in Uwe Timms Roman Morenga, in: Sprache im technischen Zeitalter 41, Heft 168, 2003, S. 463-471.

Hofmann, Sabine: Die Konstruktion kolonialer Wirklichkeit. Eine diskursanalytische Untersuchung französischer Karibiktexte des frühen 17. Jahrhunderts, Frankfurt am Main/New York NY 2001.

Hofmann, Sabine: Koloniale Diskurse in der Karibik. Strategien der Rechtfertigung, in: Kolonialismus. Kolonialdiskurs und Genozid, hrsg. von Mihran Dabag, Uwe-K. Ketelsen und Horst Gründer, München 2004, S. 150-166.

Hölscher, Lucian: Neue Annalistik. Entwurf zu einer Theorie der Geschichte, in: Zukunft der Geschichte. Historisches Denken an der Schwelle zum 21. Jahrhundert, hrsg. von Stefan Jordan, Berlin 2000, S. 158-174 (zuerst in englischer Sprache, in: History and Theory 36, 3, 1997, S. 317-335).

Hölscher, Lucian: Neue Annalistik. Umrisse einer Theorie der Geschichte, Göttingen 2003.

Hölscher, Lucian: Wie begrenzt ist die Sozialgeschichte? Diskutiert am Beispiel des Industrialisierungsdiskurses. In: Was ist Gesellschaftsgeschichte? Positionen, Themen, Analysen, hrsg. von Manfred Hettling, Claudia Huerkamp, Paul Nolte und Hans-Walter Schmuhl, München 1991, S. 312-322.

Honold, Alexander: Der Exot und sein Publikum. Völkerschau in der Kolonialzeit, in: Rassenmischehen–Mischlinge–Rassentrennung. Zur Politik der Rasse im deutschen Kolonialreich, hrsg. von Frank Becker, Stuttgart 2004, S. 357-375

Honold, Alexander: Raum ohne Volk. Zur Imaginationsgeschichte der kolonialen Geographie, in: Kolonialismus. Kolonialdiskurs und Genozid, hrsg. von Mihran Dabag, Horst Gründer und Uwe-K. Ketelsen, München 2004, S. 95-110.

Horn, Peter: Die Versuchung durch die barbarische Schönheit. Zu Hans Grimms »farbigen« Frauen, in: Germanisch-Romanische Monatshefte 35, 1985, S. 317-341.

Hull, Isabel V.: Absolute Destruction. Military culture and the practices of war in Imperial Germany, Ithaca NY/London 2005.

Imperialismus und Kolonialmission. Kaiserliches Deutschland und koloniales Imperium, hrsg. von Klaus J. Bade, Wiesbaden 1982.

Imperialismus, hrsg. von Hans-Ulrich Wehler, Königstein/Ts. ³1976 (zuerst 1970).

In Treue fest Südwest. Eine ideologiekritische Dokumentation von der Eroberung Namibias über die deutsche Fremdherrschaft bis zur Kolonialapologie der Gegenwart, hrsg. von Henning Melber, Bonn 1984.

Jordan, Otto: Gustav-Frenssens-Bibliographie, Bohmstedt 1978.

Kanon und Zensur. Beiträge zur Archäologie der literarischen Kommunikation 2, hrsg. von Aleida Assmann und Jan Assmann, München 1987.

Keil, Florian: Die postkoloniale deutsche Literatur in Namibia (1920-2000), Stuttgart (Diss.) 2003 (Online Ressource: http://deposit.ddb.de/cgi-bin/dokserv?idn= 968953298&dok_var=d1&dok_ext=pdf&filename=-968953298.pdf).

Kern, Alexander: Die Soziologie des Wissens in der Literaturwissenschaft, in: Moderne amerikanische Literaturtheorien, hrsg. von Joseph Strelka und Walter Hinderer, Frankfurt am Main 1970, S. 338-348 (zuerst in: The Sewanee Review, 1942, S. 505-515).

Ketelsen, Uwe-K.: Das »Niederdeutsche« als literarisches Konzept der Krisenbewältigung. Eine historische Analyse der Erzählkonzeption von Gustav Frenssens Roman Jörn Uhl, in: ders.: Literatur und Drittes Reich, Vierow bei Greifswald ²1994, S. 148-171.

Ketelsen, Uwe-K.: Der koloniale Diskurs und die Öffnung des europäischen Ostens im deutschen Roman, Kolonialismus. Kolonialdiskurs und Genozid, hrsg. von Mihran Dabag, Horst Gründer und Uwe-K. Ketelsen, München 2004, S. 67-94.

Ketelsen, Uwe-K.: Gustav Frenssens Werk und die deutsche Literatur der ersten Jahrzehnte unseres Jahrhunderts, in: Gustav Frenssen in seiner Zeit. Von der Massenliteratur im Kaiserreich zur Massenideologie im NS-Staat, hrsg. von Kay Dohnke und Dietrich Stein, Heide 1997, S. 152-181.

Ketelsen, Uwe-K.: Klaustrophobie im Kloster Lippoldsberg. Hans Grimms Roman »Volk ohne Raum«: Ein Bilderbuch rechter Ideologie in Deutschland, in: ders.: Literatur und Drittes Reich, Vierow bei Greifswald ²1994, S. 199-215.

Ketelsen, Uwe-K.: Literatur und Drittes Reich, Vierow bei Greifswald ²1994.

Ketelsen, Uwe-K.: Niederdeutschland: Ein Joseph unter seinen Brüdern. August Julius Langbehns Rembrandt als Nothelfer in der Krise der europäischen Kultur, in: ders.: Literatur und Drittes Reich, Vierow bei Greifswald ²1994, S. 128-147.

Ketelsen, Uwe-K.: Über »Literatur des Dritten Reichs« schreiben, in: ders.: Literatur und Drittes Reich, Vierow bei Greifswald ²1994, S. 11-27.

Kolonialismus als Kultur. Literatur, Medien, Wissenschaft in der deutschen Gründerzeit des Fremden, hrsg. von Alexander Honold und Oliver Simons, Tübingen/Basel 2002.

Kolonialismus. Kolonialdiskurs und Genozid, hrsg. von Mihran Dabag, Horst Gründer und Uwe-K. Ketelsen, München 2004.

Köppen, Manuel: Im Krieg mit dem Fremden. Barbarentum und Kulturkampf, in: Literatur, Medien, Wissenschaft in der deutschen Gründerzeit des Fremden, hrsg. von Alexander Honold und Oliver Simons, Tübingen/Basel 2002, S. 263-287.

Kößler, Reinhart / Melber, Henning: Völkermord und Gedenken. Der Genozid an den Herero und Nama in Deutsch-Südwestafrika 1904-1908, in: Völkermord und Kriegsverbrechen in der ersten Hälfte des 20. Jahrhunderts, hrsg. im Auftrag des Fritz Bauer Instituts von Irmtrud Wojak und Susanne Meinl, Frankfurt am Main/New York NY 2004 (=Jahrbuch 2004 zur Geschichte und Wirkung des Holocaust), S. 37-76.

Köster, Werner: Die Rede über den »Raum«. Zur semantischen Karriere eines deutschen Konzepts, Heidelberg 2001.

Kouamé, Kouassi: La Propagande Colonialiste dans la Littérature Allemande (de la conférence de Berlin 1884/85 à la deuxième guerre mondiale). Contribution à la critique de l'idéologie impérialiste, phil. Diss., Saarbrücken 1981.

Kriegserlebnis. Der Erste Weltkrieg in der literarischen Gestaltung und symbolischen Deutung der Nationen, hrsg. von Klaus Vondung, Göttingen 1980.

Krüger, Gesine: Das goldene Zeitalter der Viehzüchter. Namibia im 19. Jahrhundert, in: Völkermord in Deutsch-Südwestafrika. Der Kolonialkrieg (1904-1908) in Namibia und seine Folgen, hrsg. von Jürgen Zimmerer und Joachim Zeller, Berlin 2003, S. 13-26.

Krüger, Gesine: Kriegsbewältigung und Geschichtsbewußtsein. Realität, Deutung und Verarbeitung des deutschen Kolonialkriegs in Namibia 1904 bis 1907, Göttingen 1999.

Kuhn, Thomas: Die Struktur wissenschaftlicher Revolutionen, Frankfurt am Main [12]1993 (zuerst: Chicago IL 1962).

Kundrus, Birthe: Moderne Imperialisten. Das Kaiserreich im Spiegel seiner Kolonien, Köln/Weimar/Wien 2003.

Kundrus, Birthe: Von Windhoek nach Nürnberg? Koloniale »Mischehenverbote« und die nationalsozialistische Rassengesetzgebung, in: Phantasiereiche. Zur Kulturgeschichte des deutschen Kolonialismus, hrsg. von ders., Frankfurt am Main/New York NY 2003, S. 110-131.

Kürschners Deutscher Literatur-Kalender 1937/38, Berlin/Leipzig 1937.

Lau, Brigitte: Uncertain Certainies. The Herero-German War of 1904, in: dies.: History and Historiography. 4 Essays in Reprint, hrsg. von Annemarie Heywood, Windhoek 1995 (zuerst 1989).

Lindqvist, Sven: Durch das Herz der Finsternis. Ein Afrikareisender auf den Spuren des europäischen Völkermords. Frankfurt am Main/New York NY 1999.

Link, Jürgen: Diskursive Ereignisse, Diskurse, Interdiskurse: Sieben Thesen zur Operativität der Diskursanalyse am Beispiel des Normalismus, in: Das Wuchern der Diskurse. Perspektiven der Diskursanalyse Foucaults, hrsg. von Hannelore Bublitz, Andrea D. Bührmann, Christine Hanke und Andrea Seier, Frankfurt am Main/New York NY 1999, S. 148-161.

Link, Jürgen: Literaturanalyse als Interdiskursanalyse. Am Beispiel des Ursprungs literarischer Symbolik in der Kollektivsymbolik, in: Diskurstheorien und Literaturwissenschaft, hrsg. von Jürgen Fohrmann und Harro Müller, Frankfurt am Main 1988, S. 284-310.

Mann, Michel: Das Gewaltdispositiv des modernen Kolonialismus, in: Kolonialismus. Kolonialdiskurs und Genozid, hrsg. von Mihran Dabag, Horst Gründer und Uwe-K. Ketelsen, München 2004, S. 111-135.

Martin, Peter: Schwarze Teufel, Edle Mohren. Afrikaner in Geschichte und Bewußtsein der Deutschen, Hamburg 2001 (zuerst 1993).

Marx, Christoph: »Völker ohne Schrift«. Zur historischen Erfassung des vorkolonialen Schwarz-afrika in der deutschen Forschung des 19. und frühen 20. Jahrhundert, Stuttgart 1988.

Marx, Christoph: Der Afrikareisende Georg Schweinfurth und der Kannibalismus. Überlegungen zur Bewältigung der Begegnung mit fremden Kulturen, in: Wiener Ethnologische Blätter 34, 1989, S. 69-97.

Marx, Christoph: Die »Geschichtslosigkeit Afrikas« und die Geschichte der deutschen Afrikaforschung im späten 19. Jahrhundert, in: Geschichtsdiskurs, Bd. 3: Die Epoche der Historisierung, hrsg. von Wolfgang Küttler, Jörn Rüsen und Ernst Schulin, Frankfurt am Main 1997, S. 272-281.

McLeod, John: Beginning Postcolonialism, Manchester u.a. 2000.

Melber, Henning: Der Weißheit letzter Schluß. Rassismus und Kolonialer Blick, Frankfurt am Main 1992.

Melber, Henning: Kontinuitäten totaler Herrschaft: Völkermord und Apartheid in »Deutsch-Südwestafrika«. Zur kolonialen Herrschaftspraxis im Deutschen Kaiserreich, in: Jahrbuch für Antisemitismusforschung 1, Frankfurt am Main/New York NY 1992, S. 91-116.

Mergenthaler, Volker: Völkerschau–Kannibalismus–Fremdenlegion. Zur Ästhetik der Transgression (1897-1936), Tübingen 2005.

Mergner, Gottfried: Solidarität mit den »Wilden«. Das Verhältnis der deutschen Sozialdemokratie zu den afrikanischen Widerstandskämpfern in den ehemaligen deutschen Kolonien um die Jahrhundertwende, in: Internationalism in the Labour Movement 1830-1940, Bd. 1, hrsg. von Frits van Holthoon und Marcel van der Linden, Leiden 1988, S. 68-86.

Maset, Michael: Diskurs, Macht und Gesellschaft. Foucaults Analysetechniken und die historische Forschung, Frankfurt am Main/New York NY 2002.

Meyn, Rolf: Abstecher in die Kolonialliteratur. Gustav Frenssens Peter Moors Fahrt nach Südwest, in: Gustav Frenssen in seiner Zeit. Von der Massenliteratur im Kaiserreich zur Massenideologie im NS-Staat, hrsg. von Kay Dohnke und Dietrich Stein, Heide 1997, S. 316-346.

Michel Foucault. Zwischenbilanz einer Rezeption. Frankfurter Foucault-Konferenz 2001, hrsg. von Axel Honneth und Martin Saar, Frankfurt am Main 2003.

Mission und Gewalt. Der Umgang christlicher Missionen mit Gewalt und die Ausbreitung des Christentums in Afrika und Asien in der Zeit von 1792 bis 1918/19, hrsg. von Ulrich van der Heyden und Jürgen Becher, Stuttgart 2000.

Mit Deutschland um die Welt. Eine Kulturgeschichte des Fremden in der Kolonialzeit, hrsg. von Alexander Honold und Klaus R. Scherpe, Stuttgart 2004.

Mommsen, Wolfgang J.: Das Zeitalter des Imperialismus, Frankfurt am Main ²¹1998 (zuerst 1969; (=Fischer Weltgeschichte Bd. 28).

Mommsen, Wolfgang J.: Der europäische Imperialismus. Aufsätze und Abhandlungen, Göttingen 1979.

Mommsen, Wolfgang J.: Imperialismus. Seine geistigen, politischen und wirtschaftlichen Grundlagen, Hamburg 1977.

Mommsen, Wolfgang J.: Imperialismustheorien. Ein Überblick über die neueren Imperialismusinterpretationen, Göttingen ³1987 (zuerst 1977).

Mukarovsky, Jan: Kapitel aus der Ästhetik, Frankfurt am Main 1970.

Mukarovsky, Jan: Kunst, Poetik, Semiotik, hrsg. von Kvetoslav Chvatík, Frankfurt am Main 1989.

New Historicism. Literaturgeschichte als Poetik der Kultur, hrsg. von Moritz Baßler, Frankfurt am Main 1995.

Niethammer, Lutz: Kollektive Identität. Heimliche Quellen einer unheimlichen Konjunktur, Reinbek 2000.

Noyes, John: Colonial Space. Spatiality, Subjectivity and Society in the Colonial discourse of German South-West Africa, 1884-1916, Chur u.a. 1990.

Nuhn, Walter: Sturm über Südwest. Der Herero-Aufstand von 1904 – Ein düsteres Kapitel der deutschen kolonialen Vergangenheit Namibias, Bonn ⁴1997 (zuerst Koblenz 1989).

Ort, Claus-Michael: Texttheorie–Textempirie–Textanalyse. Zum Verhältnis von Hermeneutik, Empirischer Literaturwissenschaft und Literaturgeschichte, in: Empirische Literaturwissenschaft in der Diskussion, hrsg. von Achim Barsch, Gebhard Rusch und Reinhold Viehoff, Frankfurt am Main 1994, S. 104-122.

Ort, Claus-Michael: Vom Text zum Wissen. Die literarische Konstruktion sozio-kulturellen Wissens als Gegenstand einer nicht-reduktiven Sozialgeschichte der Literatur, in: Vom Umgang mit Literatur und Literaturgeschichte. Positionen und Perspektiven nach der »Theoriedebatte«, hrsg. von Lutz Danneberg and Friedrich Vollhardt, Stuttgart 1992, S. 409-441.

Osterhammel, Jürgen: Distanzerfahrung. Darstellungsweisen des Fremden im 18. Jahrhundert. in: Der europäische Beobachter außereuropäischer Kulturen. Zur Problematik der Wirklichkeitswahrnehmung, hrsg. von Hans-Joachim König, Wolfgang Reinhard und Reinhard Wendt, Berlin 1989 (=Zeitschrift für historische Forschung, Beiheft 7), S. 9-42.

Osterhammel, Jürgen: Kolonialismus. Geschichte – Formen – Folgen, München ⁴2003 (zuerst 1995).

Osterhammel, Jürgen: Neue Welten in der europäischen Geschichtsschreibung (ca. 1500-1800), in: Geschichtsdiskurs, Bd. 2: Anfänge modernen historischen Denkens, hrsg. von Wolfgang Küttler, Jörn Rüsen und Ernst Schulin, Frankfurt am Main 1994, S. 202-215.

Osterhammel, Jürgen: Vorbemerkung: Westliches Wissen und die Geschichte nichteuropäischer Zivilisationen, in: Geschichtsdiskurs, Bd. 4: Krisenbewußtsein, Katastrophenerfahrungen und Innovationen 1880-1945, hrsg. von Wolfgang Küttler, Jörn Rüsen und Ernst Schulin, Frankfurt am Main 1997, S. 307-313.

Palaver, Wolfgang: Vom Nutzen und Schaden der Feindschaft. Die mythischen Quellen des Politischen, in: Feindschaft, hrsg. von Medardus Brehl und Kristin Platt, München 2003, S. 71-92.

Palmer, Alison: Colonial Genocide, Hindmarsh SA/London 2000.

Parr, Rolf: Nach Gustav Frenssens Peter Moor. Kolonialisten, Herero und deutsche Schutztruppe bei Hans Grimm und Uwe Timm, in: Sprache im technischen Zeitalter 41, Heft 168, 2003, S. 395-410.

Phantasiereiche. Zur Kulturgeschichte des deutschen Kolonialismus, hrsg. von Birthe Kundrus, Frankfurt am Main/New York NY 2003.

Platt, Kristin / Brehl, Medardus: Einleitung, in: Feindschaft, hrsg. von dens., München 2003, S. 7-11.

Platt, Kristin: Fichte als Pfadfinder. Der geschichtsgestaltende Krieg im historisch entscheidenden Moment, in: Die Machbarkeit der Welt. Wie der Mensch sich als Subjekt der Geschichte entdeckt, hrsg. von Mihran Dabag und ders., München 2006, S. 93-141.

Platt, Kristin: Historische und traumatische Situation. Zur wissenschaftlichen Beschäftigung mit Extremtraumatisierungen durch kollektive Gewalt und Genozid, in: Gewalt. Strukturen, Formen, Repräsentationen, hrsg. von Mihran Dabag, Antje Kapust und Bernhard Waldenfels, München 2000, S. 260-278.

Platt, Kristin: Genozid und Moderne: Strukturen kollektiver Gewalt im 20. Jahrhundert. Einleitung, in: Genozid und Moderne. Strukturen kollektiver Gewalt im 20. Jahrhundert, hrsg. von Mihran Dabag und ders., Opladen 1998, S. 5-37.

Platt, Kristin: Gewalt und Enttäuschung. Tod und Trauma als Figurationen einer erflohenen Auseinandersetzung, in: Zeitschrift für Genozidforschung 2, 1, 2000, S. 10-39.

Platt, Kristin: Historische und traumatische Situation. Zur wissenschaftlichen Beschäftigung mit Extremtraumatisierungen durch kollektive Gewalt und Genozid, in: Gewalt. Strukturen, Formen, Repräsentationen, hrsg. von Mihran Dabag, Antje Kapust und Bernhard Waldenfels, München 2000, S. 260-278.

Platt, Kristin: Über das Reden, die Redenden und die Gefährlichkeit der Erfahrung von Gewalt, in: Reden von Gewalt, hrsg. von Kristin Platt, München 2002, S. 9-58.

Platt, Kristin: Über das Vorübergehende in der Geschichte: Gestaltung, Tod und Vernichtung in der Begründung historischer Kontinuität. Vortrag, gehalten auf der Tagung »Die Machbarkeit der Welt« in der Katholischen Akademie »Die Wolfsburg«, Mülheim/Ruhr, 27.-29. November 2003.

Platt, Kristin: Unter dem Zeichen des Skorpions. Feindmuster, Kriegsmuster und das Profil des Fremden, in: Feindschaft, hrsg. von Medardus Brehl und Kristin Platt, München 2003, S. 13-52.

Platt, Kristin: Witnessing the Catastrophe, in: Genocide. Approaches, Case Studies, and Responses, hrsg. von Graham C. Kinloch and Raj P. Mohan, New York NY 2005.

Poewe, Karla: The Namibian Herero. A History of their Psychological Disintegration and Survival, Lewiston NY 1985.

Pool, Gerhard: Samuel Maharero, Windhoek 1991.

(Post-)Kolonialismus und deutsche Literatur. Impulse der angloamerikanischen Literatur- und Kulturtheorie, hrsg. von Axel Dunker und Monika Albrecht, Bielefeld 2005.

Rasch, William: Human Rights as Geopolitics. Carl Schmitt and the Legal Form of American Supremacy, in: Cultural Critique Nr. 54, 2003, S. 120-148.

Rassenmischehen – Mischlinge – Rassentrennung. Zur Politik der Rasse im deutschen Kolonialreich, hrsg. von Frank Becker, Stuttgart 2004.

Reden von Gewalt, hrsg. von Kristin Platt, München 2002.

Reif, Wolfgang: Exotismus und Okkultismus, in: Deutsche Literatur. Eine Sozialgeschichte, Bd. 9: Weimarer Republik – Drittes Reich. Avantgardismus, Parteilichkeit, Exil 1918-1945, hrsg. von Alexander von Bormann und Horst Albert Glaser, Reinbek 1983, S. 155-179.

Reinhard, Wolfgang: »Sozialimperialismus« oder »Entkolonialisierung der Historie«. Kolonialkrise und »Hottentottenwahlen« 1904-1907, in: Historisches Jahrbuch 97/98 (1978), S. 384-417.

Reinhard, Wolfgang: Eingeborenenpolitik in Südwestafrika 1842 bis 1915. Der deutsche Weg zur Apartheit, in: Historische Blickpunkte. Festschrift für Johann Rainer zum 65. Geburtstag, hrsg. von Sabine Weiss, Innsbruck 1988, S. 543-556.

Reinhard, Wolfgang: Geschichte der europäischen Expansion. 4 Bde., Stuttgart u.a. 1983-1990.

Reinhard, Wolfgang: Kleine Geschichte des Kolonialismus, Stuttgart 1996.

Richter, Steffen: »Hic sunt leones«. Die Kolonialkriege in Deutsch-Südwestafrika und die deutschsprachige Gegenwartsliteratur, in: Sprache im technischen Zeitalter 41, Heft 168, 2003, S. 428-443.

Riesz, Janos: Zehn Thesen zum Verhältnis von Kolonialismus und Literatur, in: Literatur und Kolonialismus I, hrsg. von Wolfgang Bader und Janos Riesz, Frankfurt am Main 1983, S. 9-26.

Rokeach, Milton: The open and closed mind. Investigations into the nature of belief and personality systems, New York NY 1960.

Roth, Gerhard: Das Gehirn und seine Wirklichkeit. Kognitive Neurobiologie und ihre philosophischen Konsequenzen, Frankfurt am Main 1997.

Roth, Gerhard: Schnittstelle Gehirn – Interface Brain, Bern 1996.

Rusch, Gebhard: Auffassen, Begreifen und Verstehen. Neue Überlegungen zu einer konstruktivistischen Theorie des Verstehens, in: Kognition und Gesellschaft. Der Diskurs des Radikalen Konstruktivismus 2, hrsg. von Siegfried J. Schmidt, Frankfurt am Main 1992. S. 214-256.

Rüsen, Jörn: Die Kraft der Erinnerung im Wandel der Kultur. Zur Innovations- und Erneuerungsfunktion der Geschichtsschreibung, in: Der Diskurs der Literatur- und Sprachhistorie. Wissenschaftsgeschichte als Innovationsvorgabe, hrsg. von Bernard Cerquiglini und Hans Ulrich Gumbrecht, Frankfurt am Main 1983, S. 29-46.

Sadji, Uta: Der Negermythos am Ende des 18. Jahrhunderts in Deutschland. Eine Analyse der Rezeption von Reiseliteratur über Schwarzafrika, Frankfurt am Main u. a. 1979.

Sadji, Amadou Booker: Das Bild des Negro-Afrikaners in der Deutschen Kolonialliteratur (1884-1945). Ein Beitrag zur literarischen Imagologie Schwarzafrikas, Berlin 1985.

Sahlins, Marshall: Der Tod des Kapitän Cook. Geschichte als Metapher und Mythos als Wirklichkeit in der Frühgeschichte des Königreiches Hawaii, Berlin 1986.

Said, Edward W.: Kultur und Imperialismus. Einbildungskraft und Politik im Zeitalter der Macht, Frankfurt am Main 1994 (zuerst New York 1993).

Said, Edward W.: Orientalismus. Frankfurt am Main/Berlin/Wien 1981 (zuerst: London 1978).

Sarasin, Philipp: Geschichtswissenschaft und Diskursanalyse, Frankfurt am Main 2003.

Scheffer, Bernd: Interpretation und Lebensroman. Zu einer konstruktivistischen Literaturtheorie, Frankfurt am Main 1992.

Scheulen, Peter: Die »Eingeborenen« Deutsch-Südwestafrikas. Ihr Bild in deutschen Kolonialzeitschriften 1884-1918, Köln 1998.

Schmidt, Siegfried J.: Grundriss der empirischen Literaturwissenschaft (Taschenbuchausgabe), Frankfurt am Main 1991.

Schmidt, Siegfried J.: Kognitive Autonomie und soziale Orientierung. Konstruktivistische Bemerkungen zum Zusammenhang von Kognition, Kommunikation, Medien und Kultur, Frankfurt am Main 1994.

Schmidt, Siegfried J.: Literaturwissenschaft als argumentierende Wissenschaft. Zur Grundlegung einer rationalen Literaturwissenschaft, München 1975.

Schmidt, Siegfried J.: Vom Text zum Literatursystem. Skizze einer konstruktivistischen (empirischen) Literaturwissenschaft, in: Einführung in den Konstruktivismus, hrsg. von Heinz Gumin und Heinrich Meier, München ^{2}1995, S. 147-166.

Schmitt-Egner, Peter: Kolonialismus und Faschismus. Eine Studie zur historischen und begrifflichen Genesis faschistischer Bewußtseinsformen am deutschen Beispiel, Gießen 1975.

Schneider, Rosa B.: »Um Scholle und Leben« – Zur Konstruktion von »Rasse« und Geschlecht in der deutschen kolonialen Afrikaliteratur um 1900, Frankfurt am Main 2003.

Schubert Michael: Der schwarze Fremde. Das Bild des Schwarzafrikaners in der parlamentarischen und publizistischen Kolonialdiskussion in Deutschland von den 1870er bis in die 1930er Jahre, Stuttgart 2003.

Schülting, Sabine: Wilde Frauen, Fremde Welten. Kolonisierungsgeschichten aus Lateinamerika. Reinbek 1997.

Sippel, Harald: Der Deutsche Reichstag und das »Eingeborenenrecht«: Die Erforschung der Rechtsverhältnisse der autochthonen Völker in den deutschen Kolonien, in: Rabels Zeitschrift für ausländisches und internationales Privatrecht 61, 3, 1997, S. 714-738.

Social Representations, hrsg. von Robert M. Farr und Serge Moscovici, Cambridge 1984.

Spraul, Gunter: Der »Völkermord« an den Herero. Untersuchungen zu einer neuen Kontinuitätsthese, in: Geschichte in Wissenschaft und Unterricht 38, 12, 1988, S. 713-739.

Stark, Werner: Die Wissenssoziologie. Ein Beitrag zum tieferen Verständnis des Geisteslebens, Stuttgart 1960.

Stein, Dietrich: Spuren im Nebelland. Fakten und Menschliches in Frenssens Biographie, in: Gustav Frenssen in seiner Zeit. Von der Massenliteratur im Kaiserreich zur Massenideologie im NS-Staat, hrsg. von Kay Dohnke und dems., Heide 1997, S. 11-151.

Steins, Martin: Das Bild des Schwarzafrikaners in der europäischen Kolonialliteratur 1870-1918. Ein Beitrag zur literarischen Imagologie. Frankfurt am Main 1972.

Struck, Wolfgang: Die Lesbarkeit eines Kontinents. Afrika in der deutschen Literatur um 1900, in: Kodikas/Code. An International Journal of Semiotics 22, 1/2, 1999, S. 43-55.

Sudhold, Gert: Die deutsche Eingeborenenpolitik in Südwestafrika. Von den Anfängen bis 1904, Hildesheim/New York NY 1975.

Theweleit, Klaus: Männerphantasien. 2 Bde., München 1995 (zuerst 1977/1978).

Titzmann, Michael: Kulturelles Wissen–Diskurs–Denksystem. Zu einigen Grundbegriffen der Literaturgeschichtsschreibung, in: Zeitschrift für französische Sprache und Literatur 99, 1, 1989, S. 47-61.

Titzmann, Michael: Strukturale Textanalyse. Theorie und Praxis der Interpretation, München ^{3}1995 (zuerst 1977).

Todorov, Tzvetan: Die Eroberung Amerikas. Das Problem des Fremden, Frankfurt am Main ^{6}1993 (zuerst 1985; frz.: Paris 1982).

Trotha, Trutz von: Koloniale Herrschaft. Zur soziologischen Theorie der Staatsentstehung am Beispiel des »Schutzgebietes Togo«, Tübingen 1994.

van der Heyden, Ulrich: Die »Hottentottenwahlen« 1907, in: Völkermord in Deutsch-Südwestafrika. Der Kolonialkrieg (1904-1908) in Namibia und seine Folgen, hrsg. von Jürgen Zimmerer und Joachim Zeller, Berlin 2003, S. 97-102.

van der Heyden, Ulrich: Rote Adler an Afrikas Küste. Die brandenburgisch-preußische Kolonie Großfriedrichsburg in Westafrika, Berlin ^{2}2001 (zuerst 1993).

Völkermord in Deutsch-Südwestafrika. Der Kolonialkrieg (1904-1908) in Namibia und seine Folgen, hrsg. von Jürgen Zimmerer und Joachim Zeller, Berlin 2003.

Volkov, Shulamit: Antisemitismus als kultureller Code, in: dies.: Jüdisches Leben und Antisemitismus im 19. und 20. Jahrhundert. Zehn Essays, München 1990, S. 13-36.

Vondung, Klaus: Propaganda oder Sinndeutung?, in: Kriegserlebnis. Der Erste Weltkrieg in der literarischen Gestaltung und symbolischen Deutung der Nationen, hrsg. von dems., Göttingen 1980, S. 11-37.

Vondung, Klaus: Zur Lage der Gebildeten in der Wilhelminischen Zeit, in: Das Wilhelminische Bildungsbürgertum. Zur Sozialgeschichte seiner Ideen, hrsg. von Klaus Vondung, Göttingen 1976, S. 20-33.

Warmbold, Joachim: Deutsche Kolonial-Literatur. Aspekte ihrer Eigenart und Wirkung, dargestellt am Beispiel Afrikas, Lübeck (Eigendruck) 1982.

Warmbold, Joachim: »Ein Stückchen neudeutsche Erd.« Deutsche Kolonial-Literatur. Aspekte ihrer Geschichte, Eigenart und Wirkung, dargestellt am Beispiel Afrikas. Frankfurt am Main 1982 (Nachdruck in englischer Sprache unter dem Titel: Germanica in Africa. Germany's Colonial Literature, New York NY 1988).

Wassink, Jörg: Auf den Spuren des deutschen Völkermords in Südwestafrika. Der Herero-/Nama-Aufstand in der deutschen Kolonialliteratur. Eine literaturhistorische Analyse, München 2004.

Wehler, Hans-Ulrich: Sozialimperialismus, in: Imperialismus, hrsg. von dems., Königstein/Ts. ^{3}1976 (zuerst 1970), S. 83-96.

Weinberger, Gerda: Die deutsche Sozialdemokratie und die Kolonialpolitik. Zu einigen Aspekten der sozialdemokratischen Haltung in der kolonialen Frage in den letzten Jahrzehnten des 19. Jahrhunderts, in: Zeitschrift für Geschichtswissenschaft 15, 3, 1967, S. 402-423.

White, Hayden: Die Bedeutung der Form. Erzählstrukturen in der Geschichtsschreibung, Frankfurt am Main 1990 (zuerst: Baltimore/London 1987).

Wolter, Heike: »Volk ohne Raum« – Lebensraumvorstellungen in geographischen, literarischen und politischen Diskursen der Weimarer Republik, Münster 2003.

Zantop, Susanne: Kolonialphantasien im vorkolonialen Deutschland (1770-1870), Berlin 1999 (zuerst Durham NC 1997).

Zimmerer, Jürgen: Der koloniale Musterstaat? Rassentrennung, Arbeitszwang und totale Kontrolle in Deutsch-Südwestafrika, in: Völkermord in Deutsch-Südwestafrika. Der Kolonialkrieg (1904-1908) in Namibia und seine Folgen, hrsg. von dems. und Joachim Zeller, Berlin 2003, S. 26-44.

Zimmerer, Jürgen: Deutsche Herrschaft über Afrikaner. Staatlicher Machtanspruch und Wirklichkeit im kolonialen Namibia, Münster u.a. 2001.

Zimmerer, Jürgen: Krieg, KZ und Völkermord in Südwestafrika. Der erste deutsche Genozid, in: Völkermord in Südwestafrika. Der Kolonialkrieg (1904-1908) in Namibia und seine Folgen, hrsg. von dems. und Joachim Zeller, Berlin 2003, S. 45-63.

Zons, Raimar: Selbstverfeindung. Zur Geschichte des Antisemitismus in Deutschland, in: ders.: Die Zeit des Menschen. Zur Kritik des Posthumanismus, Frankfurt am Main 2001, S. 82-101, hier S. 87-89.

Zorn, Philipp: Die beiden Haager Friedenskonferenzen von 1899 und 1907, Berlin u.a. 1915 (=Handbuch des Völkerrechts. Bd. 3.2, hrsg von Fritz Stier-Somlo, Berlin u.a. 1915).